JN324066

新訳文庫

ユダヤ人問題に寄せて／ヘーゲル法哲学批判序説

マルクス

中山元訳

kobunsha classics

光文社

Zur Judenfrage
1844
Zur Kritik der Hegelschen Rechtsphilosophie. Einleitung
1844
Die heilige Familie.VI.Kapitel
1845
Author: Karl Marx

目次

ユダヤ人問題に寄せて／ヘーゲル法哲学批判序説

ユダヤ人問題に寄せて

一　ブルーノ・バウアー『ユダヤ人問題』（ブラウンシュヴァイク、一八四三年）

二　ブルーノ・バウアー『現代のユダヤ人とキリスト教徒の自由になりうる能力』（ゲオルク・ヘルヴェーク編『スイスからの二一ボーゲン』、チューリヒおよびヴィンタートゥア、一八四三年、五六〜七一ページ所収）

第一部　ブルーノ・バウアー『ユダヤ人問題』

（ブラウンシュヴァイク、一八四三年）

ドイツのユダヤ人は、解放を望んでいる。しかし彼らはどのような解放を望んでいるのか？　国家が市民として認める解放を、すなわち政治的な解放を望んでいるのである。

バウアーの主張

ブルーノ・バウアーは彼らに答える。ドイツでは政治的に解放されている人など、一人もいないのだ。われわれ自身が不自由なのだ。その不自由なわれわれが、どうやって君たちを解放できるというのだろう。もしも君たちユダヤ人が、君たちがユダヤ人であることを理由として、ユダヤ人だけの特別な解放を要求するのであれば、君たちはエゴイストだ。君たちはまずドイツ人として、ドイツの政治的な解放のために努力しなければならないはずだし、人間として人間的な解放のために努力しなければならないはずだ。そのような努力をしてこそ、君たちが経験している特別な性質の抑圧と屈辱を、原則からの例外としてではなく、原則を確認するものとして感じるはずではないか。

それともユダヤ人は、キリスト教徒であるドイツの臣民と対等になることを要求しているのだろうか。そうであればユダヤ人は、キリスト教の国家を根拠のあるものとして認めていることになり、すべての国民が隷従するこの体制を容認していることになるだろう。それではなぜ、ユダヤ人は誰もが屈従することを好んで認めておきながら、自分たちが屈従することにはがまんできないのだろうか。ユダヤ人がドイツ人の解放に関心をもたないのなら、なぜドイツ人がユダヤ人の解放に関心をもつべきだということになるのだろうか。

キリスト教の国家というものは、特権しか知らない。ユダヤ人は、ユダヤ人であるという特権をみずからのものとしてもっている。ユダヤ人は、キリスト教徒がもっていない権利を、ユダヤ人であることで認められている。それではなぜユダヤ人は、キリスト教徒は享受しているが、自分たちには認められていない権利を欲しがるのだろうか？

ユダヤ人がキリスト教の国家から解放されることを望みながら要求しているのは、キリスト教の国家がその宗教的な偏見を捨てることである。それではユダヤ人もまた、自分たちの宗教的な偏見を捨てるのだろうか？　もしも捨てないのであれば、ユダヤ人は他人に、その人のもつ宗教を放棄するように要求する権利をもっているのだろうか？

キリスト教の国家はその本質からして、ユダヤ人を解放することができない。しかし、とバウアーはつけ加える。ユダヤ人もその本質からして、解放されることができない。国家がキリスト教的でありつづけ、ユダヤ人がユダヤ人でありつづけるかぎり、どちらも他者に解放を与えることも、みずから解放されることもできないのである。

キリスト教の国家はユダヤ人にたいして、キリスト教の国家としてのやり方でしか、すなわち特権を与えるという形でしかふるまうことができない。そしてキリスト教の国家はユダヤ人にたいして、彼らが他の臣民から孤立して生きることを認めてはいるが、その際にユダヤ人を他の人々から切り離されたところに住まわせ、それによって生まれる圧力を感じさせている。ユダヤ人が支配的な宗教と宗教的に対立しているだけに、その圧力をさらに強く感じるようにさせているのである。

しかし他方でユダヤ人も国家にたいしては、ユダヤ人らしくふるまうことしかできない。すなわち国家をみずからに疎遠なものとみなすことしかできない。そうして現実の国籍にたいしては幻想の国籍を対置させ、現実の法律にたいしては幻想の法律を対置させることしかできない。自分たちには、人類の中で人々から切り離されて生きる権利があると思い込み、歴史の運動には原則的にまったく参加せず、人類の普遍的な未来といささかも共通するところのない未来を待望している。そして自分はユダヤ民族の一員であり、ユダヤ民族は選ばれた民族であると考えているのである。

君たちユダヤ人は、いかなる権利のもとで解放を待ち望むのだろうか？　君たちの宗教によってなのだろうか？　しかし君たちの宗教は、ドイツの国家の宗教にとっては仇敵である。それでは国家の公民としてだろうか？　しかしドイツには国家の公民なるものは存在しない。それでは人間としてだろうか？　しかし君たちは人間などではない。そして君たちが訴えかけようとしている人々もまた、人間などではないのだ。

バウアーの結論

バウアーはこのように、これまでの問題提起とその解決策を批判することで、このユダヤ人問題を新たに問い直したのである。バウアーは、ユダヤ人が解放されるべきであるとか、キリスト教の国家がユダヤ人を解放すべきであるとか語られるときに、そのユダヤ人やキリスト教の国家なるものはどのような状態にあるのだろうか、と問い掛ける。バウアーはこの問いにたいして、ユダヤ教を批判することで答える。そしてユダヤ教とキリスト教の宗教的な対立を分析し、キリスト教の国家の本質を明らかにする。バウアーはこれらのすべてを大胆に、鋭く、エスプリに満ちた仕方で、根本的に遂行する。その文体は正確で、核心をつき、力強いものである。

それではバウアーはユダヤ人問題をどのようにして解決しようとするのか。その結論はどのようなものなのか。問題を解決するということは、その問題を正しく提示するということだ。ユダヤ人問題に答えるということは、ユダヤ人問題を批判するということなのである。そしてバウアーの示した結論は次のようなものである。

われわれは他人を解放することができるようになる前に、まず自分たちを解放しなければならない。

ユダヤ人とキリスト教徒の対立をもっとも鋭い形で示しているのは、宗教的な対立である。そもそも対立というものは、どのようにして解決できるだろうか？　対立を不可能にすることによってである。それでは宗教的な対立はどのようにすれば不可能になるだろうか？　それは宗教を廃棄することによってである。

もしもユダヤ人とキリスト教徒が、彼らが対立しあっているその宗教を、人間の精神のさまざまに異なる発展段階の一つにすぎないものとみなすようになれば、つまり宗教を、歴史が発展するために脱皮したさまざまに異なる抜け殻にすぎないとみなすようになれば、さらに人類を、このようにして脱皮して発展してきた蛇のようなものと認識するようになれば、彼らはもはや宗教的に対立することはなくなる。そしてたんに批判的で学問的な、すなわち人間的な関係のうちに立つようになるだろう。そのとき、二つの宗教を統一するものは学問になる。そして学問的な対決であれば、学問そのものによって解決されるものである。

とくにドイツのユダヤ人たちには、政治的な解放一般が欠如しているが、そのために〈壁〉となっているのは、ドイツの国家が際立ってキリスト教的な国家であるという事実である。しかしバウアーの見解では、ユダヤ人問題は、ドイツに固有の状況とは別に、ある普遍的な意味をそなえているという。それは宗教が国家とどのような関係にあるかという問題であり、ある宗教にとらわれていることが、政治的な解放とどのように矛盾するかという問題である。政治的に解放されることを望んでいるユダヤ人にとっても、またユダヤ人を解放し、みずからも解放されるべきである国家にとっても、宗教から解放されることが、その前提条件となっているというのである。［バウアーは次のように語る。］

「よろしい、と人は言うし、ユダヤ人もみずからそう言う。ユダヤ人が解放されるべきなのは、ユダヤ人としてではないし、ユダヤ人であるからというわけでもない。またユダヤ人がこれほど卓越した人類の普遍的な人倫の原理をそなえているからでもない。ユダヤ人はユダヤ人であり、これからもユダヤ人であるべきであるが、それでもユダヤ人はみずから国家の公民という資格の背後に身を隠しながら、国家の公民になるのだ。ということは、ユダヤ人は国家の公民でありながら、そして普遍的な人間的な関係のうちで暮らしながらも、ユダヤ人はユダヤ人であり、ユダヤ人でありつづけるということだ。ユダヤ人のユダヤ人として限定された生き方が、つねに、そして最後には、彼の人間的で政治的な責任にたいして勝利を収めるのである。偏見は、普遍的な原則によって凌駕《りょうが》されるにもかかわらず、依然として偏見として残っている。しかしその偏見が残るならば、それは他のすべてのことを凌駕してしまうのである」。

「ユダヤ人が国家における生においてユダヤ人としてありつづけることができるというのは、詭弁《きべん》にすぎず、外見だけのことにすぎない。そうであれば、ユダヤ人がユダヤ人でありつづけようとするならば、このたんなる外見が本質的なものとなり、勝利を収めるだろう。すなわちユダヤ人の国家における生はたんに外見だけのものとなり、本質にも原則にも反した一時的な例外にすぎないものとなるだろう」（「現代のユダヤ人とキリスト教徒の自由になりうる能力」『二一ボーゲン誌』五七ページ）。

それではバウアーは国家の課題をどのように定めているだろうか。それに耳を傾けてみよう。

「フランスは最近（一八四〇年一二月二六日の下院の審議で）、われわれにユダヤ人問題にかんして、ある生活の光景をみせてくれた（これは他のすべての政治問題についても絶えずみられることなのだ）。ユダヤ人の生活は自由であるが、その自由が法的には取り消されていて、その自由は見掛けだけのものであることが広言されているのだ。たしかに自由な法律があるとしても、ユダヤ人はみずからの行為によって、その自由に反駁《はんばく》しているのである」（『ユダヤ人問題』六四ページ）。

「フランスではまだ普遍的な自由が法によって定められていないし、ユダヤ人問題もまだ解決されていない。すべての市民は平等であるという法律上の自由が、生活において制限されている（というのも、その生活が宗教的な特権によって支配され、分断されているからである）。そしてこの生活面の不自由が法律にも反作用する。法律は、ほんらいは自由であるはずの市民を、抑圧されたものと抑圧する者に区別することを、正当化するのである」（同、六五ページ）。

それではフランスのユダヤ人問題はいつになれば解決するというのだろうか。

「たとえばユダヤ人が、ユダヤの律法に妨げられずに、国家と同胞市民にたいする義務をはたせるようになったならば、たとえば安息日にも下院に出かけて、公的な審議に参加するようになったならば、ユダヤ人であることをやめてしまわざるをえないだろう。そのときには、どのような宗教的な特権も破棄され、特権をもった教会による独占も破棄されざるをえないだろう。そして数人の、または少数の、あるいは大多数のユダヤ人が、それもさまざまな宗教的な義務をはたさなければならないと信じつづけた場合にも、そうした義務をはたすことは、純粋に私的な事柄として、かれら自身に委ねざるをえないだろう」（同）。

「特権をもった宗教がなくなれば、もはや宗教というものはなくなるだろう。宗教から独占的な力を奪ったならば、宗教はもはや存在しなくなる」（同、六六ページ）。

「［司法大臣の］マルタン・デュ・ノール氏は、法律において日曜日を休日として言及することをやめようという提案は、キリスト教の消滅を公言する動議にほかならないと主張した。それとまったく同じように、同じ正当性をもって（そしてこの正当性は完全な根拠をそなえたものなのである）、安息日を定めた掟は、もはやユダヤ人にはいかなる拘束力ももたないと公言することは、ユダヤ教を解体しようと宣言することになるだろう」（同、七一ページ）。

このようにバウアーは一方では、ユダヤ人が国家の公民として解放されることを望むならばユダヤ教を捨てることを、一般的には人間が宗教を捨てることを要求する。他方ではバウアーは、宗教を政治的に廃棄することが、宗教そのものを廃棄することだと考えているが、これは首尾一貫したことだ。宗教を前提にしている国家は、まだ真の国家ではないし、現実の国家でもないからである。

「ところが宗教的な観念は、国家にたいしてさまざまな保証を与えている。しかしどのような国家にだろうか？　どのような種類の国家にたいしてだろうか？」（同、九七ページ）。

バウアーのユダヤ人問題の把握の欠陥

ここにおいて、バウアーのユダヤ人問題の把握が一面的なものであることが明らかになる。

誰が解放すべきかとか、誰が解放されるべきかと問うだけでは、不十分だったのであり、批判はさらに第三の問いを立てるべきだったのである。問われるべき第三の問いは、それはどのような種類の解放なのかということであり、要求された解放を本質的に根拠づけるのは、どのような条件なのかということだったのである。政治的な解放そのものを批判することが、ユダヤ人問題の最終的な批判であり、ユダヤ人問題を「時代の普遍的な問い」にする道であり、これを真の意味で解消する道だったのである。

バウアーは問いをこの高みにまで引き上げていないために、矛盾に陥ってしまう。彼が示す「ユダヤ人の解放のための」条件なるものは、政治的な解放に本質的に根拠づけられていない条件である。彼は問いを投げかけるが、その問いは彼の課題に含まれていないものである。そして彼が解く課題は、彼の問いに答えるものではないのである。

バウアーはユダヤ人の解放に反対する人々の誤りは、「キリスト教の国家だけを唯一の真なる国家として前提していること、そしてユダヤ教を批判したまなざしで、キリスト教の国家も批判しなかったことにある」と語っている（三ページ）。しかしわたしたちからみると、バウアーの誤りは、「キリスト教の国家」だけを批判して「国家そのもの」に批判を向けなかったことにあり、人間的な解放と政治的な解放はどのような関係にあるかということを考察せずに、政治的な解放を、普遍的で人間的な解放と没批判的に混同したことによってしか説明できないような条件を提示していることにある。

バウアーはユダヤ人に、「君たちは、自分の置かれている立場から判断して、政治的な解放を強く要求する権利があるのか」と問い掛ける。そこでわたしたちはバウアーに問い返したいのだ。「政治的な解放を要求する人々は、その立場から判断して、ユダヤ人にたいしてユダヤ教を廃棄することを要求する権利を、そして人間たち一般にたいして宗教を廃棄する権利をそなえているのか」と。

国家と宗教の関係――プロイセン、フランス、アメリカ合衆国の実例

ユダヤ人問題は、ユダヤ人が居住している国ごとに、異なった形で捉えられている。まずドイツには政治的な国家が存在せず、国家としての国家が存在しない。そのため

ドイツではユダヤ人問題は純粋に神学的な問題になる。ユダヤ人は国家と宗教的に対立している。ドイツの国家がキリスト教を国の土台とすると宣言しているからである。この国家は、その職務《エクス・プロフェソ》からして、神学者なのである。ドイツでは批判は、神学の批判である。この批判は両刃《もろは》の剣となる。ユダヤ教神学を批判すると同時に、キリスト教神学も批判するものとなるのである。ただしわたしたちが神学の中でどのように批判的に行動しようとも、やはり神学の中で行動しているにすぎない。

フランスは立憲国であるから、ユダヤ人問題は立憲政体の問題であり、政治的な解放の中途半端さの問題である。フランスでは、〔キリスト教という〕国家の宗教は、それが意味のない自己矛盾的な形であるとしても、多数派の宗教という形式を維持していることに、外見上の問題がある。そのため国家にたいするユダヤ人の関係も、宗教的で神学的な対立という外見を維持しているのである。

北米の一部の自由諸州において初めて、ユダヤ人問題がその神学的な意味を失い、真の意味で世俗的な問題になる。政治的な国家が、完全に成熟して存在するところにおいて初めて、政治的な国家とユダヤ人の関係、一般に政治的な国家と宗教的な人間の関係が、すなわち国家と宗教の関係が、その独自性と純粋性において、あらわになるのである。

その場合には国家と宗教の関係の批判が、神学的な批判であることをやめる。というのも、国家が神学的な形で宗教とかかわるのをやめたからであり、国家が国家として、すなわち政治的に、宗教とかかわるようになったからである。そのとき、批判は政治的な国家の批判となる。ユダヤ人問題が神学的な問題でなくなったこの時点において、バウアーの批判は批判的であることをやめるのである。

> 「アメリカ合衆国には国家的な宗教はないし、多数派の宗教として告知された宗教もなく、ある宗派が他の宗派よりも優先されるということもない。国家はすべての宗派の外に立っている」（G・ド・ボーモン『マリあるいはアメリカ合衆国における奴隷制』パリ、一八三五年、二一四ページ）。実際に北米のいくつかの州では、「憲法によって、特定の宗教を信じたり、祭祀を実行したりすることが、政治的な特権の条件として求められることはない」（同、二二五ページ）。それでも「アメリカ合衆国では、宗教をもたない人間はまともな人間とはみなされない」（同、二二四ページ）のである。

宗教と国家の関係

それでもフランスのボーモンとトクヴィル、イギリスのハミルトンが口を揃えて指摘するように、アメリカ合衆国はとくに宗教性の強い国である。ただし北米の諸州は、わたしたちの問題にとって実例として役立つにすぎない。問題なのは、宗教からの完全な政治的な解放というものがどのようなものかということである。［アメリカ合衆国のように］完全な政治的な解放が実現された国においても、宗教がまだ存在するばかりでなく、生気と生命力に満ちた形で存在しているのである。この事実は、宗教が存在することは、国家の完成と矛盾するものではないことを証明する。

しかし宗教が存在するということは、ある欠乏が存在するということであるから、こうした欠乏の源泉は国家そのものの本質のうちに求めるしかないだろう。わたしたちには、宗教とは世俗的な偏狭さの原因ではなく、その現象にすぎないようにみえる。だから自由な公民の宗教的な偏見は、世俗的な偏見から生まれるのだと考えるのである。わたしたちは、公民が世俗的な限界を廃棄するためには、［バウアーのように］宗教的な偏狭さを廃棄しなければならないとは主張しない。わたしたちが主張するのは、公民は世俗的な制限を廃棄するならば、ただちに宗教的な偏狭さも廃棄するだろうということだ。

わたしたちは世俗的な問題を神学的な問題として考察しようとはしない。反対に神学的な問題を世俗的な問題として考えようとするのだ。長い間、歴史は迷信によって説明されてきたが、今ではわたしたちは迷信を歴史によって説明しようとするのである。政治的な解放と宗教の関係という問題は、わたしたちにとっては政治的な解放と人間の解放の関係という問題になる。わたしたちは政治的な国家の宗教的な弱点を批判するが、その際にわたしたちは政治的な国家の宗教的な弱点そのものに注目するのではなく、その世俗的な構造に注目して、これを批判するのである。国家と特定の宗教との矛盾、たとえばユダヤ教との矛盾をわたしたちは特定の世俗的な要素との矛盾として考えることで、より人間的なものとしようとする。これを国家と宗教一般との矛盾として、国家とそのさまざまな前提条件との矛盾として考えようとするのである。

人間の政治的な解放と国家

ユダヤ教徒、キリスト教徒、一般に宗教的な人間が政治的に解放されるということは、国家がユダヤ教、キリスト教、一般に宗教そのものから解放されるということである。国家が国家という形式において、その本質に固有の形で宗教から解放されるのは、国家がその国家の宗教から解放されるときである。すなわち国家が国家として、いかなる宗教も公認せず、国家がみずからを国家であると宣言するときである。宗教からの政治的な解放とは、国家が宗教から徹底的に矛盾のない形で解放されるということではない。政治的な解放とは、徹底的に矛盾のない人間的な解放の方法ではないからである。

政治的な解放の限界は、次のことを考えるとすぐに明白なものとなる。人間が現実にその制限から解放されていなくても、国家はその制限から解放されることができるし、人間が自由な人間でなくても、国家は自由な国家でありうるのである。バウアーは政治的な解放に次のような条件をつけたときに、暗黙のうちにこのことを認めていたのだろう。

「宗教的な特権一般は、それが特権を認められた教会の独占のようなものであるとしても、すべて廃棄されねばならないだろう。そして数人、あるいは多数の人々、さらに圧倒的な大多数の人々がまださまざまな宗教的な義務をはたさなければならないと信じているとしても、そうした義務をはたすことは、純粋に私的な事柄として、かれら自身に委ねられなければならないだろう[1]」。

このようにして国家は、圧倒的な大多数の人々がまだ宗教的であったとしても、宗教から解放されることができるのである。その場合、この圧倒的な大多数の人々は、私的な事柄として宗教的であるのだから、宗教的であることをやめたわけではないのである。

しかし国家の宗教にたいする態度、とくに自由国家の宗教にたいする態度は、国家を形成している人間たちが宗教にたいして示す態度にほかならない。だとすると、人間が政治的に、ある制限からみずからを解放するのは、国家という媒体を通じてであり、自己自身と矛盾しながら、すなわち抽象的で制約された部分的な形で、この制限を乗り越えることによってであるということになる。

さらにこのことから言えるのは、人間が政治的に解放されるのは、迂回路を通って、ある媒体を通じて（それが必然的な媒体であったとしても）、みずからを解放することによってであるということである。そして最後に、人間は国家という媒体を通じて、みずからを無神論者であると宣言する場合にも、すなわち人間が国家を宗教を否定するものであると宣言する場合にも、人間は依然として宗教的に捉えられているのである。というのも、そのとき人間はある迂回路を通ってしか、すなわち国家という媒体を通じてしか、みずからを認知していないからである。宗教とは、この迂回路を通じて、人間が認知されることである。ある媒介者を通じてと言ってもよい。国家は人間と人間の自由を媒介するものである。人間はみずからのすべての神性と、そのすべての宗教的なとらわれを、媒介者である［仲保者である］イエス・キリストに負わせたのだったが、それと同じように、人間はそのすべての非神性［すなわち世俗性］と、そのすべての人間的なとらわれのなさ［解放］を、媒介者である国家に負わせたのである。

私有財産と国家

人間が宗教を政治によって乗り越えようとする試みには、政治によって乗り越えるすべての営みに一般的にそなわる長所と短所がある。国家が国家として、［何らかの目的において」私有財産を無効なものとすることがある。たとえば北米の多くの州では、国民に選挙権と被選挙権を認めるための条件として、一定の税金を収めていることを要求しなくなったが、そのときには、人間は私有財産を政治的な意味で無効なものと宣言したことになる。

ハミルトンはこの事実を政治的な観点から、次のようにまったく正しく解釈している。「大衆が、財産所有者と金持ちに勝利を収めたのである」。財産を所有しない者が、財産を所有する者にたいする立法者として認められたとき、私有財産は理念的には廃棄されたのではないだろうか。納税額による制限は、私有財産を承認する最終的な政治的形式だからである。

しかし「この方法で」私有財産を政治的な措置によって無効にしたとしても、私有財産は廃棄されたのではなく、むしろ前提にされているのである。もしも国家が、出生や身分や教育や職業の違いは非政治的な区別にすぎないと宣言したならば、そして国家がこうした民衆のさまざまな違いを無視して、民衆のすべての成員を国民主権への平等な参加者であると公言したならば、そして現実の国民生活のすべての要素を、国家という観点からしか取り扱わないならば、国家は国家としてのやりかたで、出生、や身分や教育や職業の違いを廃棄していると言えるだろう。
それでも国家は、私有財産や教育や職業に、それなりの方法で、すなわち私有財産として、教育として、職業としての役割をはたさせ、それぞれに固有の本質を発揮させているのである。国家は決して、こうした事実としての違いを廃棄することはない。国家はこうした前提のもとで初めて存続し、みずからを政治的な国家として受けとめているのであり、こうしたさまざまな要素と対立することで、みずからの普遍性を妥当させているのである。だからヘーゲルが次のように語ったとき、宗教にたいする政治的な国家の関係をまったく正しく規定していたのである。

「国家が精神の自己意識的な人倫的な現実となるためには、それは権威と信仰の形式から区別されている必要がある。しかしこの区別が生まれるのは、教会の内部から分裂が起こるときだけである。このようにして教会が特殊なものとなるときにのみ、国家は思考の普遍性を、その形態の原理として獲得し、それを存在させるようになるのである」（ヘーゲル『法の哲学』初版、三四六ページ）。

国家と普遍性

まさにそのとおりである。このような特殊な要素を乗り越えることで、国家は普遍性として構成されるのである。

完成された政治的な国家は、その本質においては人間の類としての生活であり、これは人間の物質的な生活と対立するものである。この物質的な生活の利己的な生のあらゆる前提は、国家の領域の外部において、市民社会のうちに存在しているのであり、しかも市民社会の特性として存在しているのである。政治的な国家が真の成熟段階に到達すると、人間は思考の中や意識の中だけでなく、現実において、その生活において、天上の生と地上の生という二重の生活を営むのである。天上の生とは、政治的な共同体における生であり、そこでは人間はみずから共同存在として生きている。地上の生とは、市民社会における生である、そこでは人間は私人として活動している。そのときは人間は他人を手段とみなし、自分自身も手段に身を落とし、疎遠な力に翻弄されているのである。

天上の世界が地上の世界にたいして精神主義《スピリトゥアリスティッシュ》的な姿勢をとるのと同じように、政治的な国家は市民社会にたいして精神主義的な姿勢をとる。政治的な国家と市民社会の対立関係は、宗教と世俗的な社会の偏狭さとの関係と同じようなものである。国家は、市民社会の制約をひとたびは乗り越えるが、宗教と同じようにこうした制約をふたたび承認し、作りだし、それによって支配されざるをえないのである。

人間はその身近な現実である市民社会においては、世俗的な存在である。市民社会で人間は自分にたいしても他人にたいしても、現実の個人として通用しているが、これは真ならざる現象にすぎない。これにたいして国家において人間は類的な存在として通用するのであり、想定された主権を担う想像上の成員である。しかし人間はそこでは現実の個人としての生活を奪われており、非現実的な普遍性に満たされているにすぎない。

宗教の「世俗性」

人間は、ある個別の宗教の信仰者としては、国家の公民としての自分のありかたとも、共同体を構成する他の人間とも対立した関係にある。これは究極のところ、政治的な国家と市民的な社会のあいだの世俗的な分裂によって生まれる対立関係である。ブルジョワとしての人間にとっては、すなわち市民社会の一員としての人間にとっては、「国家における生活は、たんなる仮象であるか、本質や法則にたいする一時的な例外にすぎない」。しかしブルジョワが国家での生活のうちにとどまるのは、ユダヤ人と同じように、たんに詭弁的なものとしてである。それは国家の公民としてのシトワヤンが、たんに詭弁の上だけでユダヤ人であったり、ブルジョワであったりするのと同じである。しかしこの詭弁は個人的なものではない。それは政治的な国家そのものの詭弁である。宗教的な人間と国家の公民の違いは、商人と国家の公民の違い、日雇いと国家の公民の違い、地主と国家の公民の違いにほかならず、生ける個人と国家の公民の違いにほかならない。宗教的な人間と政治的な人間のあいだにある矛盾は、ブルジョワとシトワヤンのあいだにある矛盾と同じものであり、市民社会の一員と、その政治的な獅子の毛皮のあいだにある矛盾と同じものである。

ユダヤ人問題は結局のところ、この世俗的な矛盾に帰着する。これは政治的な国家とその前提のあいだにある矛盾である。この矛盾は、私有財産などにみられる物質的な要素と国家の矛盾であるかもしれないし、教育や宗教などにみられる精神的な要素と国家の矛盾であるかもしれない。ユダヤ人問題はさらに、普遍的な利害と私的な利害の矛盾に、政治的な国家と市民社会の分裂に帰着する問題である。しかしバウアーはこうした世俗的な対立をそのままにしておいて、それが宗教的に表現されたものを非難しているにすぎないのである。

「市民社会の土台となり、市民社会を成立させ、その必然性を保証する欲求が、かえって市民社会の存続を危うくするのであり、そのうちに不安定な要素を育《はぐく》み、貧困と富が、困窮と繁栄がたえず交替しながら混在する状態を、そうした交替そのものを作りだしているのである」（同、八ページ）。

基本的にヘーゲルの法哲学に基づいて構想されている「市民社会」の一節（八〜九ページ）の全体を参照されたい。政治的な国家に対立する市民社会は、政治的な国家が必然的なものとして承認されているので、同じように必然的なものとして承認されているのである。

個人の私的な事柄となった宗教

政治的な解放は、たしかに大きな進歩である。それは人間的な解放一般の究極的な形式ではないかもしれないが、これまでの世界秩序の内部では、人間の解放の最終的な形式である——もちろんわたしたちが語っているのが、現実的で実際的な解放であることを前提としてのことであるが。

人間は宗教を公的な権利とみなすのをやめて、私的な権利のうちに追放したときに、宗教から政治的に解放されるのである。そのとき人間は国家において、たとえ制約された特定の形式のもとで、ある特殊な領域だけにおいてではあっても、類的な存在としてふるまうのであり、他の人間との共同性のうちにある。そうした宗教はもはや国家の精神であることをやめて、市民社会の精神となったのであり、エゴイズムの領域になったのである。宗教は、万人の万人にたいする戦いの領域になった。宗教はもはや共同の本質ではなくなり、差異の本質になったのである。

宗教は人間が、その共同体から切り離され、自己自身からも他人からも切り離されていることを表現するものとなったのである。しかしそれこそが宗教のもともとの姿だったのではないか。宗教は、今では個人の特殊な倒錯を、私的な習癖を、恣意を抽象的に告白するものとなった。たとえば北米では宗教は無数の宗派に分裂して存在しているが、これは宗教がまったくの個人的な事柄になったことを外面的に示す形態なのである。

政治的な解放の限界

宗教は今や私的な利害の一つに身を落とし、共同存在としての共同体からは追放されている。しかし政治的な解放の限界について、思い違いをしてはならないだろう。人間が公的な人間と私的な人間に分裂すること、宗教が国家の領域から市民社会の領域に居場所を移すことは、政治的な解放の一つの段階ではなく、その完成なのである。だから政治的な解放とは、人間の実際の宗教性を廃棄するものではないし、廃棄することを目指すものでもないのである。

人間がユダヤ教の信者と国家の公民に分裂し、プロテスタントと国家の公民に分裂しているこの状態、すなわち人間が宗教的な人間と国家の公民に分裂しているこの状態は、国家の公民というあり方をごまかす詐欺のようなものではない。それは政治的な解放を迂回するものではなく、政治的な解放の完成そのものである。それは人間が宗教から、政治的な意味で解放されるということなのだ。

ただしここで確認しておく必要があるのは、政治的な国家が政治的な国家として市民社会から暴力的に誕生してくる時代にあっては、すなわち人間の自主的な解放が政治的な解放という形で実現に向かって努力している時代にあっては、国家が宗教の廃棄にまで、宗教の全面的な否認にまで進むこともありうるのであり、そこまで進まねばならないのである。しかしそうなるのは、国家が私有財産を廃棄し、価格の上限を設定し、財産を没収し、累進課税を実現する場合に限られるだろう。それどころか人間の生命の廃棄とギロチンにまで到達する場合に限られるだろう。政治的な生活というものは、その特別な自負心が燃えさかるような瞬間には、みずからの前提である市民社会とそのさまざまな要素を抑圧し、矛盾のない現実的な人間の類的な生となろうとするものである。しかしそれが実現されるのは、国家に固有の生存条件と暴力的に対立することによってであり、革命を永久的なものと宣言することによってである。このようにして、戦争が平和とともに終わるように、政治的なドラマは必然的に、宗教や私有財産などの市民社会のあらゆる要素を復興させることによって終わらざるをえないのである。

完成されたキリスト教国家

たしかに、いわゆるキリスト教国家と呼ばれているものは、キリスト教を国家の基盤として、国家の宗教として公認し、その他の宗教を排除する国家であるが、これは完成されたキリスト教国家ではない。完成されたキリスト教国家とは、無神論的な国家、民主的な国家、宗教を市民社会のその他の要素の一つにすぎないものとする国家である。

国家がいまだ神学者であるかぎり、そしてキリスト教の信仰箇条を公式に宣言する国家であるかぎり、それはみずからを国家として宣言することができない国家である。こうした国家は、キリスト教において感情的に誇張して表現されている人間的な基盤を、世俗的で人間的な形式で、国家としてのその現実のありかたにおいて、まだ表現することができていない国家なのだ。

いわゆるキリスト教国家というものは、たんなる非国家であるにすぎない。宗教としてのキリスト教ではなく、キリスト教という宗教の人間的な背景だけが、現実の人間の創造したもののうちで、みずからを展開することができるからである。

いわゆるキリスト教国家なるものは、国家をキリスト教によって否定するものにすぎない。それはキリスト教が国家として実現されたものではないのである。キリスト教をまだ宗教の形式において公認している国家は、まだみずからを国家という形式において公認していないのである。この国家は宗教にたいしてまだ宗教的にふるまっているからである。この国家は宗教の人間的な基盤を現実的に展開するものではないというのもこの国家は、まだ非現実的なものに、この人間的な核心の空想的な形態に根差しているからである。

いわゆるキリスト教国家なるものは不完全な国家であり、この国家にとってキリスト教という宗教は、国家の不完全さを補足し、聖化する役割をはたしているのである。この国家にとっては必然的に、宗教が一つの手段となる。これは偽善の国家なのである。完成された国家が、国家というものの普遍的な本質のうちにある欠陥のために、宗教をその前提とすることはある。しかしそうした状態は、未完成な国家が、その特殊な存在のうちにある欠陥のために、欠陥のある国家となって、宗教をその基盤と宣言するのとは、まったく異なるものである。未完成の国家の場合には、宗教は不完全な政治になる。完成された国家で完成された政治にすらそなわる不完全さが、そこで宗教のうちに姿をみせているのである。

いわゆるキリスト教国家は、みずからを国家として完成させるために、キリスト教という宗教を必要としている。現実的な国家である民主的な国家は、その政治的な完成のために宗教を必要としない。こうした国家では、宗教の人間的な基盤が、現世的な形で展開されているために、むしろ宗教を無視することができる。これにたいしていわゆるキリスト教国家は、宗教にたいしては政治的にふるまい、政治にたいしては宗教的にふるまうのである。この国家では、国家のさまざまな形式をたんなる仮象にしてしまうと同時に、宗教もまた仮象にしてしまうのである。

バウアーのみたキリスト教国家

この対立関係を明らかにするために、わたしたちはバウアーがキリスト教国家をどう捉えているかを調べてみよう。バウアーのこの捉え方は、キリスト教的でゲルマン的な国家の観察に基づいたものである。バウアーは次のように語っている。

「最近は、キリスト教国家というものが存立できないものであり、そのような国家は存在しないことを証明しようとして、今日の国家がしたがっていないし、そもそもしたがうこともできず、こうした言葉にしたがうならば、国家は完全にみずからを解体してしまうような福音書の言葉がつきつけられることが多い。しかしこれは簡単に片づけてしまえることではない。そうした福音書の言葉は、何を要求しているだろうか。こうした福音書の言葉は、不自然なまでに自己を否定し、啓示の権威に盲従し、国家を否定し、世俗の関係を廃棄することを要求しているのである。キリスト教国家は、これらのすべてを要求し、実現するというのである。この国家は福音書の精神を体現しているというのだ。キリスト教国家は、この福音書の精神を、福音書とは異なる言葉で表現していることになるが、その理由はたんに、この精神は世俗の国家のありかたから借りてきたものであるが、宗教的に再生されるときには、たんなる仮象にまで身を落とさざるをえないということにある。キリスト教国家とは、展開するために国家という形式を借りながら、国家を否定するものである」（同、五五ページ）。

バウアーはさらに議論を展開する。キリスト教国家の人民とは、そもそも人民ですらなく、非人民であり、もはや独自の意志というものをもたない。彼らの真の存在は、彼らの君主の手のうちにある。この君主はほんらい、その本性からして人民とは無縁なもの、すなわち神によって与えられたものであり、人民とはかかわりない形でやってきたものである。この人民の法律もまた人民が作ったものではなく、実定的に啓示として与えられたものである。彼らの首長［である君主］は、本来の人民である大衆との間に、特権をもった仲介者を必要とする。この大衆もまた、偶然によって形成され、規定された無数の個別の集団に分裂しており、そのためにそれぞれの利害と、固有の情熱と、先入見によって区別されるだけでなく、たがいに他の集団を排除しあうことを特権として認められている、などなど（五六ページ）。

ただしバウアーは次のようにも語っている。

「政治が宗教にほかならないのだとすると、それはもはや政治ではない。鍋を洗う作業が宗教的な営みとみなされるならば、それはもはや家事とはみなされてはならないのと同じである」（同、一〇八ページ）。

キリスト教的でゲルマン的な国家では、宗教は［国家の］「家事」であり、家事が宗教なのである。キリスト教的でゲルマン的な国家では、宗教の支配が支配の宗教なのである。

「福音書の精神」を「福音書の言葉」から切り離すことは、不信心な営みである。これは、国家は、福音書を政治の言葉で、聖なる精神の言葉とは違う言葉で語らせる。これは、たとえ人間の目からみるとそうではないとしても、それ自身の宗教的な目からみるならば、不敬罪を犯すものである。キリスト教をみずからの最高の規範とみなし、聖書をみずからの憲法として公認している国家には、聖書の言葉をつきつける必要がある。聖書はその言葉の一字一句にいたるまで聖なるものだからである。

この国家にたいして、「したがっていないし、そもそもしたがうこともできず、こうした言葉にしたがうならば、国家は完全にみずからを解体してしまうような」福音書の言葉がつきつけられたならば、国家も、国家がその基盤としているクズのような人間たちも、宗教的な意識の立場からは克服することのできない困った矛盾に陥るのである。それではこの国家はなぜみずからを解体してしまわないのだろうか。この問いには、国家自身も、またほかの人々も答えることができない。

国家とキリスト教

国家自身の意識においては、キリスト教国家と公称されているものは、結局は実現することのできないあるべき姿にすぎず、その存在の現実性は、自己欺瞞によってしか確認することのできないものである。だから国家自身にとっても、国家はつねに懐疑の対象であり、信頼することのできない問題含みの対象にとどまるのである。

だからもしも批判によって、聖書に根差そうとする国家が意識の錯乱にまで追い詰められて、みずからが幻想なのか現実なのかが分からなくなるのであれば、そして宗教を偽装として利用する国家の世俗的な目的の恥ずべきありかたが明らかになり、宗教を世界の目的とみなそうとする宗教的な意識の高潔さとのあいだで、解決しがたい葛藤が生じるのであれば、その批判はまったく正当なのである。

この国家は、カトリック教会の手先となっているあいだだけ、その内心の苦悩を逃れることができる。カトリック教会は、世俗的な権力を自分たちに奉仕する者と宣言しているのであり、国家はこの教会にたいしては無力である。世俗的な権力みずからが、宗教的な精神による支配者であると自称するならば、教会にたいしては無力であらざるをえないのである。

いわゆるキリスト教国家において力をもっているのは人間ではなく、疎外である。そこで力をもっている唯一の人間は国王であるが、これは他の人間たちとは区別される特別な存在であり、まだ宗教的な存在であり、天や神と直接に結びついている存在である。この結びつきを支配しているのは、信仰にかかわる関係である。だから宗教的な精神はまだ、現実的に現世的なものになっていないのである。

ただし宗教的な精神は現実的に、現世的なものになることができないものである。というのは宗教的な精神は、人間の精神の発展段階における非現世的な形式にほかならないからである。宗教的な精神が現実的なものとなることができるのは、宗教的な精神によって宗教的に表現されていた人間精神の発展段階がさらに進んで、現世的な形でみずからを表現するようになった場合だけである。これが起こるのは、民主的な国家においてだけである。この民主的な国家の基盤となるのはキリスト教ではなく、キリスト教の人間的な基盤なのである。この国家においても宗教は、国家の成員たちの観念的で非現世的な意識として残るだろう。というのも宗教はこうした国家において展開される人間的な発展段階の観念的な形式だからである。

政治的な国家の成員はまだ宗教的であるだろうが、それは個人としての生活と類としての生活が、すなわち市民社会における生活と政治的な生活が、二元論的に対立しているからである。それは人間の真の生活であるはずの国家における生活が、現実の個人としての生活にとって彼岸となっているからである。それは宗教が、市民社会の精神となっていて、人間と人間の分離と隔たりの表現となっているからである。

政治的な民主主義がキリスト教的であるならば、そのときにはその国家において人間は、それもただ一人の人間ではなくすべての人は、主権者として、至高の存在とみなされるだろうが、それは現実の人間のありかたとはきわめて対照的なものとなるだろう。現実の人間は、未開で非社会的な現象であり、偶然的にしか存在することがなく、ふつうにあるがままに生きている人間である。わたしたちの社会のすべての組織によって堕落し、自己を喪失し、みずからを他者に譲り渡している人間であり、非人間的な関係と要素の支配のもとに置かれている人間である。すなわち、まだ現実的に類的な存在になっていない人間である。キリスト教の幻影であり、夢であり、要請であったもの、それは人間が至高の存在となることであったが、これは現実の人間とは異なる異質なありかたである。こうした幻影であり、夢であり、要請であったものが、民主主義においては感性的な現実であり、現在であり、現世的な準則なのである。

宗教的で神学的な意識そのものは、完成された民主主義のうちでは、いっそうみずからを宗教的で神学的な意識とみなす。この意識は一見したところ政治的な意味をもたず、地上的な目的ももたず、世を厭《いと》う心情にかかわるものであるために、知性の狭さの表われであり、恣意と空想の産物であるかのようにみえる。こうした意識は、真の意味で彼岸の生を過ごしているかのようにみえるために、とくに宗教的で神学的な意識であるかのように感じられるのである。

キリスト教はここで、その普遍宗教としての意味の実践的な表現に到達するが、それはキリスト教という形式の中に雑多な種類の世界観が混在しているからである。しかもそれだけではなく、他の宗教にたいして、キリスト教の要求ではなく、宗教一般の要求を、ある任意の宗教の要求だけを提起するからである（ボーモンの前掲書を参照されたい）。宗教的な意識はここで、さまざまな宗教的な対立や、宗教的な多様性の豊かさのうちに耽溺しているのである。

政治的な解放と、人間的な解放の違い

わたしたちがこれまで示してきたことを要約しよう。宗教からの政治的な解放の後も、宗教そのものは存続するが、特権的な宗教はなくなる。特定の宗教の信者が、信者としての自分と国家の公民としての自分のありかたに矛盾を感じるとしても、その矛盾は政治的な国家と市民社会の間に存在する一般的で現世的な矛盾の一部にすぎない。キリスト教の国家が完成されたならば、その国家はみずからを国家とみなすのであり、国民の宗教がどのようなものであるかは無視する。国家が宗教から解放されるということは、現実の人間が宗教から解放されることを意味しない。

バウアーはユダヤ人に、「君たちは、ユダヤ教から根本的に解放されなければ、政治的に解放されることはできない」と語るのだが、こうした理由でわたしたちはこれに同意しないのである。わたしたちはむしろユダヤ人にこう語るだろう。「君たちは、ユダヤ教から完全かつ首尾一貫した形で解放されなくても、政治的に解放されることはできる。だから政治的な解放は、人間的な解放とは違うものなのだ。君たちユダヤ人は、人間的に解放されることなしに、政治的に解放されることを望んでいる。これは中途半端で矛盾した望みだが、それが中途半端で矛盾したものである原因は、君たちだけのうちにあるのではない。政治的な解放というものの本質とカテゴリーのうちに、その原因がある。君たちはこのカテゴリーのうちに捉えられていることで、一般的な捉われのうちにあるのである」と。

国家が国家でありながら、ユダヤ人にたいしてキリスト教的な国家としてふるまうならば、そのときに国家は福音的な国家となっているのである。それと同じように、ユダヤ人がユダヤ人でありながら、国家の公民としての権利を要求するならば、ユダヤ人は政治的な人間となっているのである。

人はユダヤ人でありながらも政治的に解放され、国家におけるさまざまな公民権を獲得することはできる。しかしいわゆる人権を要求して、獲得することはできるのだろうか。バウアーはこれを否定して次のように語る。

人権についてのバウアーの主張

「ユダヤ人はユダヤ人として、その真の本質的なありかたからして、他の人々とは永遠に隔離されて生きねばならないと考えている。そのときに問題になるのは、ユダヤ人が普遍的な人権を獲得することができるかどうか、そして他の人々にもこうした普遍的な人権を認めることができるかどうかということである」。

「この人権という思想は、キリスト教の世界において一八世紀に発見されたものである。人権は人間に生まれながらそなわるものではなく、これまで人間が育ってきた歴史的な伝統との闘いのうちで勝ちとられてきたものである。だから人権は自然の賜物《たまもの》ではないし、これまでの歴史のうちで与えられた嫁資《かし》のようなものでもない。誕生の偶然性にたいする闘いによって獲得された報償であり、歴史を通じてこれまでの長い世代に受け継がれてきたさまざまな特権との闘いによって獲得された報償なのである。これは自己形成の成果であり、これをみずから獲得し、手に入れた者だけが所有することができるものなのである」。

「それではユダヤ人はこの人権をほんとうに所有することができるだろうか。そもそもユダヤ人がユダヤ人でありつづけるかぎり、ユダヤ人が人間として他の人間と結びつくために役立つはずの人間的な本質は押し退《の》けられ、ユダヤ人としての狭量な本質が勝利を収めるだろう。そしてユダヤ人はユダヤ人でない人々から分離されつづけるだろう。このように他者から分離されることでユダヤ人は、ユダヤ人であるという特殊な本質が、自分の真の意味で最高の本質であることを宣言しているのであり、この最高の本質の前では人間の本質というものも、引き下がらざるをえないと宣言しているのである」。

「それと同じようにキリスト教徒もキリスト教徒としては、［ユダヤ人に］人権を認めることができないのである」（前掲書、一九、二〇ページ）。

公民権と人権の違い

バウアーによると、人間が普遍的な人権を獲得することができるためには、まず「信仰の特権」を放棄しなければならないというのである。ここでしばらく、いわゆる〈人権〉というものを、そのもっとも真正な姿において考察してみよう。すなわちその発見者である北アメリカ人とフランス人における人権について考察してみよう。この人権は部分的には政治的な権利であり、他者とともに構築した共同体の内部でしか行使できない権利である。この政治的な権利の内容は、共同存在に参加する権利であり、それも政治的な共同存在、すなわち国家という制度に参加する権利である。

この権利は政治的な自由のカテゴリーに入るものであり、公民権のカテゴリーに含まれるものである。これはすでに確認したように、宗教の首尾一貫した積極的な廃棄を前提とするものではないし、ユダヤ教の廃棄を前提とするものでもない。ところで人権にはこれとは別の内容も含まれる。それは公民の権利《ドロワ・デュ・シトワヤン》とは異なるものとしての人権《ドロワ・ド・ロム》である。

この意味での人権には良心の自由が含まれる。これはみずからの信じる宗教を礼拝する権利である。信仰の特権は、一つの人権として、あるいは自由という人権の帰結として、明確に承認されているのである。

フランスの「人および市民の権利宣言」（一七九一年、第一〇条）は、「いかなる人も、宗教的な信条を含め、その人の信条のために不安をもつことがないようにしなければならない」述べている。(2) また一七九一年の憲法の第一篇では、「すべての人は、自分の信じる宗教的な礼拝を行う自由」を人権として保障している。一七九三年の「人権宣言」は、その第七条で人権の一つとして、「礼拝の自由な実行」を認めている。さらに自分の思想や意見を公表し、集会を催し、礼拝を行う権利については、「これらの権利をここで明確に提起する必要があるのは、専制主義が過去に存在した記憶があり、また現在にも存在しているためである」(3)とまで語られているのである。これについては一七九五年の憲法の第一四篇の第三五四条も参照されたい。

北米のペンシルヴァニア州憲法の第九条第三項では、「すべての人間は自然から、自分の良心の示すところにしたがって、全能の神を崇拝する不壊の権利を授けられている。いかなる人も、その意に反して、何らかの宗教的儀式や礼拝にしたがい、入会し、支持することを法律によって強制されることはできない。人間の作りだした権威はそれがいかなるものであるにせよ、いかなる場合であろうと、良心の問題に介入すること、そして他人の心の働きを制御することは許されない」と述べている。

また北米のニューハンプシャー州憲法の第五条と第六条では、「自然権のうちには、まったくかけがえのないものであるために、その本性からして他人に譲渡することのできない性質のものがある。良心の権利はその一つである」と述べている（ボーモン前掲書、二一三、二一四ページ参照）。

宗教が人権とは相反するものであるなどということは、人権の概念には含まれていないのであり、それどころか宗教的である権利、自分の好む方法で宗教的である権利、自分で特定の宗教を礼拝する権利は、明白に人権のうちに含まれるのである。信仰の特権は、普遍的な人権の一つである。

人間と公民との違い

人権《ドロワ・ド・ロム》は、ほんらいの人権としては、公民権である公民の権利《ドロワ・デュ・シトワヤン》とは違うものである。それでは公民《シトワヤン》とは区別される人間《オム》とは誰のことか。それは市民社会の一員のことである。それではなぜ市民社会の一員は「人間」と、人間そのものと呼ばれ、どうしてその権利が人権と呼ばれるのだろうか。その事実はどのように説明できるだろうか。それは市民社会と政治的な国家の関係によって、政治的な解放の本質によって説明できるのである。

ここで何よりも確認しておきたい事実は、いわゆる人権《ドロワ・ド・ロム》とは何か、公民の権利《ドロワ・デュ・シトワヤン》と区別された意味での人間《オム》の権利とは何かということである。これは市民社会の一員のもつ権利であり、利己的な人間の権利、人類や人間の共同存在から切り離された人間の権利である。もっとも急進的なフランスの憲法である一七九三年の憲法は、次のように語っている。

「人および市民の権利宣言」

第二条「これらの権利（すなわち自然から与えられた不壊の権利）は、平等、自由、安全および所有権である」。

それではここで語られている自由とは何か。

第六条「自由とは、他者の権利を侵害しないかぎり、いかなることをなしてもよいという人間の権能である」(4)。また一七九一年の人権宣言では、「自由とは、他人を侵害しないすべてのことをなす権利である」と語っている。

このように自由とは、他者を侵害することのないすべての行為をなす権利である。各人が、他者を侵害することなく行動することのできる限度は、法律が定めている――隣り合った二つの畑の境界が、垣根で分けられているのと同じである。この自由は、孤立して自分の中に引きこもっている単子《モナド》としての人間の自由である。ところでバウアーによると、ユダヤ人はどうして人権を享受することができないのだろうか。

「そもそもユダヤ人がユダヤ人でありつづけるかぎり、ユダヤ人が人間として他の人間と結びつくために役立つはずの人間的な本質は押し退けられ、ユダヤ人としての狭量な本質が勝利を収めるだろう。そしてユダヤ人はユダヤ人でない人々から分離されつづけるだろう[5]」というのである。

しかし自由を保障する人権は、人間を他の人間と結びつけるものに基礎を置いているのではなく、人間を他の人間から分離するものに基礎を置いているのである。人権とは、こうした隔離の権利であり、限定され、自分だけに制約された個人の権利のことなのである。

この自由を保障する人権を、実際的な場面で役立てるようにしたものが、私有財産を保障する人権にほかならない。

それでは私有財産を保障する人権とはどのようなものだろうか。

第一六条（フランスの一七九三年の憲法）「所有権とは、すべての市民が、みずからの財産、収入、労働および勤労の成果を、自分の好むままに享受し、処分する権利である」[6]。

これによれば、私有財産を保障する人権とは、他の人間とは関係なく、社会とは独立して、自分の財産を自分の好むままに《ア・ソン・グレ》、享受し、それを処分する権利であり、エゴイズムの権利のことである。市民社会の基礎を作りだしているのは、すでに述べた個人的な自由と、ここで示したように、その自由を実際に役立てる行為である。市民社会では人間は誰でも、他の人間のうちに自分の自由の実現ではなく、制約をみいだすことになる。こうして市民社会は何よりもまず、「みずからの財産、収入、労働および勤労の成果を、自分の好むままに享受し、処分する人権」を宣言するのである。

平等と安全

ただしこのほかにも二つの権利、すなわち平等と安全という権利が残っている。

この平等という語は、まだ政治的ではない意味で使われており、すでに述べてきた自由の平等ということを指している。すべての人は誰もが自立的に安らいでいる単子《モナド》とみなされるという意味で、平等なのである。フランスの一七九五年の憲法は、この平等の概念を、その意味にふさわしく、次のように規定している。

第三条（一七九五年の憲法）「平等とは、人間を保護する法律であるか罰する法律であるかを問わず、すべての人に同一の法律が適用されるということである[7]」。

それでは安全とはどのようなものだろうか。

第八条（一七九三年の憲法）「安全とは、社会がその一員にたいして、それぞれの人格、権利、所有権を保全するために与える保護のことである[8]」。

このように安全は、市民社会の最高の社会的な概念であり、警察の概念である。すべての社会は、社会のすべての成員の人格、権利、所有権を保障するためだけに存在するのである。ヘーゲルはその意味で、市民社会を「強制の国家あるいは知性的な国家」⑨と呼んだのだった。

市民社会はこの安全の概念によって、そのエゴイズムを乗り越えるものではない。安全とはむしろこうしたエゴイズムを保障することなのである。

人権をめぐる謎

このように、いわゆる人権というものは、どれをとってみても、エゴイスティックな人間、すなわち市民社会の一員である人間、自分の私的な利益と恣意に引きこもっていて、共同体から分離された個人を越えるものではない。人権においては、人間は類的な存在として把握されることから、はるかに遠いのである。この類的な生活そのものである社会はむしろ個人にとって、外的な枠として、個人の根源的な自立性を制約するものとして現れているのである。個人を結びつけている唯一の絆《きずな》は自然の必然であり、個人の欲求と私的な利害であり、彼らの財産と、利己的な人格が保全されることである。

ある民族が、まさに自己を解放し始め、民族を構成するさまざまな成員を隔てる障壁を撤去し、政治的な共同存在の基礎を築こうとした瞬間に、利己的な人間を、隣人からも共同存在からも切り離された人間の正当化を喜ばしげに宣言したということ（一七九一年の宣言）、そしてもっとも英雄的な献身だけが国を救うことができ、こうした献身がもっとも必要とされる瞬間になって、市民社会のあらゆる利害を犠牲にして捧げることが実際に求められ、エゴイズムが一つの罪として罰せられねばならない瞬間になって、こうした宣言が繰り返されたということ（一七九三年の「人権宣言」）は、いかにも謎めいたことである。

しかしさらに謎めいたことがある。政治的な解放を目指す人々が、国家の公民としてのありかたを、政治的な共同存在そのものを、このいわゆる人権を保持するためのたんなる手段に貶《おとし》めてしまっていることである。そして公民《シトワヤン》が利己的な人間《オム》に奉仕する者であると宣言され、人間が共同存在としてふるまう「国家の公民の」領域が、人間が部分的にしか参加しない「市民社会の」領域よりも劣ったものとして位置づけられる。そしてついにはほんらいの真なる人間は、公民《シトワヤン》としての人間ではなく、市民《ブルジョワ》としての人間であるとされたのである。

「あらゆる政治的な結合の目的は、人間に与えられた不壊の自然権を保全することにある」[10]（一七九一年の人権宣言、第二条）。「政府は、人間に与えられた不壊の自然権を享受できることを保障するために設立される」[11]（一七九三年の宣言、第一条）。

だから政治的な生が、まだ若々しい熱狂のうちで、状況の急変に迫られてその頂点に達した瞬間にあっても、みずからが市民社会を存続させることを目的としたたんなる手段にすぎないと宣言していることになる。その革命的な実践は、その理論とははなはだしく矛盾しているのである。

たとえば、安全を一つの人権として宣言している一方で、信書の秘密は毎日のように公然と侵害されている。「出版の無制限な自由」（一七九三年の憲法の第一二二条）は人権の帰結として、個人的な自由の帰結としては保障されているものの、実際の出版の自由は完全に否定されているのである。というのも、「出版の自由は、公共の自由を損ねる場合には、許されてはならない」（ロベスピエールの弟の言葉、『フランス革命議会史』、ビュシェ／ルー共著、第二八巻、一五九ページ）とされているからである。

このように自由という人権は、それが政治的な生と衝突するようになると、すぐに権利ではなくなるのである。そもそも理論的には、政治的な生は個々の人間の権利である人権を保障するためだけにあるものだから、その目的であるはずの人権と矛盾するようになれば、すぐに否定されなければならないはずである。ところが実践は例外であり、理論が原則なのである。

もちろんこうした関係にたいしては革命的な実践を遂行することが正しい立場だと主張されることもあろう。しかしその場合にも、政治的な解放を目指す〔革命的な実践にたずさわる〕人々の意識のうちで、この関係がどうして逆転して、目的が手段になり、手段が目的になってしまうのかは、あいかわらず謎のままである。こうした人々の意識のうちにも、こうした錯覚が存在しているのである。これは心理的かつ理論的な謎ではあるものの、やはり謎であることに変わりはないのである。

封建制のありかた

ところがこの謎はすぐに解くことができる。

政治的な解放は同時に、国民にとって疎遠な国家的な制度である支配権力が依拠している古い社会が解体されることである。政治的な革命は市民社会の革命でもある。

それではこの古い社会はどのような性格のものだっただろうか。この性格は一言で語ることができる。それは封建制だった。

古い市民社会は、直接に政治的な性格をおびていた。たとえば財産、家族、労働の種類や働きかたなどの市民的な生のさまざまな要素は、領主権や身分や職業団体のような形で、国家における生活の要素へと高められていた。国家における生活のさまざまな要素はこのようにして、国家全体と個人の関係を規定していた。個人はこうした形で、国家との政治的な関係を維持していた。これらは社会の他の構成要素から分離され、排除された政治的な関係を保っていたのである。というのも、民衆の生がこのような形で組織されることで、所有や労働は社会的な要素へと高められるのではなく、国家の全体から完全に分離されたのであり、これが社会の中に特殊なさまざまな社会を作りだしたのである。

それでも市民社会におけるさまざまな生活の機能と条件は、封建的な意味においてではあれ、依然として政治的なものだった。というのは、国家の全体から個人を締めだし、個人の職業団体が国家全体にたいしてもつ特殊な関係を、個人的な一般的な民衆の生活にたいする個人の一般的な関係に変えてしまい、個人の特定の市民的な活動や状況を、一般的な活動や状況に変えてしまったからである。他方でこうした組織化の帰結として、必然的に国家という統一体も、すなわち国家の統一体の意識も意志も行動も、そして普遍的な国家権力も、民衆から切り離された支配者とその家来たちの特殊な仕事として現れるようになったのである。

政治革命の帰結

政治的な革命は、この支配権力を打倒し、国家の仕事を民衆の仕事に高めたのであり、政治的な国家を、普遍的な仕事として、現実の国家として構築した。そして民衆を共同存在というありかたから引き離してきたすべての身分、職業団体、同業組合《ギルド》、さまざまな特権など、その分離を表現するさまざまな形態を必然的に粉砕した。こうした政治的な革命は、市民社会の政治的な性格を廃棄したのである。そして市民社会を、その単純な構成要素へと分解した。すなわち市民社会は一方では個人に分解され、他方ではこうした個人の生活内容であり、これらの個人を市民という地位に立たせる物質的および精神的な要素に分解されたのである。

それまでの封建社会では政治的な精神はさまざまな袋小路のうちに分割され、解体され、散乱していたのであるが、政治的な革命はこの政治的な精神を鎖から解き放ったのである。政治的な革命はそれまで散らばっていた政治的な精神を結集し、市民的な生活との混淆《こんこう》状態から解き放ち、共同存在の領域として構成した。そこでは政治的な精神は、市民生活の特殊な要素から理念的に独立した普遍的な民衆の仕事となったのである。

こうして、特定の生の活動や生の状況は、たんに個人的な意味しかもたないものに格下げされた。こうしたものはもはや国家全体にたいする個人の普遍的な関係を規定するものではなくなった。公的な仕事がむしろ個人の普遍的な仕事となり、政治的な機能が個人の普遍的な機能となったのである。

ただし国家の理念的なありかた《イデアリスム》が完成するということは同時に、市民社会の物質主義《マテリアリスム》が完成するということでもある。政治的なくびきから脱するということは、市民社会の利己的《エゴイスティッシュ》な精神をそれまで拘束していたさまざまな絆を振り捨てるということであった。政治的な解放は同時に、市民社会が政治から解放されるということであり、市民社会がある普遍的な内容をもつという見掛けから解放されるということだった。

このようにして封建社会はその基盤である人間へと解体されたのである。しかしこの人間とは、その現実の基盤であったもの、すなわち利己的な人間にほかならなかった。

この人間、市民社会の一員である人間が、いまや政治的な国家の基盤であり、前提となった。政治的な国家は人権において、このような利己的《エゴイスティッシュ》な人間のありかたを承認しているのである。

しかしこうした利己的《エゴイスティッシュ》な人間の自由とは、そしてこのような利己的《エゴイスティッシュ》な人間の自由を承認するということは、人間の生の内容を構成する精神的および物質的な要素の奔放な動きを承認するということである。

だから人間は宗教から解放されたわけではない。人間はたんに宗教の自由を獲得しただけである。人間は所有から解放されたわけではない。人間はたんに所有の自由を獲得しただけである。人間は営業のエゴイズムから解放されたわけではない。営業の自由を獲得しただけである。

このように、政治的な国家が設立されたことと、市民社会が独立した諸個人に分解されたことは、単一で同一の行為によって実現されたのである。そしてかつては身分や同業組合《ギルド》のメンバーのあいだの関係は特権によって規制されていたが、今では独立した個人どうしの関係は法律によって規制されるようになったのである。ところで市民社会の一員としての人間は、非政治的な人間となったために、必然的に自然的な人間として現れる。こうして人権《ドロワ・ド・ロム》は、自然権《ドロワ・ナチュレル》として現れる。というのも自覚的な活動は、政治的な行動を中心としたものになるからである。利己的な人間の登場は、社会が解体されたことがもたらす受動的な結果であり、所与の結果にすぎず、直接的な確実性の対象であって、自然な対象となるからである。

このように政治的な革命は、市民の生をその構成要素に解体したのであるが、その構成要素そのものに革命を起こすことも、批判を加えることもなかった。政治的な革命は、市民社会、すなわち欲求と労働と私的所有と私法の世界にたいしては、それがあたかもその存立基盤であり、それ以上基礎づけることのできない前提であり、みずからの自然な土台であるかのようにふるまう。そして究極的には、市民社会の一員である人間が、ほんらいの人間《オム》であるとみなされる。［国家の成員としての］公民《シトワヤン》とは異なった人間とみなされるのである。それというのも、こうした人間は感性的で個人的なごく身近な存在だからである。これにたいして政治的な人間は、抽象化された人工的な人間であり、比喩的で、道徳的な人格としての人間である。現実の人間は、利己的な人間の姿において初めて認められ、真の人間は抽象的な公民の姿において初めて認められるのである。

解放の意味

ルソーは政治的な人間の抽象化について、次のように適切に描いている。

「人民に制度を与えることを企てるような者は、みずからにいわば人間性を変革する力があると確信できなければならない。個人としての人間は、それだけで完全で孤立し一つの全体を構成しているが、これをより大きな全体の一つの部分に変えることができなければならない。そして個人がいわばその生命と存在を、この全体からうけとるようにしなければならない。「人間という〈構成〉を変えて、さらに強いものにしなければならない。」われわれが自然からうけとるのは独立した身体としての存在であるが、これを部分的で精神的な存在に変革しなければならないのである。

要するに立法者は、人間からその固有の力をとりあげて、その代わりに人間にとってこれまで無縁だった力を与えなければならないのであり、人間は他人の手助けなしには、この力を働かせることはできないのである」[12]（ルソー『社会契約論』第二篇、ロンドン、一七九二年、六七ページ）。

すべての解放は、人間の世界とそのさまざまな関係を、人間そのものに復帰させることである。

政治的な解放は、人間を一方では市民社会の一員に、すなわち利己的に独立した個人に還元することであり、他方では国家の公民に、すなわち道徳的な人格に還元することである。

これにたいして「たんなる政治的な解放ではなく、真の」人間的な解放が初めて実現するのは、現実の個人一人一人が、抽象的な公民を自己のうちにとり戻すときであり、個人としての人間が、その経験的な生活、個人的な労働、個人的な関係のうちで、類的な存在となるときであり、すなわち人間がその「固有の力《フォルス・プロープル》」を社会的な力として認識し、組織するときであり、社会的な力を政治的な力という形で、もはや自己から切り離すことがなくなるときのことなのである。

第二部　ブルーノ・バウアー「現代のユダヤ人とキリスト教徒の自由になりうる能力」

（『二一ボーゲン』五六〜七一ページ）

バウアーの問いの転倒

バウアーは、このタイトルのもとで、ユダヤ教とキリスト教がどのような関係にあるか、さらに彼の批判が、この二つの宗教とどのような関係にあるかを考察している。バウアーはこの二つの宗教には「自由になる能力」があるのかという観点から批判を加えるのである。

この考察によって次のことが明らかになる。

「キリスト教が宗教一般を廃棄するには（すなわち、自由になるにはということだ——マルクス）、ただ一段階だけを踏み越えればよい。すなわちキリスト教という宗教だけを踏み越えればよい」。しかしユダヤ教が宗教一般を廃棄するには、

「自分のユダヤ教的な本質だけでなく、さらにユダヤ教の完成した段階の発展［としてのキリスト教］とも、すなわち自分とは無縁な形でおこなわれた発展［であるキリスト教の段階］とも手を切らねばならないのである」(13)（七一ページ）。

このようにバウアーはユダヤ人の解放の問題を、純粋に宗教的な問題として考察している。救済の見込みがあるのはどちらか？　ユダヤ教徒かそれともキリスト教徒か、という神学的な疑念が、解放されることができるのはどちらか？　という啓蒙風の装いの問いとして反復されている。さすがにユダヤ教とキリスト教のどちらが解放をもたらすかということは問われていない。問われているのはその反対に、ユダヤ教を否定するのとキリスト教を否定するのとどちらが、よりよく解放をもたらすかということである。

「もしも自由になりたいのであれば、ユダヤ人はキリスト教を信奉するのではなく、解体された後のキリスト教を、解体された宗教一般を、すなわち啓蒙と批判とその帰結である自由な人間性を信奉すべきであろう」(14)（七〇ページ）。

ユダヤ人にとって相変わらず重要なのは、何を信奉するのかということである。ただしもはやキリスト教を信奉するのではなく、解体されたキリスト教を信奉すべきだとされているのであるが。

バウアーはユダヤ人にたいして、キリスト教の本質と手を切ることを求めているが、みずから認めているように、この要求はユダヤ教の本質の発展から生まれたものではない。

バウアーは論文「ユダヤ人問題」の末尾で、ユダヤ教をキリスト教にたいする素朴な宗教批判としてのみ把握していた。そのためユダヤ教には、「たんなる」宗教的な意味しか認めていなかったのである。だからこの論文にみられるように、ユダヤ人の解放の問題が哲学的で神学的な行為に変えられているのは、十分に予想できることだった。

バウアーはユダヤ人の観念的で抽象的な本質を、すなわちユダヤ人の宗教を、そのすべての本質と考えている。そこでバウアーが次のように結論するのは当然と言えよう。ユダヤ人がすべてのユダヤ教を廃棄して、「ユダヤ人がみずからその偏狭な律法を軽蔑したところで、人類にたいしていかなる利益も与えるわけではない」[15]（六五ページ）。

そうなると、ユダヤ人とキリスト教徒の関係は次のように表現されることになろう。キリスト教徒がユダヤ人の解放にたいして抱く唯一の関心は、普遍的で人間的な関心、すなわち理論的な関心にすぎない。キリスト教徒の宗教的なまなざしからみると、ユダヤ教は目障りな事実にすぎない。しかし宗教的な観点からみることをやめるならば、この事実は目障りであることをやめる。ユダヤ人の解放は、それ自体としてはキリスト教徒が携わるべき仕事ではないのである。

これにたいしてユダヤ人が自分を解放するためには、自分自身にかかわる事柄だけではなく、バウアーの『共観福音史家の福音史の批判』とかシュトラウスの『イエス伝』など、もともとキリスト教徒の課題であった仕事も、同時に実行しなければならないことになる。

「ユダヤ人は自分のことを考えてみるがよい。自分の運命は自分で決めるのだ。しかし歴史を侮ってはならない」[16]（七一ページ）。

このように、この問題は神学的な形で設定されているが、わたしたちはそのような問題設定を覆すことを試みよう。わたしたちにとってはユダヤ人がみずからを解放する能力をもっているかという問題は、次のように立てられる。「ユダヤ教を廃棄するためには、どのような社会的な要因を克服しなければならないか?」。というのも、現代のユダヤ人がみずからを解放する能力とは、ユダヤ人が現代の世界の解放とどのように関わるかという問題だからである。この問題は、現代の抑圧的な世界においてユダヤ教が特殊な地位を占めていることから必然的に生まれるものである。

平日のユダヤ人の秘密

わたしたちは、バウアーが考察したような宗教的な安息日を過ごしているユダヤ人ではなく、現実の世俗的な生活を過ごしているユダヤ人を、すなわち宗教的な色彩のない平日のユダヤ人を考察してみることにしよう。

そしてわたしたちはユダヤ人の秘密をその宗教のうちに探すのではなく、ユダヤ教という宗教の秘密を、現実のユダヤ人のうちに探してみよう。

それではユダヤ教の世俗的な根拠とはどのようなものだろうか？　それは実際的な欲求であり、私利である。

それではユダヤ人の世俗的な祭祀は何だろうか？　それはあくどい商売である。ユダヤ人の世俗的な神は何だろうか？　それは貨幣である。

よろしい！　そうであるならば、わたしたちの時代の自己解放とは、あくどい商売から解放されること、貨幣から解放されることだろう。すなわち実際的で現実的なユダヤ教から解放されることだろう。

もしも、あくどい商売の前提となるものを、あくどい商売が可能となる条件を廃棄することができるような社会的な組織化が可能であったならば、ユダヤ人というものは存在しえなかっただろう。ユダヤ人の宗教的な意識も、あたかも霞《かす》んだもやのように、社会の現実の生の息吹のうちに消え去ることだろう。逆に、ユダヤ人たちがこうした自分の実際的な本質を無にひとしいものと認め、それを廃棄するようにするならば、ユダヤ人はこれまでの歴史的な発展から脱して、人間的な解放そのものに携わるようになるだろう。そして人間的な自己疎外の最高の実際的な表現に敵対するようになるだろう。

このようにしてわたしたちはユダヤ教のうちに、ある普遍的な、現代における反社会的な要素を認めるようになる。この要素は、ユダヤ人がこれまで、こうした悪《あ》しき関係のうちで熱心に協力してきた歴史的な発展のうちで、現在の高度な段階にまで駆り立てられてきたものである。そしてこの頂点においてユダヤ教は、必然的にみずからを解体せざるをえないのである。

ユダヤ人の解放とは、その究極の意味では、人間がユダヤ的なありかたから解放されることである。

ユダヤ人の自己解放

ユダヤ人はすでに、ユダヤ的な形で、自己を解放しているのである。

「たとえばウィーンではたんに大目にみられているにすぎないユダヤ人が、その貨幣の力で、帝国全体の運命を決定している。ドイツのもっとも小さな領邦でも、法の保護の外に置かれることのありうるユダヤ人が、ヨーロッパの運命を決定しているのである。職業団体やツンフトは、ユダヤ人を排除したり、ユダヤ人に好意的でない姿勢を示したりしている。ところが新たな産業は大胆にも、中世的な制度の偏狭さを嘲笑しているのである」[17]（ブルーノ・バウアー「ユダヤ人問題」一一四ページ）。

これは孤立した事実ではない。ユダヤ人はユダヤ的な形でみずからを解放したが、それは貨幣の力をわがものにしたからだけではなく、ユダヤ人の力で、あるいはユダヤ人とかかわりのないところでも、貨幣が世界を支配する力となったからであり、ユダヤ人の実践的な精神が、キリスト教的な国民の実践的な精神になったからである。ユダヤ人は、キリスト教徒がユダヤ人になったために、いわばその分だけみずからを解放したのである。

たとえばハミルトン大佐は、次のように報告している。「敬虔で政治的に自由なニューイングランド州の住民たちは、まるで蛇に締めつけられながら、それを振りほどく努力をまったくしないラオコーンのようなものである。貨幣《マモン》の神が、彼らの偶像であり、彼らはそれを口先だけでなく、身も心もあげて崇拝している。

彼らにとってはこの世は証券取引所のようなものにすぎない。そして彼らは、隣人よりも豊かになることよりも重要な使命は、この世には何もないと確信している。彼らはあくどい商売に完全に心を奪われている。彼らの唯一の娯楽は、さまざまな物品をたがいに交換することである。旅行するときにも、いわば背中に商品と帳簿を背負って歩き回るのであり、利子と利益のことしか話そうとしない。自分の仕事から目を放す瞬間があるとすれば、それは他人の仕事を嗅ぎ回るときだけである」。

たしかに北米では、ユダヤ的なありかたがキリスト教世界の全体を実際に支配していることは、疑いようのないごく普通の現象となっている。そのために福音の伝道やキリスト教の聖職そのものが一つの商品になっている。そこで懐《ふところ》が豊かになったキリスト教の宣教師が商売を始めたり、破産した商人が福音を商売にしたりするようなことが起こるのである。

「信徒会の会長を立派につとめておられ、皆さんもご存じのあの方は、かつては商人でした。仕事に失敗して、聖職者になったのです。また、司祭だった別の方は、ある程度の自由になる金がたまったので、説教台を離れて仕事を始められたのです。多くの人からみて、宗教的な聖職というものも、まともな職業にほかなりません」（ボーモンの前掲書、一八五、一八六ページ）。

またバウアーは次のように指摘している。

「ユダヤ人は実際的な側面では巨大な力をもっていて、その政治的な影響力は、たとえ細部では制限されていても、大筋では行使されている。理論的にみると、ユダヤ人は政治的な権利を認められていないが、これは現実の事態に即していない」[18]（『ユダヤ人問題』一一四ページ）という。

市民社会のユダヤ性

ユダヤ人が実際には政治的な力をもっているのに、政治的には権利を認められていないという矛盾は、一般的に表現すると、政治と貨幣の力が矛盾しているということである。観念的には政治は貨幣の力より上位に立っているが、事実としては政治は貨幣の奴隷になっているのである。

ユダヤ教は、キリスト教と並んで存続してきた。ユダヤ教は一方ではキリスト教への批判者として存続してきたし、さらにキリスト教の宗教的な由来への不信を体現する形でも存続してきた。それ以上に実利的なユダヤ的な精神、つまりユダヤ教そのものが、キリスト教社会そのものの中で維持され、その最高の完成を実現してきたのである。ユダヤ人は市民社会の特殊な一員として存在しているが、そうしたユダヤ人とは、市民社会がもつユダヤ人的なありかたの特別な現象にほかならない。

この意味でユダヤ教は、歴史の進展にもかかわらず維持されてきたのではなく、歴史の進展によってこそ維持されてきたのである。

市民社会は、それ自身のはらわたの中から、ユダヤ人を絶えず生みだしているのである。

ユダヤ教の神と貨幣

そもそもユダヤ教の基盤をなしていたのは何だっただろうか？　人間の実利的な欲

求、すなわちエゴイズムである。

　だから一神教たるユダヤ教とは実際には、さまざまな欲求から構成された多神教なのである。この多神教は、トイレに行く行為まで神による戒律の対象にする。実利的な欲求とエゴイズムは、市民社会の原理なのであり、市民社会が政治的な国家を完全に自己の外部に排出してしまうと、純粋にそのようなものとして姿を現す。実利的な欲求とエゴイズムの神は貨幣である。

　貨幣はイスラエルの嫉妬深い神であり、この神の前には他のいかなる神も存在することを許されない。貨幣は人間のあらゆる神を引き摺《ず》り下ろし、それらの神々を商品に変えてしまうのである。貨幣はすべてのものの普遍的な、それ自体として構築された価値である。そのため貨幣は、人間の世界や自然を含めたすべての世界から、それほんらいの価値を奪ってしまったのである。貨幣は、人間の疎外された労働であり、人間の疎外された現実存在の本質である。そしてこの疎外されたものが人間を支配しているのであり、人間はこの貨幣に祈りを捧げているのである。

　ユダヤ人の神は世俗化され、現世の神になったのである。ユダヤ人の現実の神とは手形である。ユダヤ人の神は幻想的な手形にすぎない。

私的な所有と貨幣が支配するようになると、自然についての見方も変わる。現実的な観点のもとで自然を軽蔑し、実利的な観点からみて、自然の価値を貶めるようになったのである。たしかにユダヤ教のうちにも自然は存在するが、ただ空想のうちに存在するだけである。

トマス・ミュンツァーはその意味で、「あらゆる被造物が、すなわち水の中を泳ぐ魚も、空を飛ぶ鳥も、地に生える草もすべてが、人間の所有するものとされてしまった。しかし被造物もまた解放されなければならない」と、こうした事態を耐えがたいものであると語っているのである。

〈貨幣人間〉

ユダヤ教のうちには抽象的な形で、理論や芸術や歴史や、自己目的としての人間を軽蔑する傾向が含まれている。これは〈貨幣人間〉の現実的で意識的な立場を表現したものであり、こうした人間の徳を表現したものである。男性と女性の関係のように、類としての人間存在に根差した関係すら、取引の対象となるのである！　そして女性に値がつけられて売りにだされる。

ユダヤ人はキマイラ的な国籍をそなえているが、これは商人の国籍であり、一般的には〈貨幣人間〉の国籍である。

ユダヤ教の律法の意味

ユダヤ教の律法は根拠も基礎もないものであり、これはユダヤ人の道徳性や法一般に根拠や基礎がないことを宗教的な戯画《カリカチュア》として示したものである。そしてエゴイズムの世界が、みずからの身を装うために使う形式的な儀礼の宗教的な戯画にほかならない。

ここでも人間の最高の態度は、律法にふさわしい態度であり、さまざまな戒律にたいする態度である。信徒たちがこの戒律にしたがうのは、こうした律法が彼らの意志や本質となっているからではなく、こうした戒律が信徒たちを支配しているからであり、それに背くと罰せられるからである。

バウアーは、ユダヤ教の聖典のタルムードの中に、ユダヤ教のイエズス会的な「偽善的な」要素が存在することを指摘しているが、この実利的なイエズス会的な要素は、エゴイズムを重視する世界が、そうした世界を支配しているさまざまな律法にたいして示す態度であり、こうした律法を巧みにごまかすのが、この世界で生きるための大切な技なのである。

つまりこうした律法の内部での私利の世界の動きは、律法を必然的に絶えず廃棄せざるをえないのである。

ユダヤ教の限界

ユダヤ教は宗教としては、教義としては、それ以上に発展することはできなかった。実利的な欲求に基づくものであるかぎり、ユダヤ教の世界観はその本性からして制限されたものであり、数行で表現できるようなものだからである。

しかしユダヤ教のように実利的な欲求の宗教は、その本性からして教義のうちではなく、ただ実践のうちでだけ完成することができたのである。その宗教の真理は何よりも実践のうちにあるからである。

ユダヤ教は新しい世界を作りだすことはできなかった。ユダヤ教にできたことは、新しい世俗的な世界の創造物や世俗的な世界のさまざまな関係を、自分の活動領域のうちに取り込むことだけだった。それはユダヤ教のような実利的な欲求の態度は、私利を目指す知性しかそなえておらず、受動的な姿勢をとるために、みずからを自由に拡張することはできなかったからであり、ただ社会状態が進展するとともに、みずからが拡張されているのをみいだすしかなかったからである。

キリスト教と市民社会

ユダヤ教は市民社会の完成とともに、その頂点に到達する。しかし市民社会は、キリスト教的な世界において、初めて完成するのである。キリスト教は人間の国民的、自然的、道徳的、理論的な関係をすべて外的なものとしてしまう。そして市民社会はこのキリスト教の支配のもとにおいて初めて、みずからを国家生活から完全に切り離すことができたのだった。市民社会は、人間が類としてそなえているすべての絆を引き裂き、こうした絆の代わりにエゴイズムと利己的な欲求を提示し、人間の世界をたがいに敵対する原子《アトム》としての個人の世界に解体することができたのである。

キリスト教とユダヤ教の関係

キリスト教はユダヤ教から生まれた。今やキリスト教はふたたび、ユダヤ教のもとに解消されることになったのである。

キリスト教徒はもともとは、教義を重視するユダヤ人だった。だからユダヤ人は実利的なキリスト教徒であり、実利的なキリスト教徒はふたたびユダヤ人になったのである。

キリスト教はかつて、現実のユダヤ教を克服したとされているが、これはたんなる見掛けにすぎなかった。キリスト教は、粗野な実利的な欲求を片づける方法としては、青い天空に飛翔することしかできなかった。それはあまりにも高尚であり、あまりにも精神主義的な教えでありすぎたからである。

キリスト教はユダヤ教からでた崇高な思想であり、ユダヤ教はキリスト教の卑俗な応用である。そしてこの卑俗な応用が、一般的な応用になることができるためには、人間が自己から、そして自然から疎外されるありかたを、完成したキリスト教が宗教として、理論的に完成する必要があったのである。

それによって初めてユダヤ教は一般的な支配に到達し、外化された人間と外化された自然を譲渡し、売り渡すことのできるものにすることが、利己的な欲求の奴隷に、あくどい商売の手に落ちる商品にすることができたのである。

このようにして譲渡されることは、自己が外化されたことの実践的な帰結である。人間は宗教にとらわれているかぎり、自分の本質を自分の外部にある幻想的な本質とすることによってしか、自己の本質を対象化することができない。それと同じように人間は利己的な欲求に支配されているかぎり、自分の生産物や自分の活動を、ある外部の存在の支配下に置かないかぎり、そしてその意味をある外部の存在によって、すなわち貨幣によって評価しないかぎり、実践的に活動することも、実践的にさまざまな対象を作りだすこともできないのである。

　キリスト教の救済の概念は、「自己の救済だけを目的とするという意味で」利己的なものであるが、これが完成した形で実行されるならば、ユダヤ人の肉体的な「現世的な」エゴイズムに転化せざるをえない。そして彼岸への欲求は此岸《しがん》での欲求に転化せざるをえず、主観主義はエゴイズムの至上化に転化せざるをえないのである。ユダヤ人はたしかに欲求においても不屈であるが、わたしたちはこれをその宗教によって説明するのではなく、その宗教の人間的な基礎、実利的な欲求、エゴイズムから説明するのである。

ユダヤ教と市民社会

ユダヤ人の現実の本質は、市民社会において普遍的な形で実現され、世俗的なものとなった。そのために市民社会はユダヤ人にたいして、ユダヤ人の宗教的な本質がまさに実利的な欲求の理念的な直観にすぎない非現実的なものであることを説得することができなかったのである。そこでわたしたちは今日のユダヤ人の本質を、旧約聖書のモーセ五書やタルムードの中だけでなく、現在の社会の中にみいだすことになるのである。それもたんに抽象的な本質としてではなく、きわめて経験的な本質としてみいだすのであり、ユダヤ人の偏狭さとしてではなく、社会にそなわるユダヤ的な偏狭さとしてみいだすのである。

社会がユダヤ教の経験的な本質を廃棄することができたならば、あくどい商売とそのさまざまな前提を廃棄することができたならば、ユダヤ人というものが存在することはできなくなるだろう。というのもそのときには、ユダヤ人の意識はもはや、いかなる対象ももたなくなるからであり、ユダヤ教の主観的な基礎である実利的な欲求が人間化されるからであり、人間の個人的で感性的な存在と類的な存在のあいだの対立も解消されてしまうからである。

ユダヤ人が社会的に解放されるということは、社会がユダヤ的なありかたから解放されるということである。

訳注

（1）バウアー『ユダヤ人問題』第六章。この部分は邦訳（大庭健訳、御茶の水書房）にはない。
（2）『人権宣言集』高木八尺ほか訳、岩波文庫、一三二ページ。
（3）同、一四四ページ。
（4）同、一四三ページ。
（5）バウアー前掲書第一章。邦訳は前掲書、一二七ページ。
（6）『人権宣言集』前掲書、一四五ページ。
（7）同、一五〇ページ。
（8）同、一四四ページ。
（9）ヘーゲル『法の哲学』一八三節。邦訳は藤野渉・赤沢正敏訳、中央公論社、四一四ページ。邦訳では「この体系はさしあたり外的国家——強制国家および悟性国家とみなすことができる」とされている。
（10）『人権宣言集』前掲書、一三一ページ。

(11)同、一四三ページ。
(12)ルソー『社会契約論』中山元訳、光文社古典新訳文庫、八八～八九ページ。なおマルクスは［　］で囲んだ部分は省略して引用している。
(13)バウアー「現代のユダヤ人とキリスト教徒の自由になりうる能力」。邦訳は良知力編『資料ドイツ初期社会主義　義人同盟とヘーゲル左派』平凡社、二九一ページ。
(14)同。邦訳は同、二九〇ページ。
(15)同。邦訳は同、二八六ページ。
(16)同。邦訳は同、二九一ページ。
(17)バウアー「ユダヤ人問題」第七章。この部分は邦訳にはない。
(18)同。

『聖家族』第六章　絶対的な批判的な批判、あるいはバウアー氏による批判的な批判（抜粋）

第一節　絶対的な批判による第一次征伐

b　ユダヤ人問題　第一　問いの設定

バウアーの絶対的な批判の意味

「バウアーの」「精神」は大衆と対立してただちに批判的にふるまい始める。そしてブルーノ・バウアーの制約のある書物である『ユダヤ人問題』を絶対的なものと位置づけ、この書物に反対する人々だけを罪人とみなす。バウアーはこの書物への批判に反論した第一号の弁明[1]においては、この書物にはいかなる欠陥もなく、むしろユダヤ人問題についての「真の」「普遍的な」（！）意味を説明したものであると自認している。

ただしその後の弁明においてバウアーは次のように、「見落とし」があったことを、認めざるをえなくなっている。

「わたしの著作がうけいれられたということは、これまで自由の味方をしてきただけでなく、今でもなお自由の味方をしている人々こそ、精神にたいしてもっとも反抗しなければならないということの証明の始まりである。そしてこれからわたしがこの文章で行おうとしている弁明はさらにその次のステップとして、自分では解放と〈人権〉という教義《ドグマ》を擁護していることを何かとても立派なことであるかのように自慢している大衆の代弁者が、いかに無思慮であるかを証明するものとなるだろう」。

「大衆」が、このように絶対的な批判の書物が出版されたことをきっかけとして、自分が精神に対立していることを証明し始めねばならないのは、やむをえないことであった。というのも大衆の「存在」そのものが、絶対的な批判との対決によって制約されると同時に証明されているからである。

自由主義的で合理主義的な一部のユダヤ人は、ブルーノ氏の『ユダヤ人問題』に論争をしかけたが、この論争は、自由主義者たちが哲学にたいして提起した大衆的な論争とも、合理主義者たちがシュトラウスにたいして提起した大衆的な論争とも、まったく異なる批判的な意義のあるものである。それは別として、すでに示したブルーノ氏の言葉にどれほどの独創性があるかは、ヘーゲルの次の表現からも明らかだろう。

「あの（すなわち自由主義者たちの――マルクス）浅薄で気取ったおしゃべりに、どのようによこしまな良心の特殊な形態が示されているかということに注目すべきである。しかもこのおしゃべりが、もっとも精神に欠けるところで、もっとも精神について多く語っているということ、もっとも生気のない鈍感なところで、〈生命〉などの言葉をもっとも多く語っているということに[2]」。

「人権」については、その本質を誤認しながらドグマ的に歪めて語っているのが大衆の代弁者ではなく、「ブルーノ・バウアー」その人であることは、ブルーノ氏がみずから証明しているところである（『独仏年誌』に掲載されたマルクスの「ユダヤ人問題に寄せて」の文章を参照されたい）。ブルーノ氏は人権が「生得のもの」ではないことを〈発見した〉のだが、それはイギリスではすでに過去四〇年あまりにわたって、繰り返し〈発見されて〉きたことである。それと比較すると、漁労や狩猟などの活動が生得の人権であるというフーリエの主張は、天才的なものだと言うべきである。

フィリプソンやヒルシュ[3]にたいするブルーノ氏の反論については、ごくわずかな例をあげるだけにとどめよう。この情けない反対者たちでも、絶対的な批判に太刀打ちできるのである。フィリプソン氏は、「バウアーは独特な国家について考えている。……国家の哲学的な理想のことを考えているのだ」と指摘しながら、バウアーの絶対的批判を非難している。そして絶対的な批判の主張とは違って、フィリプソン氏はそれほど整合性に欠けたことを主張しているわけではないのである。

ブルーノ氏は、国家を人類と取り違え、人権を人類と取り違え、さらに政治的な解放を人間的な解放と取り違えているのであり、「その取り違えのためにブルーノ氏がフィリプソン氏の主張するように」必然的に〈独特な国家〉について、〈国家の哲学的な理想〉について考えていたか、想像していたのはたしかである。ブルーノ氏は次のように反論している。

「熱弁家（ヒルシュ氏のことだ——マルクス）は、読むのも面倒な文章を書くよりも、わたしの証明に論駁すべきだっただろう。わたしは、キリスト教国家は、その生活原理が特定の宗教であるため、他の特定の宗教の信者たちには、……その国の［キリスト教国家の］諸身分との完全な平等を許すことができないことを証明したのである」。

もしも熱弁家のヒルシュが実際にブルーノ氏の証明を論駁したならば、そして［わたしが執筆した論文が掲載された］『独仏年誌』で示されたように、キリスト教だけを国の宗教として排他的に認め、諸身分の存在を認める国家は未完成な国家であり、未完成なキリスト教国家であることを示したならば、ブルーノ氏はあの弁明書で語られているように、「この問題についての非難は無意味である」と答えたことだろう。

またバウアー氏は「ユダヤ人は、歴史のバネに圧力を加えたために、反対向きの圧力を加えられたのだ」と語っているが、ヒルシュ氏は次のように正しく指摘している。

「そうだとすれば、ユダヤ人も歴史を作りだす上で貢献したことになる。そしてバウアー氏がそのことを主張するのであれば、他方でユダヤ人は近代を作りだす上で何も貢献しなかったと主張するのは間違いだということになる」。

これに対してバウアー氏は「目の中の棘《とげ》も何ものかである。……だからといって、目の中の棘はわたしの視力の発展に何らかの貢献をしたと言えるだろうか」と答える。ユダヤ教がキリスト教の世界のうちに存在しているように、生まれたときからわたしの目の中に存在している棘は、相変わらずわたしの目の中にあり、目とともに成長し、形成されてきたものである。この棘はありきたりの棘などではなく、わたしの目と一体になった不思議な棘である。この棘は、わたしの視力のきわめて独特な発展に貢献したに違いないのである。だから批判的な「棘」では、熱弁をふるう「ヒルシュ」「鹿」を刺すことはできない。ところで右に引用した批判においては、「近代の形成」にとってユダヤ教がどのような意味をもったかが、ブルーノ氏にたいして明らかにされているのである。

あるライン州の議員は、「ユダヤ人はユダヤ人なりにつむじ曲りなのであって、われわれのいわゆるキリスト教徒風にではない」と語っているが、この言葉で［ブルーノ氏の］絶対的な批判の神学的な心情はひどく傷つけられたと感じたらしく、遅れ馳せながらも、「こんな議論をした人に、言葉を慎しむようにたしなめた」のだった。

また別の議員は、「ユダヤ人が市民として平等に扱われるのは、もはやユダヤ教というものが存在しなくなったときだけである」と主張したが、これにたいしてブルーノ氏は「これは正しい！　ただしわたしが著作で提示した批判で使った別の表現が（つまりキリスト教もまた存在しなくなっていなければならないという表現が――マルクス）、忘れられずに添えられなければならない」と語っている。

このように絶対的な批判は、ユダヤ人問題についての批判のこの第一弁明においても、相変わらず市民的な平等が認められるための条件として、宗教が廃棄されることを、無神論を求めているのである。このように第一段階である最初の弁明では、国家の本質についても、また自分の著作の「見落とし」についても、新たな洞察はまだ示していないのである。

ところで絶対的な批判は、それが意図していた学問的に「最新の」発見なるものが、すでに一般的に普及している見解であることを指摘されると、気を悪くするのである。

ライン州のある議員は、「フランスとベルギーは、自国の政治的な関係を組織する際に、さまざまな原理をとくに明確に認識している。このことはまだ誰も主張していない」と語ったのである。

この指摘にたいして絶対的な批判は、次のように反論することができるだろう。すなわちこの主張は、フランスの政治的な原理は不十分なものにすぎないという、現在ではすでにありきたりの意見となった見解を、伝統的な見解とみなすものであり、過去の状況と現在の状況を混同したものである、と。ただし絶対的な批判はこうした即物的な反論では満足できない。むしろ絶対的な批判は、古くなった過去の意見を、現在の支配的な意見であると主張し、現在の支配的な意見は絶対的な批判の秘密であると主張し、これらの批判的な研究によって、この秘密が大々的に暴露されるのだと主張せずにはいられないのである。そして批判は次のように語らざるをえない。

「それは（すなわち時代遅れの偏見は――マルクス）非常に多くの人々（すなわち大衆ということだ――マルクス）によって主張された意見である。しかし歴史を根本的に探求してみれば、フランスのあの偉大な営みの後でもなお、原理を認識するにはまだ多くのことが実現されねばならないことが証明されるだろう」。

そうだとすると、歴史の根本的な研究そのものでは、原理の認識を「実現する」ことはできないことになる。この研究は根本的な方法で、「まだ多くのことが実現されねばならない」ことを証明するだけなのである。これは偉大な、すなわち社会主義的な営みの後で実現されるべき業績なのだ！　ところがブルーノ氏は次のように語ることで、今日の社会的な状況を認識するためにすでに大きなことを実現しているのである。「現在において支配的な規定性は、無規定性である」。

ヘーゲルは中国で支配的な規定性は「存在」であると語り、インドで支配的な規定性は「無」であると語ったものだ。だから「ブルーノ氏の」絶対的な批判が、現在の時代的な性格を「無規定性」という論理的なカテゴリーに解消させていることは、「純粋な」形でヘーゲルにならうことだろう。そして無規定性という概念もまた「存在」や「無」の概念と同じように、ヘーゲルの思弁的な論理学の第一章「質」の章に含まれる概念であるだけに、いっそうヘーゲル風に純粋なものだと言えるだろう。

一般的な見解

さてわたしたちは一般的な見解を述べずには、『ユダヤ人問題』についての第一号の弁明から離れることはできない。

絶対的な批判の主要な仕事は、すべての時代的な問題をまず正しく位置づけることにある。つまり批判は現実の問いに答えることではなく、その問いをまったく別の問いにすり換えるだけなのである。批判は万物を創造するのと同じように、まず「時代的な問題」を作りだし、それを自分の問題に、批判的な批判の問題にしなければならない。

批判は、ある問題が「ナポレオン法典」にかかわる問題であっても、それをもともとは「旧約聖書の最初の五書である」「モーセ五書」の問題であることを証明しなければならない。批判はある「時代的な問題」を位置づけると主張するが、それは実はその問題をずらして、歪曲することである。そして批判は『ユダヤ人問題』も歪曲して、その中心問題である政治的な解放を考察するのではなく、ユダヤ教を批判し、キリスト教的でゲルマン的な国家を記述することで満足すれば十分であると考えるのである。

絶対的な批判のあらゆる〈独創性〉と同じように、この方法もまた思弁的な機知を繰り返すものである。思弁的な哲学、とくにヘーゲル哲学はすべての問題を、人間の健全な知性の形式の問題を、思弁的な理性の問題に言い換える。それは現実の問題を、自分が答えられるような思弁の問題に変換する必要があったからである。

思弁はわたしの問いをねじ曲げる。そして教理問答《カテキズム》と同じように、彼らの思弁の問いをわたしの口から語らせるのである。だからわたしがどんな問いを問うとしても、教理問答《カテキズム》と同じように思弁がすべての答えを用意しているのは当然のことである。

第二節　絶対的な批判による第二次征伐

b　ユダヤ人問題　第二。社会主義、法学および政治（民族）についての批判的な発見

大衆的で物質主義的なユダヤ人には、「絶対的な批判によって」精神の自由、理論における自由についてのキリスト教的な教説が語られている。この自由とは、自分が鎖

につながれていたところで自由であると想像する自由であり、「理念」のうちにあることに心から満足を感じ、この自由を妨げるのは大衆的な存在だけであると考える唯心的な自由である。

バウアー氏は次のように語る。「ユダヤ人が理論のうちで考えるかぎりで彼らは解放されているのである。自由でありたいと願うかぎりで彼らは自由である」[4]。この文章を読めば誰でも、批判からみて大衆的で世俗的な共産主義や社会主義が、絶対的な社会主義というものとどれほど異なるものであるかを、すぐに理解できるだろう。世俗的な社会主義の第一の原則は、「たんなる理論の上だけでの」解放などは幻想であると拒否して、現実の自由のために、観念的な「意志」のほかにも、すぐに手にとって確かめることのできるような必要な物質的な条件を要求することにある。

こうした「物質的な条件を要求する」「大衆なるもの」は、聖なる批判と比較すると、いかに水準の低いものだろうか！　というのも大衆はたんなる「理論」に費やす時間と手段を獲得するためだけにも、まず物質的で実践的な変革が必要だと考えるからである。

さてわたしたちはしばらく、この「絶対的な批判の」純粋に精神的な社会主義なるものを離れて、政治の世界に飛び込んでみよう。

リーサー氏[5]はB・バウアー氏に反対して、バウアー氏の国家（すなわち批判的な国家のことだ）では、「ユダヤ人」だけではなく、「キリスト教徒」も排除しなければならないはずだと主張する。この主張は正しい。バウアー氏は政治的な解放を人間的な解放と混同している。そしてバウアー氏の考える国家は、国家に反抗する要素（『ユダヤ人問題』では、キリスト教もユダヤ教も〈きわめて反逆的な要素〉と呼ばれている）を代表する人物は、暴力的に排除できるとされているのである——これはフランス革命のテロルで、買い占めを根絶するために、買い占めを行う人の首をギロチンではねようとしたのと同じことである。こうしてバウアー氏は彼の「批判的な国家」においては、ユダヤ人もキリスト教徒も絞首刑にしなければならなかったのである。

バウアー氏は政治的な解放を人間的な解放と混同したのだから、解放の政治的な手段を解放の人間的な手段と混同せざるをえなかったのは、ごく当然のことである。しかし誰かが絶対的な批判に向かって、この二つを混同した推論がもつ特定の意味を指摘すると、絶対的な批判は次のように答える（この答えは、空虚な言葉の代わりに、現実的な思想を語った反対者にたいして、かつてシェリング氏が語った言葉とそっくりである）。

「批判たるものの反対者と呼ばれるのは、その反対者が批判を自分のドグマ的な尺度で解釈するからだけではなく、批判そのものをドグマ的なものとみなすからである。彼らが批判を攻撃するのは、批判が彼らのドグマ的な区別や定義や逃げ道を認めようとしないからである」。

しかし絶対的な批判に特定の現実的な意味と思想と見解があると推定するのは、絶対的な批判にたいして（そしてシェリング氏にたいして）ドグマ的にふるまうということである。ところが「批判たるもの」は、リーサー氏に調子を合わせて自分の人間らしさを証明しようとして、ドグマ的な区別と定義を、そしてとくに逃げ道を利用しようと決心したのである。

こうして次のように語られることになった。「わたしがもしもあの著作で（例の『ユダヤ人問題』のことだ——マルクス）、批判の外に出ようと望んでいれば、そしてそれが許されるのであれば、わたしは国家のことではなく、むしろ「社会」のことを語る（！）必要があった（！）だろう。社会はいかなる人も排除することはない。社会の発展に参加することを望まない者だけが、みずからを社会から排除するのである」。

絶対的な批判はここでドグマ的な区別を行使して、その反対のことをしなかったならば、ほんらいそうしたに違いないこと〔すなわち国家のことを論じなければ社会について論じていたはずであること〕を、実際になしたこと〔国家について論じたこと〕と区別している。批判は『ユダヤ人問題』の著作の考察の範囲が制約されている理由を、「望んでいれば」とか「許されるのであれば」という「ドグマ的な逃げ道」を使って説明する。この逃げ道が、「批判を越え」出なかった理由を説明するというわけである。しかしどのようにしてだろうか？　「批判たるもの」は「批判」を乗り越えて、批判の外に出るべきだったと言うのか？　このように大衆的な思いつきが絶対的な批判に生まれたのは、一方ではユダヤ人問題の解釈が絶対的で「批判たるもの」であると主張しながら、他方ではもっと徹底した解釈ができたはずであることを認めざるをえないというドグマ的な必然性のためである。

批判が「望んでいなかった」とか「許されなかった」などと語ることの秘密は、後に批判的なドグマとして暴露されることになる。このドグマによると、「批判」の考察の範囲は一見したところ狭いものであるが、それは大衆の解釈能力にふさわしく調子を合わせる必要があったからにほかならないということになる。

批判はユダヤ人問題の狭い考察範囲から外に出ることを「望んでいなかった！」のだし「許されなかった！」のである。しかし批判がもしもこれを「望み」、そしてそれを「許されていた」としたならば、批判は何をしただろうか。おそらくドグマ的な定義を示したことだろう。批判は「国家」のことではなく、「社会」のことを論じただろう。そして今日の市民社会にたいしてユダヤ教がどのような現実的な関係をもっているかなどということは、決して考察しなかっただろう。批判は「国家」と区別した「社会」を、次のようにドグマ的に定義しただろう。すなわち「国家」は人々を排除するが、「社会は人々を排除しない。そして」社会から排除されるのは、社会の発展に参加することを望まない者だけであり、こうした者はみずからを社会から排除するのである、と。

これによると社会も国家も同じように「ユダヤ人などの一部の」人々を排除する。ただし社会は国家よりも、こうした人々をていねいに排除するという違いがあるだけである。つまり社会は君をドアから外に放り出すことはしない。それよりも君にこの社会では生きにくいように感じさせ、君が自発的に外に出ていくようにしむけるだけなのである。

国家は基本的にそのようにふるまうことしかできない。国家は、国家の要求と命令にしたがう者は、そして国家の発展に満足している者は、誰も排除することはない。完成した国家はときには目をつぶることまでして、現実の対立を、非政治的な対立であり、国家をわずらわせることのない対立であると宣言することまでするのである。

さらに絶対的な批判は、国家がユダヤ人を排除するのは、ユダヤ人が国家を排除するからであり、したがってみずからが自分を国家から排除するからであり、そのかぎりにおいてであると指摘する。そして批判的な「社会」では、この排除がさらに穏やかで、偽善的で、狡猾《こうかつ》な形で行われるとしても、そのことはこの「批判的な社会」というものがより偽善的で、未発達なものであることを語るものにすぎない。

批判による社会と国家の区別

わたしたちはさらに絶対的な批判の「ドグマ的な区別」、「定義」、とくにその「逃げ道」のあとをたどってみよう。

たとえばリーサー氏は批判家にたいして、「この批判家が、法に属するものと、法の領域を超えたものを区別すること」を要求している。

この要求にたいして批判家なるものは、こうした法学的な要求はあつかましい要求だと憤慨し、次のように答える。「しかしこれまでは心構えと良心が法に干渉し、法をつねに補足し、法のドグマ的な形式に基づいた性質によって（しかしこれは法のドグマ的な本質にではないだろうか――マルクス）、法を補わざるをえない」。

ここで批判家なるものが忘れているのは次のことである。法は他方では心構えや良心とみずからをきわめて明確に区別しているということ、そしてこの区別は、法の一面的な本質ならびにそのドグマ的な形式に基づいたものであり、これは法の主要なドグマの一つですらあること、そして最後に、この区別を実際に進めてゆくならば、法はその発展の頂点に到達することである。それは宗教をそのすべての世俗的な内容から分離すると、抽象的で絶対的な宗教になるのと同じなのである。

この「批判家」なる者にとっては、「心構えと良心」が法に干渉するということは、法が問題になっている場合には、心構えと良心を問題にし、法学的なドグマが問題になっている場合には、神学的なドグマを問題にするための十分な理由なのである。

このようにわたしたちは、「絶対的な批判の定義と区別」をつうじて、「社会」と

「法」についての批判の最新の「発見」を学ぶために十分な準備ができたというわけである。

「批判が準備してきたあの世界形式は――その思想は、批判によって初めて準備されたのであるが――、法的なものであるだけではなく（読者よ、注意されたい――マルクス）、社会的なものであり、これについては少なくとも次のことを語ることができる（たったこれだけなのか？――マルクス）。すなわち、社会の形成にみずからの力を捧げて貢献することがなく、良心と心構えをもって社会のうちで生活していない者は、社会のうちにあって我が家にいるような気持ちをもたないし、社会の歴史に参加することができないのである」。

批判なるものによって準備されたこの世界形式は、たんに法的なものであるだけでなく、むしろ社会的なものとして規定されている。この規定は次の二つのどちらかの意味で解釈できる。ここで引用した部分を、「法的ではなく、むしろ社会的である」と理解するのか、それとも「法的であるだけではなく、さらに社会的でもある」と理解するかのどちらかである。わたしたちはここで語られた内容を、二つの読み方にしたがって考察してみよう。まず第一の読み方ではどうなるだろうか。

絶対的な批判はずっと前のところで、すでに「社会」を、「国家」とは異なる新しい「世界形式」であると定義していた。ここでは批判は名詞の「社会」を、「社会的な」という形容詞で規定しているのである。批判はヒンリヒス氏[6]の語る「政治的な」という言葉に、「社会的な」という言葉を三回も対置し、さらにリーサー氏の語る「法的な」という言葉に、社会的な社会という言葉を対置したのだった。〔絶対的な批判は第一次征伐では〕ヒンリヒス氏にたいする批判的な解明において「社会的な」＋「社会的な」＋「社会的な」という三つの「社会的な」という言葉を重ねたのにたいして、絶対的な批判は第二次征伐では足し算から掛け算に進んで、リーサー氏には二乗された社会を、「社会的な」という語の二乗を、「社会的な」×「社会」という語で対処したのである。絶対的な批判に残された仕事は、この社会についての解明をさらに完成するために分数を求め、社会の平方根を求めることである。

次に第二の読み方ではどうなるだろうか。それを「法的であるだけではなく、さらに社会的でもある」世界形式と読んだらどうなるだろうか。この雑種的な世界形式は、今日において現存する世界形式であり、今日の社会の世界形式である。「批判」なるものが今日において現存する世界形式の将来の存在を、批判の前世界的な思考のうちに初めて準備するということは、偉大で、神聖な批判的な奇跡と考えることができる。しかし「法的であるだけではなく、さらに社会的でもある社会」がどのようなものであろうと、批判なるものは、寓話《ファブラ・ドケット》が教えるという道徳的な応用のほかには、この社会についてさしあたり語るべきことは何もないのである。

この社会では、自分の心構えと良心をもって生活していない者は、「我が家にいるようには感じない」とされている。やがてはこの社会に生活するのは、「純粋な心構え」と「純粋な良心」の持ち主だけに、すなわち「精神」「批判なるもの」ならびにそうした種類の者だけになるだろう。いずれにしても「大衆」は社会から排除されることになり、結局のところ「大衆的な社会」は、「社会的な社会」の外で生活するようになるだろう。

要するに、この社会は批判にとっての天国にほかならない。そして現実の世界は、批判でないものにとっての地獄として、この天国からは排除されているのである。絶対的な批判は、「大衆」と「精神」の対立を、この晴れやかになった世界形式を、その純粋思考のうちで準備するのである。

この「社会」についての解明にみられる批判的な深みは、リーサー氏が諸国民の運命について示した解明と同じような性格のものである。

バウアーのユダヤ人批判の帰結

絶対的な批判は、ユダヤ人の解放への願いと、ユダヤ人を「政府の管理方式に組み込もう」とするキリスト教国家の望みから出発して（まるでユダヤ人はずっと前から、キリスト教的政府の管理方式に組み込まれていなかったかのように！）、諸国民の没落の予言にまでいたったのである。絶対的な批判がどれほど回りくどい迂回路をたどって現代の歴史的な運動に到達したか、つまり神学という迂回路をたどってそこに到達したかが、よく分かろうというものである。批判がこのようにすることで、どれほど大きな成果を実現したかは、光を放つような次の神託が雄弁に語っている。

「すべての諸国民の将来は、きわめて暗澹たるものである！」

諸国民の将来が、批判のおかげでどれほど暗澹たるものになろうと、それは問題ではない。ただし重要なのは、この将来は明らかに、批判が作りだしたものだということである。

批判は叫ぶ。「運命は、それが好むままに決めるであろう。われわれが知っているのは、それがわれわれが作りだしたものだということである」。

神はその被造物である人間を、自分の好むままに扱う。それと同じように批判なるものは、その被造物である運命を、自分の好むままに扱う。この運命を作りだす批判なるものは、神と同じように全能である。批判がみずからの外部に「みいだす」抵抗というものすら、批判がみずから作りだしたものである。「批判なるものは、みずからの敵対者を作りだす」というのである。そのため批判に抗する「大衆的な反乱」なるものは、「大衆」にとってだけ「危険なもの」であるにすぎない。

しかし批判が神のように全能なものだとすると、批判は神と同じように全知なものであるだろうし、しかもその全能を人間の個人の自由、意志、生得の素質と調和させる方法を心得ているのだろう。

「もしも批判が、各人にその欲する者になるようにさせてやり、各人の本性と意志にふさわしい立場を、彼にも取り返しのつかないような形で示してやることができないとしたら、批判の力は画期的な力とは言えないだろう」。

ライプニッツですら、人間の自由および生得的な素質を、神の全能とこれほどまでに巧みに予定調和させることはできなかっただろう。

「批判なるもの」は、各人がみずから欲する者になりたいと望む意志と、みずから欲する者になる能力とを区別していないために、心理学の枠組みを外れてしまっているようにみえる。しかし批判にはこの「区別」は「ドグマ的なもの」だと宣言することのできる決定的な理由があることもまた、考慮にいれる必要がある。

さてわたしたちは第三次征伐のためにさらに力を強めようではないか！　わたししたちは「批判なるものは、みずからの敵対者を作りだす」ということを、もういちど想起してみよう。批判がたんなる言葉をもてあそぶものでないとすれば、批判はその敵である「たんなる言葉」をどのようにして作りだすことができるのだろうか。

第三節　絶対的な批判による第三次征伐

b　ユダヤ人問題　第三

「絶対的な批判」は、その自伝を語ることで「新しいものを創造するのと同じように、そもそも古いものも創造する」[7]ことのできる全能をみずからそなえていることを証明するだけでは満足しない。批判は自分の過去についての弁明を、みずから執筆するだけでは満足しないのだ。批判は第三者に、すなわち自分を除いた世俗的な世界にも、バウアーの行為と「著作」の弁明を行う仕事を託しているのである。この仕事は今では絶対的な「課題」に、「今こそ重要な課題」になったのである。

『独仏年誌』に、バウアー氏の『ユダヤ人問題』を批判する「マルクスの」文章が掲載された。そしてバウアー氏の根本的な誤謬が、すなわちバウアー氏は「政治的な解放」と「人間的な解放」を混同していることが暴露された。古いユダヤ人問題に、初めてその「正しい問題の立て方」が示されたというわけではない。「ユダヤ人問題」

は、古い時事問題に新たな発展が与えられ、それによって過去の「問題」が現代の「問題」として取り扱われて、解決されたのである。

絶対的な批判の計画した第三次征伐は、『独仏年誌』のこの論文に答える予定だったようである。まず絶対的な批判は次のように告白している。「ユダヤ人問題では、人間的な本質と政治的な本質を同一のものとみなすという〈間違い〉が同じように繰り返された」。

そして批判は次のように述べている。「批判が二年前に部分的に採用していた姿勢を理由として批判を非難するのは、時期遅れというものだろう」。「それよりもむしろ重要なのは、批判たるものが、……政治的なものとなったことについて説明することである」。

「二年前」だって？　わたしたちは絶対的な紀元によって、批判の救世主であるバウアーの『一般文学雑誌』の誕生の日を基準として数えているのである。この批判の救世主は、一八四三年に誕生した。この年に『ユダヤ人問題』の増補第二版が日の目をみた。『ユダヤ人問題』の「批判的な」考察の文章はその後に、『スイスからの二一ボーゲン』誌に発表されたが(8)、これも［新しい紀元によらない］同じ旧暦の一八四三年のことである。この重要な年である旧暦の一八四三年、あるいは批判紀元では元年のこの年に、『ドイツ年誌』と『ライン新聞』が没落した。その後にバウアー氏の空想的で政治的な著作である『国家・宗教および党』が発表された。(9) この書物は「政治的な本質」についてのバウアー氏の以前からの誤謬をそのままに反復している。このため弁明者は、年代記を偽造せざるをえなかったのである。

バウアー氏は、あえて政治的な「ものにまで」口をださねば「ならなかった」と主張するのだが、どうしてそうしなければならなかったかという「説明」が、誰にとっても興味のあるものとなるには、ある特定の条件が必要だろう。というのも、批判的な批判が無謬であり、純粋であり、絶対的なものであることを基本的なドグマとして前提にする場合にかぎって、このドグマに反する事実が、困難で、考察する必要のある秘密に満ちた謎となるからである。神があまり神らしくないふるまいをしたときに、それが神学者にとって謎となるのと同じである。

ところがもし「批判家」をたんなる一人の有限な個人とみなして観察して、彼を時代の枠から切り離して考えることをやめてしまえば、なぜこの批判家が世界の内部「にまで」入って行かざるをえなかったのかという問いには、答える必要はなくなる。

そのときにはその問いそのものが消滅するからである。

バウアーへの問い

絶対的な批判がそれでもみずからの要求に固執するようであれば、わたしたちは次のような時事問題を考察するスコラ的な宗教小論を提供することにしよう。

すなわちこれらの問いというのは、「ブルーノ・バウアー氏はなぜ、処女マリアが聖霊によって受胎したことを証明しなければならなかったのか？」、「バウアー氏はなぜ、アブラハムに姿をみせた天使が、神が現実に流出したものであることを証明しなければならなかったのか（この流出は、食物を消化するために必要な濃度がまだ不足していたことによるのであるが）？」、「バウアー氏はなぜ、プロイセンの王室を弁護する論文を発表し、プロイセン国家を絶対的な国家として称揚しなければならなかったのか？」、「バウアー氏はなぜ、その著書『共観福音史家の福音史の批判』において、人間の代わりに〈無限の自己意識〉を考察しなければならなかったのか？」、「バウアー氏はなぜ、その著書『暴露されたキリスト教』において、ヘーゲル的な形でキリスト教の創造説を反復しなければならなかったのか？」、「バウアー氏はなぜ、奇蹟についての〈説明〉を、自分にも他人にも要求しなければならなかったのか、そしてバウアー氏はなぜ、奇蹟についての説明で誤謬を犯さざるをえなかったのか?」などという問いである。

批判の「逃げ口上」

この「批判的」でもあり「絶対的」でもある必然性が証明されるまで、わたしたちはさしあたり「批判」なるものの弁明の逃げ口上を立ち聞きすることにしよう。

［バウアー氏は次のように主張する］「ユダヤ人問題は、……宗教的でもあり、神学的でもある問題として、そして政治的な問題として、提起されることによって、初めて正しく提起……される必要があった」。「この宗教的で神学的な問題と政治的な問題の両方の問題を処理し、解決する〈批判〉は、宗教的でも政治的でもない」。

マルクスの批判とバウアーの弁明

ところが『独仏年誌』に掲載された［マルクスの］論文では、「ユダヤ人問題」をバウアー氏のように考察することは、真の意味で神学的であると同時に、空想的であり、かつ政治的なものであることが指摘されているのである。

まず「批判」には「神学的な」制約があるという「非難」には、「批判」は次のように答える。「ユダヤ人問題は宗教的な問題である。啓蒙主義は、宗教的な対立をどうでもよいものとみなすことによって、あるいはそれどころか、そうした対立の存在を否定することによって、この問題を解決したと信じていた。ところがこれとは反対に批判は、この対立をその純粋なありかたのうちに描かねばならなかった」。

次にユダヤ人問題の政治的な部分について考察してみよう。すると神学者バウアー氏が政治の場合にも政治について論じるのではなく、神学について論じていることが分かる。

しかし『独仏年誌』の［マルクスの］論文で、バウアーのユダヤ人問題についての考察が「純粋に宗教的なもの」であるとして攻撃されたのは、『二一ボーゲン』誌に掲載されたバウアー氏の「現代のユダヤ人とキリスト教徒の自由になりうる能力」という論文を、とくに問題にしていたからである。

この論文は古い「啓蒙主義」とはまったく関係がない。この論文では、現代のユダヤ人がみずからを解放する能力について、したがって現代のユダヤ人が解放されうるかどうかについてのバウアー氏の積極的な見解が表明されているのである。

ユダヤ人問題の「宗教的な部分」についてのバウアー氏の誤謬

「批判」は、「ユダヤ人問題は宗教的な問題である」と主張する。ところが問題なのは、宗教的な問題とは何かということ、とくに現代においてそれは何であるかということである。

神学者であれば、その見掛けによって判断して、宗教的な問題には宗教的な問題をみいだすだろう。しかし「批判」は自分がヒンリヒス教授にどのように反論したのかを想起すべきである。批判は、現代の政治的な利害には社会的な意味があることを指摘し、政治的な利害などは「もはや問題ではない」と主張したのだった。

『独仏年誌』に掲載された［マルクスの］論文も同じように、批判にたいして次のように主張したが、これはまったく正当なことである。すなわち宗教的な時事問題は、現在では社会的な意味をそなえているのであり、宗教的な利害は、宗教的なものとしては今日ではもはや意味をもたないし、宗教としての宗教が重要な問題であると考えてよいのは、神学者だけである、と指摘したのである。

ただしこの［マルクスの］論文もまた、「社会的な」という言葉のところに長く立ち止まらなかったのは、正しくなかった。それでもこの論文では、今日の市民社会におけるユダヤ教の現実的な位置の明確な特徴を確認したのだった。ユダヤ教が仮面としてかぶっている宗教的な殻を剝《は》ぎ取り、経験的で、世俗的で、実践的な核へと分解した。そしてこの核を解消するために必要な実践的で、真に社会的なやりかたを示したのである。それなのにバウアー氏は、「宗教的な問題」は「宗教的な問題」であると主張して満足しているのである。

バウアー氏は、ユダヤ人問題が宗教的な問題であるとみせかけているが、わたしたちはこの問題が宗教的な問題であることそのものを否定してはいない。そうではなく、バウアー氏はユダヤ教の宗教的な本質だけを把握するにとどまり、この宗教的な本質の世俗的で実在的な基礎を認識していないことを指摘したのである。

バウアー氏はユダヤ教の宗教的な意識を、あたかもそれが独立した本質であるかのように扱いながら、これと闘っているのである。そしてバウアー氏は、現実のユダヤ人を、ユダヤ教という宗教の側面から説明するのであって、ユダヤ教という宗教の秘密を現実のユダヤ人から説明しようとしないのである。だからバウアー氏がユダヤ人を理解するのは、ユダヤ人が神学の直接の対象であるかぎりにおいてであり、神学者であるかぎりにおいてである。

このようにバウアー氏は、現実の世俗的なユダヤ教が、そして宗教的なユダヤ教もまた、今日の市民生活によってたえず作りだされていること、それゆえまた貨幣制度のうちに、最終的に完成していることに気づかないのである。バウアー氏がこのことに気づくことができなかったのには理由がある。まず彼は、ユダヤ教を現実の世界の一つのありかたとしてみるのではなく、自分の世界の、自分の神学の一つのありかたとしてしか把握していなかったからである。さらに彼は現実のユダヤ人は、敬虔で信心深い信徒として働いている平日のユダヤ人ではなく、偽善者らしいふるまいをしている安息日のユダヤ人であると考えたからである。

キリスト教の信者で神学者であるバウアー氏にとっては、キリスト教が誕生した瞬間から、ユダヤ教の世界史的な意味は消滅していたのである。そこでバウアー氏はユダヤ教が存続してきたのはなぜかという問いにたいして、ユダヤ教は歴史に逆らって存続してきたという古い正統派の見解を繰り返すだけだったのである。キリスト教の古い迷信によるとユダヤ教が存在するのは、神の呪いを確認するためであり、キリスト教の啓示の正しさを明白に証明するためだとされてきた。バウアー氏はこの古い迷信を反復しながら、ユダヤ教が存在するのは、そしてこれまで存在してきたのは、キリスト教が現世を超えたところに由来するものであるということにたいする粗野な宗教的な懐疑を示すためであり、キリスト教の啓示に反対する考え方を示す明白な証拠を示すためであるという批判的・神学的な見解を表明しているのである。

マルクスの「ユダヤ人問題に寄せて」で証明されたこと

これにたいして「『独仏年誌』に掲載されたマルクスの論文で」示されたのは、ユダヤ教は歴史を通じて、歴史のなかにおいて、歴史とともに存続して、発展してきたということであり、さらにこの発展は神学者のまなざしによってではなく、世俗的な人間のまなざしで考察する必要があるということである。というのも、この発展は宗教理論のうちではなく、商業的および産業的な実践のうちにしかみいだすことはできないからである。

さらに「マルクスのこの論文では」実践的なユダヤ教が初めてその完成した姿を示したのが、完成されたキリスト教的な世界のうちにおいてであるのはなぜか、そしてこの完成されたユダヤ教というものが、キリスト教的な世界の完成された実践そのものであるのはなぜかということが説明されたのである。わたしたちは［この論文では］現在のユダヤ人の存在を、ユダヤ教という宗教から、あたかもそれが独自に、それ自体で存在するものであるかのように説明することを避けた。そしてユダヤ教のねばり強い生命力を、ユダヤ教のうちに空想的に反映されている市民社会の実践的な要素によって説明した。

バウアー氏は、ユダヤ人を人間として解放すること、すなわちユダヤ教を人間的に解放することを、ユダヤ人だけに固有の問題として把握したが、［マルクスのこの論文では］この課題を現代の世界の一般的な実践的な課題として把握したのである。現代の世界はその心の内奥にいたるまで、ユダヤ的なものとなっているのである。

そして［この論文では］ユダヤ的な本質を廃棄するという課題は、実際には市民社会のユダヤ的な精神を廃棄することであり、貨幣制度をその頂点とした現在の生活実践の非人間性を廃棄することであることを証明したのである。

バウアー氏の偏狭さ

バウアー氏は、批判的な神学者であり、神学的な批判家ではあるが、生粋の神学者であるために、宗教的な対立という枠組みを乗り越えることができなかったのだ。バウアー氏は、ユダヤ教とキリスト教的な〈世界〉との関係を考察しながらも、そこにユダヤ教とキリスト教の［宗教的な］関係しか読み取ることができなかった。バウアー氏は、ユダヤ教徒とキリスト教徒が批判的な宗教にたいして、すなわち有神論の最後の段階であり、神を否定的に承認しようとする無神論にたいして、どのような対立を示すかという姿勢のうちに、宗教的な対立を批判的に再現せざるをえなかったのである。

最後にバウアー氏はその神学的な狂信が災いして、「現代のユダヤ人とキリスト教徒」の自由になりうる能力、すなわち今日の世界が「自由になりうる能力」についての考察を、ユダヤ人とキリスト教徒が神学の「批判」をどこまで理解することができるか、そしてみずからそうした批判をどこまで実行することができるかという能力についての考察に、制限しなければならなかったのである。

正統的な神学者というものは、すべての世界を「宗教と神学」に解消するものである。そして同じように世界を、政治や経済学などに解消して、神学をたとえば〈天国の経済学〉と名づけることもできたのである。というのも神学とは、「精神的な富」と天国の財宝の生産、分配、交換、消費についての学説だからである。それと同じように［バウアー氏のような］急進的で批判的な神学者にとっては、世界がみずからを解放する能力は、「宗教と神学」を「宗教と神学」そのものとして批判するという唯一の抽象的な能力に解消されているのである。彼が闘うことのできる唯一の闘いは、自己意識の宗教的な偏狭さとの闘いである。ところがこうした自己意識の批判的な「純粋性」と「無限性」の問題もまた、それに劣らず神学的な偏狭さを示すものなのである。

このようにバウアー氏は宗教的で神学的な問題を、宗教的で神学的な方法で処理する。それはバウアー氏が「宗教的な」時事問題のうちに、「純粋に宗教的な」問題をみいだしたからである。バウアー氏の考える「問題の正しい立て方」とは、その問題を彼「自身が」答えられる能力にふさわしく「正しく」立てるということにすぎないのである！

ユダヤ人問題の政治的な部分について、マルクスの考察の立場

次にユダヤ人問題の政治的な部分の考察に進もう。

ユダヤ人はさまざまな諸国で、キリスト教徒と同じように、完全に政治的に解放されている。しかし人間的な解放という観点からみると、ユダヤ人もキリスト教徒も、解放されているとはまったく言えない。そこで政治的な解放と人間的な解放は区別しなければならないことが分かる。そのためには政治的な解放の本質について、すなわち完成された近代国家の本質について調べてみる必要がある。

これにたいして、ユダヤ人をまだ政治的に解放することができていない国家は、政治的に完成した国家と比較すると未発展な国家であることを、改めて証明しなければならない。

これが『独仏年誌』［のマルクスの論文］で、ユダヤ人の「政治的な解放」について考察したときの立場であった。

バウアー氏の誤謬

ところがバウアー氏はこの論文では、「批判」の『ユダヤ人問題』の論文について、

次のように擁護している。「ユダヤ人は現在の状況からの自由を要求しているが、その状況について、ユダヤ人が幻想を抱いていることが示される」。

バウアー氏はたしかに、ドイツのユダヤ人が抱いていた幻想を示した。ドイツのユダヤ人は、政治的な共同体がまったく存在しないドイツという国において、政治的な共同体への参加を要求し、政治的な特権しか存在しない国において、政治的な権利を要求したからである。しかしそのバウアー氏にたいして「マルクスの論文では」、ユダヤ人に劣らずバウアー氏自身も、「ドイツの政治的な状況」について「幻想」にとらわれていることが示されたのである。

バウアー氏はドイツの領邦国家におけるユダヤ人の状態を説明するために、「キリスト教の国家」では、ユダヤ人を政治的に解放することができないと主張した。しかしこれは事実を歪曲するものである。彼は「プロイセンなどのドイツの領邦国家のように」特権が認められている国家を、すなわちキリスト教的でゲルマン的な国家を、絶対的なキリスト教国家であるかのように語ったのである。

しかし「マルクスの論文が」バウアー氏に証明したことは、完成されたキリスト教的な国家というものは、政治的に完成された近代国家のことであり、いかなる宗教的な特権も認めない国家であるということ、したがって完成されたキリスト教的な国家であれば、ユダヤ人を解放することができるだけではなく、実際に解放したし、その本質からして、ユダヤ人を解放せざるをえない国家であるということだった。［しかしこれについてバウアー氏は次のように語っているのである。］「ユダヤ人はみずからについて巨大な幻想を抱いていることが示された。というのも、ユダヤ人は特殊な特権だけを問題にすべきであり、問題にすることができるというのに、自由を要求し、自分たちに自由な人間性を認めることを要求するからである」。

自由　自由な人間性を認めること！　特殊な特権！

これらはある問題について弁明しながら、その問題に取り組むのを回避するためには役立つ言葉である。

マルクスの「ユダヤ人問題に寄せて」が示したこと

自由だと？　しかしここで問題になっているのは政治的な自由である。わたしたちが［前の論文で］バウアー氏に示したのは、ユダヤ人がみずからの宗教を捨てることを望まず、しかも自由を要求するときには、ユダヤ人は政治的な自由に矛盾する条件をもちだしているわけではなく、たんに「政治的なことについて語っている」のだということである。

さらにわたしたちがバウアー氏に示したのは、人間が非宗教的な公民と宗教的な私人に分解されるということは、人間の政治的な解放と矛盾しないということである。

さらにわたしたちがバウアー氏に示したのは、国家は宗教を市民社会の内部に放置することによって国家宗教から解放され、それによって宗教から解放されるが、それと同じように個々の人間も、宗教の問題を公的な事柄とみなすのではなく、自分自身の私的な事柄とみなすことで、宗教から政治的に解放されるということである。

そして最後にわたしたちが示したのは、フランス革命は宗教にたいしてテロルを行使したが、これはこうした解釈を否定するものではなく、それを確証するものだということである。

バウアー氏の採用した方針

ところがバウアー氏は、近代国家と宗教の現実的な関係を考察するのではなく、批判的な国家というものを想像せざるをえなかったのだった。この批判的な国家とは、神学的な批判家がみずからの空想の中で、国家にまでふくれあがったものにほかならない。バウアー氏が政治にとらわれているとき、彼はつねに政治を彼の信仰のもとに、彼の批判的な信仰のもとに捉えているのである。彼が国家を論じるときにはつねに、国家を「それに敵対するもの」を批判する論拠へと、すなわち非批判的な宗教と神学を批判する論拠へと変えているのである。国家には、批判的で神学的な心情の願望を執行する役割が与えられているのである。

バウアー氏は最初は正統的で非批判的な神学にとらわれていたが、その後にそこからみずからを解放すると、今度は彼にとって宗教的な権威の代わりに政治的な権威が重要となった。かつては旧約の神ヤーヴェを信じていたのが、今ではプロイセン国家を信じるようになったのだ。ブルーノ・バウアー氏の著書『プロイセンの福音地方教会と科学』では、プロイセン国家が絶対的なものであるかのようにみなされているだけではなく、当然の帰結として、プロイセン王室までが絶対的なものとされているのである。

しかし実際にはバウアー氏はこの国家にいかなる政治的な利害ももっていなかった。バウアー氏の「批判」のまなざしからみるかぎり、プロイセン国家の〈功績〉は、教会合同によってさまざまなドグマを解消させたこと、そして警察が非国教的な諸宗派を弾圧したことにある。

一八四〇年に始まった政治運動は、バウアー氏を彼の保守政治から救いだして、しばらくは自由主義的な政治家の地位に押し上げたのだった。しかしここでもバウアー氏にとって政治は、神学を論じるための一つの口実にすぎなかった。バウアー氏の著書『自由の大義とわたし自身の問題』では自由な国家は、たんにボン大学の神学部を批判するための役割をはたしているにすぎず、宗教に対抗するための論拠として使われているにすぎない。『ユダヤ人問題』で主として重視されたのは、国家と宗教の対立であって、政治的な解放についての批判が、ユダヤ教の批判になってしまっていた。最近のバウアー氏の政治的な著作である『国家・宗教および党』では、国家にまでふくれあがった批判家の心のうちに隠された願いが、ついに広言されることになった。この著作によると宗教は、国家の存在のために犠牲にされるのである。むしろ国家が存在するのは、「批判たるもの」に敵対するものの生命を、すなわち非批判的な宗教と神学の生命を奪うための手段としてにすぎないのである。

最後にこの批判なるものが、一八四〇年以降の政治運動によって、その保守政治から救いだされたことは指摘したが、さらに一八四三年以降にドイツに広まった社会主義思想によって、外見だけだとしても、すべての政治から救いだされたのだった。そしてついに批判なるものは、非批判的な神学を攻撃する自分の著書を〈社会的なもの〉であると広言できるようになり、さらに自分の批判的な神学は、精神と大衆の対立を示すもの、批判的な救世主であり、世界の救世主であると、誰にも妨げられずに広言できるようになったのである。

自由と人権

さてわたしたちのテーマに戻ろう。

自由な人間性の承認だというのか？

ユダヤ人はこの「自由な人間性」の承認をたんに熱望するつもりだったのではなく、実際にも熱望していたのであるが、その自由な人間性とは、いわゆる普遍的な人権のうちに古典的に承認されているあの「自由な人間性」のことだった。バウアー氏もまた、この自由な人間性の承認を求めるユダヤ人の努力を、普遍的な人権を享受しようとする努力であると、明確に指摘していた。

ところで『独仏年誌』［のマルクスの論文］では、次のことをバウアー氏に明確に指摘したのだった。この「自由な人間性」を「承認」するということは、利己的で市民的な個人を承認するということであり、その個人の生活環境の内容、すなわち今日の市民生活の内容をなす精神的かつ物質的な諸要素が妨げられずに働くことを承認するということである。だから人権とは、人間を宗教から解放するものではなく、むしろ人間に宗教の自由を与えるものである。人間を財産から解放するものではなく、人間に財産の自由を認めるものである。人間を営利活動の卑しさから解放するものではなく、人間に営業の自由を与えるものである。

さらに［このマルクスの論文では］次のことが示された。近代国家による人権の承認とは、古代国家による奴隷制の承認と異なる意味をもつものではない。古代国家は奴隷制をその自然の土台としていた。それと同じように近代国家がその自然の土台としているのは市民社会であり、市民社会の人間であった。しかしこの市民社会の人間とは、私的な利害と無意識的な自然の必然性という絆によって、他の人間たちと結ばれているにすぎない独立した人間のことである。この独立した人間とは、営利活動と自分の私的な利害ならびに他人の利己的な利害にまつわる欲望の奴隷となっている人間のことである。

近代国家はこの自然の土台［である人間の権利］を、普遍的な人権として承認した。ただし近代国家がみずからこれを作りだしたのではない。この近代国家は、市民社会の産物であり、市民社会はそれが発展するとともに、古い政治的な絆を超えたところでこの近代国家を作りだすように駆り立てられたのだった。そして近代国家は、人権宣言によって、自分の出生の場所と基礎［としての市民社会］を承認したのである。

だからユダヤ人が政治的に解放されるということは、ユダヤ人に「人権」が認められるということは、どちらも切り離すことのできないことなのである。リーサー氏はとくに、ユダヤ人の自由な移動、滞在、旅行、営業などの自由を強く求めると語ったが、それは自由な人間性の承認を強く求めるユダヤ人の願いのもっている意味を正しく表現したものなのである。「自由な人間性」をこのように表現することは、フランスの人権宣言のうちに明確に承認されている。「自由な市民社会」は、何よりも商業的でユダヤ的な本質をおびたものであり、またユダヤ人はこの社会に最初から不可欠な一員であったために、ユダヤ人が「自由な人間性」の承認を求める権利も、それだけ大きなものとなるのである。さらに『独仏年誌』〔のマルクスの論文〕では、市民社会の成員がとりわけ「人間《メンシュ》」と呼ばれるべき理由について、また人権が「生得の権利」と呼ばれるべき理由を明確に示している。

特権の廃止の意味

要するにバウアー氏の「批判」なるものは、人権が生得のものではなく、歴史的に発生したものであるということのほかには、人権について何も批判的なことを語っていないのであり、これはすでにヘーゲルが語っていたことなのだ。またバウアー氏の批判は、ユダヤ教徒であれキリスト教徒であれ、普遍的な人権を与えることができ、受け取ることができるためには、信仰の特権を犠牲にしなければならないと主張した。というのも批判的な神学者は、すべてのものに自分の唯一の固定観念を適用するからである。これにたいしてわたしたちはとくに、あらゆる非批判的な人権宣言のうちで、誰もが自分の好むものを信仰する権利が、そして自分の好む宗教的な祭祀を実行する権利が、普遍的な人権として明示的に承認されているという事実を対置した。

さらに「批判」なるものは、エベールの党が、人権を侵害したという口実のもとで打倒されたこと、すなわち宗教の自由を侵害したという口実のもとで打倒されたことを確認している。また後になって祭祀の自由が回復された際にも、同じように人権がその理由として挙げられたことを確認した。［バウアー氏は次のように語っている。］

「政治的な本質については、批判たるものはその矛盾を追及した。そして理論と実践の矛盾が過去五十年のうちでもっとも根本的なものとして現われた場所で、すなわちフランスにおいて、代議制にたどりついた。この代議制では、理論の自由が実践によって否定されており、実践的な生の自由は理論のうちにその表現を求めたのであるが、それも無駄なことだった。

ところがこうした根本的な誤謬が解消された後には、フランスの国会の審議において明確に示された矛盾が、この分野での一般的な矛盾として捉えられる必要があっただろう。この一般的な矛盾とは、自由な理論が、特権のもつ実践的な効力とのあいだで示した矛盾であり、特権のもつ法的な効力が、ある公的な状態のあいだで示した矛盾、すなわち純然たる個人のエゴイズムが特権の閉鎖性を克服しようとつとめている公的な状態とのあいだで示した矛盾である」。

バウアー氏の批判なるものが、フランスの国会での審議において存在していることを示した矛盾とは、立憲主義のもつ矛盾だった。批判がこの矛盾を一般的な矛盾として捉えたのであれば、立憲主義のもつ一般的な矛盾を捉えたことになっただろう。そして批判が、そこにまで到達「しなければならなかった」と思っていたよりもさらに先まで進んでいたならば、すなわち批判がこの矛盾が廃棄されるところまで進んだならば、立憲君主制を超えて、民主的な代議制の国家に、すなわち完成された近代国家に到達したことだろう。

しかし批判は、政治的な解放の本質を批判し、この解放の本質と人間的な本質の特定の関係を解明するところまでは、どうしても進むことができなかった。批判はわずかに、政治的な解放がもたらした事実に、そして発達した近代国家に、どうにか到達したにすぎなかっただろう。そして近代国家の存在と本質が対応している場所にまで、すなわち相対的な欠陥であるだけでなく、その本質を構成する絶対的な欠陥を熟慮し、それを特徴づけるところまで到達したにすぎなかっただろう。

右に引用した「批判的な」文章が明らかに示したのは（その意味でこの批判は有益なのだが）、批判なるものが「政治的な本質」を自分よりも低いものとみなした瞬間に、その反対にみずからが政治的な本質よりもはるかに低いところに位置しており、政治的な本質のうちに、なおみずからのもつ矛盾の解決を求めざるをえないことだった。そして近代的な国家原理について、みずからのまったくの無思想ぶりに固執していることだった。

先に引用した文章で批判は「自由な理論」に「特権の実践的な効力」を対置させ、「特権の法的な効力」に「公的な状態」を対置させていることを確認しよう。

フランスのユダヤ人解放の矛盾

その批判なるものの意図を誤解しないようにするため、フランスの国会の審議について批判がとりあげた矛盾を、一般的な矛盾として「捉えられる必要があった」その矛盾を、想起しておくことにしよう。

とくに問題となったのは、週のどの曜日に児童が学校を休むかということだった。

国会では児童の休日として日曜日が提案された。ある代議士は、日曜日という呼び方は立憲的でないという理由で、法律の文面から削除することを求める動議を提出した。［司法］大臣のマルタン（デュ・ノール）は、この動議は、キリスト教が消滅したことを宣言する動議にほかならないと判断した。

フランスのユダヤ人を代表して［自由主義的な政治家の］クレミュー氏は、ユダヤ人はフランス人の大多数が信仰する宗教に敬意を表するものであり、日曜日という呼び名に反対するものではないと声明した。〈自由な理論〉によるかぎり、今ではユダヤ教徒もキリスト教徒も平等である。しかしその実践から判断するかぎり、キリスト教徒はユダヤ教徒よりも特権をもっている。それでなければ、キリスト教の日曜日の規定が、フランス人のすべてに適用される法律のうちに含められるはずがないだろう。さらにユダヤ教の安息日である土曜日も同じ権利をもつはずではないだろうか、などと。それともフランスの実際の生活では、ユダヤ人は実際にはキリスト教の特権によって圧迫されてはいないが、法律ではこの実践的な平等が公言されていないのだろうか。

バウアー氏が『ユダヤ人問題』で展開した政治的な本質のすべての矛盾は、この種のものである。つまり立憲主義の矛盾であり、この立憲主義の矛盾が一般的にみて、近代的な代議制の国家と古い特権的な国家の矛盾として表現されたのである。

バウアー氏がこの矛盾を「一般的な」矛盾として捉えてこれを批判することで、政治的な本質から人間的な本質の地位にまでみずからを高めえたと考えるならば、それはきわめて根本的な見落としと言わざるをえない。バウアー氏は実際にはせいぜいのところ、みずからの考えを中途半端な政治的な解放から、全面的な政治的な解放に高めただけであろうし、立憲国家から民主主義的な代議制の国家に高めただけであろう。

特権の廃止の意味

ところでバウアー氏は特権を廃止することで、特権の対象も廃止できると考えている。彼はマルタン（デュ・ノール）氏の発言について、こう語っているからである。

「特権を与えられた宗教が存在しなくなれば、もはや宗教というものは存在しなくなる。宗教からその排他的な力を奪うならば、宗教はもはや存在しなくなるだろう」。

しかし考えてほしいのは、営業の特権や、同業団体《ツンフト》や職業団体の特権を廃止したからといって、すぐに営業活動が廃止されるわけではなく、こうした特権が廃止された後に、初めて真の意味での産業が興隆するということである。特権を与えられた土地保有が廃止されたからといって、ただちに土地所有が廃止されるわけではない。むしろ土地所有の特権が廃止されるとともに、土地の自由な分割と譲渡が認められるようになり、これによって初めて［土地の分割と譲渡の］普遍的な活動が始まるのである。さらに貿易の特権が廃止されたからといって貿易の活動そのものが廃止されることはなく、貿易活動は自由貿易のうちで初めて真の意味で実現されるのである。だから特権を認められた宗教がまったく存在しない場所でこそ、初めて宗教はその実践的な普遍性のうちで展開するのである（北米の自由な諸州でのありかたを考えてみてほしい）。

近代国家と特権の廃止

批判なるものは、近代の「公的な状態」、すなわち完成された近代の国家制度が基礎としているのは、特権的な社会であると考えているが、実際にはこれが基礎としているのは、特権が廃止され解消された社会である。この社会は、政治的にはまだ特権に拘束されている生活の諸要素が自由にされ、発展した市民社会である。この市民社会では、「特権を与えられた閉鎖性」は、何かほかの種類の閉鎖性と対立しているわけでも、公的な状態と対立しているわけでもない。

自由な産業と自由な貿易が、特権を与えられた閉鎖性を廃止し、それとともに特権を与えられた閉鎖性相互のあいだの闘争も廃止している。そしてこうした特権を与えられた閉鎖性の代わりに、特権から解放された人間が登場する。こうした特権は、一般的な全体性からは排除されているが、それとともにより小さな規模の排他的な全体性と結びついているのである。そしてこの人間は、もはや一般的な絆という外見によっては他の人間と結びつけられてはいない。そしてそこでは人間にたいする人間の一般的な闘争が、個人にたいする個人の一般的な闘争が生みだされるのである。このように市民社会の全体はそこに含まれる諸個人のあいだで闘われる〈闘い〉の場であり（これらの諸個人はその個人性によって、たがいに排除されている）、特権の桎梏《しっこく》から解放された原初的な生命力の一般的で無拘束な運動の場である。

民主主義的な代議制国家と市民社会の対立は、公的な共同体と奴隷制の対立という古典的な対立が完成した姿である。近代世界ではそれぞれの個人は、奴隷制の一員であると同時に、共同体の一員でもある。市民社会の奴隷制こそ、その外見からみると最大の自由である。というのも、外見からみるかぎりでは、それは個人の完全な独立性を示すものだからである。

この個人は、自分が自由であるということは、たとえば財産、産業、宗教など、彼自身から疎外された生活要素が拘束されていないことであり、他の人間によっても自分たちの共通の絆によっても拘束されずに動けることだと考えている。しかし実はこれは自由ではなく、彼の隷属と非人間性が完成された状態なのである。ここで特権の代わりに権利が登場するのである。

だから自由な理論が展開されることと、特権が実践的な効力を維持していることのあいだには、そもそもいかなる矛盾もないのである。それでもこの「自由な理論」が展開されながら、特権が実践において否定され、自由な産業と自由な貿易が確立されるところに、完成した近代国家が存在しているのである。ここでは批判によって発展させられた矛盾が廃棄されており、公的な状態と特権を与えられ閉鎖性がまったく対立していないのである。

こうした完成した近代国家のありかたは、バウアー氏がフランスの国会の審議に関連して、マルタン（デュ・ノール）議員と一致して、次に述べているような法律のありかたとはまったく正反対の状態である。

「日曜日という言葉を法律の文面から削除せよという提案にたいして、マルタン（デュ・ノール）議員は、それはキリスト教が消滅したことを宣言する動議にほかならないと理解した。それとまったく同じように正当なことなのだが、もはや安息日の律法がユダヤ人にたいしていかなる拘束力ももたないと宣言するならば、それはユダヤ教が消滅したことを布告することになるだろう。その正しさには十分な理由があるのである」。

近代国家と宗教の廃絶

発展した近代国家ではこれとはまったく反対の状況が存在しているのである。もしも国家が、さまざまな宗教は非政治的なものであると宣言し、さまざまな宗教を放置することを決めたとしよう。その場合には国家は、宗教が市民的なその他のさまざまな生活要素と同じように、初めて完全な意味で存在し始めたことを宣言することになるのである。

これらの市民的な生活要素が、政治的な存在としては解消されると宣言すること、たとえば選挙資格が廃止されて財産［の政治的な意味］が解消され、国の教会が廃止されて宗教［の政治的な意味］が解消されたと宣言すること、それはこれらの要素が公民的なものとしては死滅したと宣言することであるが、それは同時にこうした要素のたくましい生命力を示すものでもある。こうした生命力は今では何ものによっても妨げられず、みずからの法則にしたがいながら、その存在の全域にまで拡張してゆくのである。

構造化された特権から解放された市民社会の法則は、無政府状態にある。そして市民社会の無政府状態こそが、近代の公的な状態の基礎である。反対に近代の公的な状態は、その無政府状態を保証するものでもある。どちらもたがいに対立しあうことで、たがいに制約しあっているのである。

バウアー氏に不可能だった「一歩」

バウアー氏の批判なるものが、「新奇なもの」をどこまでみずからのうちに取り込むことができるかは、すでに明らかになった。しかしわたしたちが「純粋な批判」の枠組みにとどまるならば、この批判がフランスの国会の審議に関連して説明した矛盾を、どうして一般的な矛盾として捉えなかったのかという疑問は問わねばならない。批判自身の意見によるならば、このように捉えることは、当然のこととしてなさ「ねばならなかった」ことである。

「しかしその一歩を進めることができなかった。それは……だからではなく、……だったからでもない。むしろまたその対立に巻き込まれていたこの最後の部分がなかったならば、批判が不可能になったからであり、あと一歩を残すだけのところに到達することができなかっただろうからである」。

この文が語っているのは、〈不可能であったから、……不可能であった〉ということである！　そして批判なるものは、「あと一歩を残すだけのところに到達することができる」ための宿命的な「一歩」が不可能であったと宣言している。これに誰が異議を唱えるだろうか？　あと「一歩」を残すだけのところに到達するために、その向こうにわずか「一歩」しか残されていなかったところを飛び越えるその「一歩」を踏み出すことが、絶対に不可能だったわけである。「終りよければすべてよし」と言われる。批判なるものは、批判の『ユダヤ人問題』に敵意をもつ大衆と闘った後に、「人権」について、みずから次のように解釈していることを告白している。

「フランス革命における宗教の正当な評価はどのようなものだったかというと、そして批判がその考察の結論においてしばしば指摘した自由な政治的な本質がどのようなものだったかというと」、要するに「フランス革命のすべての時代が批判たるものにとってどのようなものだったかというと、それは象徴にほかならなかった。これは批判が最終的に確認したさまざまな形象の空想的な表現にすぎなかったのである。この時代は正確な意味では、そして散文的な意味では、フランス人が革命的な試みを行った時代ではなかったのである」。

批判なるものは、たとえみずからが政治的に罪を犯したとしても、それは「結論」と探求の「最後」においてでしかないと、みずからを慰めているのであるが、わたしたちは批判からこの慰めを奪うつもりはない。ある有名な酔っ払いは、自分は真夜中になる前に酔っ払ったことはないと言って、みずからを慰めていたのである。

バウアーの三つの批判の総括

批判なるものは「ユダヤ人問題」の闘いの場において、明らかに敵「なるもの」の陣地を次々と占領してきた。バウアー氏の「ユダヤ人問題　第一」では、バウアー氏が擁護した批判なるものの論文はまだ絶対的なものとされ、「ユダヤ人問題」の「真の」「一般的な」意味を解明するとされていた。「ユダヤ人問題　第二」では、批判なるものは、批判なるものの領域を超えようとは「欲せず、またそれは許されなかった」という。「ユダヤ人問題　第三」では、批判はあと「一歩」を踏みださねばならなかったが、それは「不可能であった」とされた。というのもそれは「不可能だった」からである。

　批判がこの「一歩」を踏みだすことができなかったのは、批判が「欲することと許されること」のためではなく、その「対立物」にまきこまれたためである。批判は最後の障害を乗り越えることを強く望んでいたのだが、残念なことに大衆の最後の残りものが、批判の〈七里靴〉にぶらさがって「それを妨げて」いたのである。

訳注

（1）このバウアーの「第一号の弁明」とは、一八四三年一二月発行の『一般文学雑誌』第一冊に掲載された「ユダヤ人問題に関する最新刊」の論文のことである。バウアーは一八四二年一一月に、『ドイツ年誌』に掲載された「ユダヤ人問題」の論文にわずかな手直しを加えて、一八四三年に『ユダヤ人問題』という著作として刊行した。この「第一号の弁明」論文は、それまでバウアーの論文やこの著作に加えられたさまざまな批評にたいして、バウアーがまとめて反論したものである。『聖家族』第六章のこの第一節は「絶対的な批判による第一次征伐」というタイトルで、バウアーのこの「第一号の弁明」論文を批判したものである。

（2）ヘーゲル『法の哲学』序文。邦訳は前掲書、一六四ページ。

（3）グスタフ・フィリプソン（一八一四〜八〇）はドイツの教育学者で政論家。ザムエル・ヒルシュ（一八〇九〜八九）はドイツのデッサウのラビ。ユダヤ教を哲学的に基礎づける著作を発表している。

（4）この文章はバウアーの「第二号の弁明」論文からの引用である。この論文は第一論文につづいて、『一般文学雑誌』の一八四四年三月号（第四冊）に、前と同じ「ユダヤ人問題に関する最新刊」というタイトルで掲載された。この論文ではリーサーやヒンリヒスへの反論が中心になっている。『聖家族』第六章のこの第二節のa節のタイトルは、「ヒンリヒス、第二。〈批判〉と〈フォイエルバハ〉。哲学の弾劾」となっている。マルクスはこのバウアーの「第二号の弁明」論文を「第二次征伐」と呼んでいる。

（5）ガブリエル・リーサー（一八〇六～六三）はドイツの政論家で、ユダヤ人が市民的な同権を要求する運動を支持した。

（6）ヘルマン・フリードリヒ・ヴィルヘルム・ヒンリヒス（一七九四～一八六一）はハレ大学の哲学教授で、青年ヘーゲル派。

（7）バウアーは『一般文学雑誌』の一八四四年七月号（第八冊）に「今や何が批判の対象であるか」という論文を掲載した。バウアーはこの論文の執筆の際にはマルクスの「ユダヤ人問題に寄せて」を読んでおり、これに反論しようとしている。マルクスはこのバウアーの「第三号の弁明」論文を「第三次征伐」と呼んでいる。この節のバウアーの文章からの引用のほとんどすべては、この論文から引用したものである。

（8）これはバウアーの「現代のユダヤ人とキリスト教徒の自由になりうる能力」の論文のことである。この論文はバウアーのユダヤ人問題についての論文「ユダヤ人問題」に引き続いて『二一ボーゲン』誌に掲載された。

（9）この書物は一八四三年にライプチヒで刊行された。

ヘーゲル法哲学批判序説

民衆の阿片としての宗教

ドイツにとっては、宗教の批判は本質的に終わっている。宗教の批判は、あらゆる批判の前提なのである。

宗教の天国的な祭壇やかまどのための祈りというものが誤謬であることが明らかにされたので、そうした祈りの誤謬は現世的にも存続できなくなったのである。人間は天国が存在するという幻想のもとで、天国のうちに人間を超えた存在を探し求めていたが、そこには自分自身の似姿しかみいだすことがなかった。そこで自分の真の現実性をみつけようとする場合に、そしてみつけなければならない場合に、もはや自分自身の仮象だけを、人間を超えた存在だけをみいだして、満足することはできなくなったのである。

宗教を否定する批判において基本となる考え方は、宗教が人間を作るのではなく、人間が宗教を作るのであるということにある。たしかに宗教はまだみずからを自己のものとして獲得していない人間や、ひとたびはそれを獲得してもそれを失ってしまった人間が、みずからについて抱く意識であり、感情である。

しかしこの人間というものは、世界の外にうずくまっている抽象的な存在ではない。人間とは、人間の世界のことであり、国家のこと、社会的なありかたのことである。この国家が、社会的なありかたが、顚倒した世界であるために、顚倒した世界意識である宗教を生みだすのである。

宗教はこの世界の一般理論であり、この世界についての百科事典的な概要であり、その通俗的な論理学であり、その霊的な要点であり、その熱狂であり、その道徳的な是認であり、その厳かな補完物であり、世界の慰めと正当化のための一般的な根拠である。人間存在が真の現実性をそなえていないために、人間存在が空想のうちで現実化されたものが宗教なのである。このため宗教との闘いは間接的には、宗教という精神的な香りを放っているあの世界との闘いでもある。

宗教という悲惨は、現実の悲惨を表現するものであると同時に、現実の悲惨に抗議するものでもある。宗教は圧迫された生き物の溜め息であり、無情な世界における心情であり、精神なき状態の精神なのである。宗教は民衆の阿片なのだ。

宗教批判の意味

民衆に幻想のうちだけの幸福感を与える宗教を廃棄するということは、民衆に現実の幸福を与えることを要求するということである。民衆に、みずからの現実の状態についての幻想を放棄すべきであることを要求するということは、幻想を必要とするような状況を廃棄することを要求することである。だから宗教批判とは、嘆きの谷への批判の萌芽である。嘆きの谷に聖なるものという仮象〔光輪〕を与えるものこそ、宗教だからである。

批判は、人間を縛りつける鎖から、その鎖につけられた〔嘆きの谷のような〕幻想の花を摘み取った。それは、人間がこの鎖をいかなる幻想も慰めもなしに担いつづけることができるようにするためではなく、この鎖を断ち切るためであり、生きたほんものの花を摘むことができるようにするためである。宗教の批判は、人間を幻想から醒めさせる。それは人間が幻想から醒めて、知性を取り戻した者としてみずから考え、行動し、みずからの現実を作れるようにするためであり、自分自身という現実の太陽の回りを回れるようにするためである。宗教とは幻想的な太陽であり、人間は自分自身を中心にその回りを回らないかぎり、この幻想的な太陽が人間の回りを回っているのである。

このようにして［宗教という］真理の彼岸が消滅した後の歴史の課題は、［現世における］此岸の真理を確立することにある。そのため歴史に奉仕すべき哲学の第一の課題は、［宗教という］聖なる姿をとっているものが実は人間の自己疎外にほかならないことが明らかにすること、そしてさらに、人間の自己疎外が聖ならざる姿をとっていることを暴露することにある。このようにして天国の批判は地上の批判へと移行し、宗教の批判は法の批判へと移行し、神学の批判は政治の批判へと移行するのである。

以下の本論［この「序説」につづく「ヘーゲル法哲学批判」］は、さしあたり宗教批判の原典そのものではなく、むしろそのコピーに、すなわちドイツの国家哲学と法哲学の批判に向けられるが、それはこうしたコピーへの批判が、ドイツへの批判を含むものだからである。

もしもドイツの現状そのものを批判の対象とするのであれば、その唯一の適切なやり方は、否定的に考察することであろうが、それでもその結果は時代錯誤的なものとならざるをえないだろう。ドイツの政治的な現状を否定してみたところで、そのようにして否定されるものは、近代の諸国民の歴史的な物置の中で埃《ほこり》をかぶっている事実にすぎないだろう。髪粉をまぶした鬘《かつら》を否定したところで、髪粉をまぶしていない鬘が相変わらず残っているのである。わたしが一八四三年のドイツの現状を否定したところで、フランスの暦で言えば、［フランス革命の］一七八九年にすら到達しないだろうし、現代の焦眉の問題に触れることもできないだろう。

ドイツの歴史とは独特なものであり、これまでいかなる国民も歴史という天空においてこのような動きを経験したことはなかったし、今後も経験することはないだろう。というのも、ドイツでは近代の国民が行った革命をまったく経験せずに、ただ革命からの復古体制だけを［近代の国民と］共にしたのである。

ドイツが旧体制に復古したのは、第一に他の国民が革命を敢行したからであり、第二にこれらの国民［の革命］にたいする反革命が成功したからである。ところでドイツが革命を敢行できなかったのは、ドイツの〈おえらがた〉たちが臆病だったからであり、旧体制に復古したのは、〈おえらがた〉たちがそのことを恐れなかったからである。ドイツでは、わたしたちの羊飼いたちを先頭にして、ただ一度だけ自由を共にするという経験をした。ただしそれは自由の葬式の日においてのことだったのである。

ドイツのさまざまな学派の演じる役割

ドイツにはある学派があり、この学派は現在の下劣さを昨日の下劣さで正当化している。この学派は、鞭に打たれて反抗する農奴のいかなる叫びも、反逆的な行為であると宣言する。この鞭が昔からのものであり、由緒があり、歴史的な鞭だからというのである。イスラエルの神がみずからの下僕であるモーセにしたように、歴史はこの学派には事後的にしか、みずからを示さないのである。この学派の名前は、歴史法学派という。この学派はドイツの歴史が生みだしたものであるが、もしも歴史がこの学派をでっちあげることがなかったならば、自分でドイツの歴史をでっちあげたことだろう。シャイロックは（ただし下僕としてのシャイロックだが）、民衆の胸から一ポンドの肉を切り取るときには、みずからの証文を、みずからの歴史的な証文を、キリスト教的でゲルマン的な証文を盾にとるのである。

この学派に対立する人々として、お人好しの感激家たちがいる。彼らはその血筋としてはドイツの国粋主義者であり、理論的には自由主義者である。そしてドイツの自由の歴史を、歴史の外にあるチュートンの森の奥深くに求めようとするのである。しかしドイツの自由が奥深い森の中にしかみつけられないのだとすると、わたしたちの自由の歴史は、森に住む猪の歴史とどこが違うのだろうか。誰にも周知のことだが、森の中に向けて叫ぶと、同じ言葉がこだまして返ってくるものである。それではチュートンの原生林に平和あれと、叫ぼうではないか。

批判の仕事

　ドイツの現状に戦争をしかけようではないか。何があってもである。ドイツの現状は、歴史の水準以下であり、いかなる批判にも値しないものである。それでもドイツの現状が批判の対象であることに変りはないのだ。人間性の水準を満たしていない犯罪人でも、死刑執行人による処刑の対象となるようにである。批判は、ドイツの現状と闘うときには、頭脳の情熱としての批判ではなく、情熱の頭脳としての批判になるのである。

　批判は解剖するためのメスではなく、一つの武器となる。批判の対象はみずからの敵であり、批判が目指すのは、この敵を論駁することではなく、それを絶滅させることである。というのもドイツの現状を支配する精神は、すでに論駁されているからである。ドイツの現状は、それ自身として考察してみれば、考えるに値する対象ではなく、軽蔑すべきもの、そして実際に軽蔑されているものなのである。

批判そのものはこの対象に、みずからを理解してほしいと求める必要はない。この対象との関係はよく理解しているからである。批判はもはやみずからを自己目的とはみなしていない。たんなる手段とみなしているのである。批判の本質的な情念は憤慨であり、その本質的な仕事は告発である。

わたしたちがやろうとしているのは、あらゆる社会的な領域が、たがいに重苦しく圧迫しあっている状況を描きだすことであり、いたるところで無為なままに沈滞し、自分が立派だと思い込んでいる勘違いした状況を描きだすことである。あらゆる惨めさを温存しながら存続している政治体制のうちに、政治の惨めさにほかならない政治体制のうちに、こうしたすべての状況が閉じ込められているさまを描きだすことである。

これは何という見せ物だろう。社会はきわめて多様な種族に際限なく分裂しており、これらの種族はたがいにつまらない反感や、やましい良心や、野蛮な凡庸さのために対立しあい、たがいに曖昧《あいまい》で悪意にみちた猜疑《さいぎ》心で対立しあっている。そしてこれらの種族はすべて支配者たちから、これという区別なしに、ただ形式的な違いだけに基づいて、しかたのないものとして容認されているのである。そしてこれらの種族は、みずからが支配され、統治され、所有されているという事態を、天から承認されている事態として認め、公言しなければならないのである。他方ではそうした支配者たちも、数が多くなるとその支配力は小さくなるものなのだ。

批判はこうした内容にかかわるものであるために、肉弾戦のような批判になる。この肉弾戦において重要なのは、相手が自分と対等な高貴なものであるかどうか、闘って面白い相手であるかどうかではない。相手を打倒することだけが重要なのである。ドイツ人にはいかなる瞬間においても、自己欺瞞を許したり、諦念にふけったりすることを許さないことが大切なのだ。

今わたしたちに必要なのは、ドイツ人に抑圧されているという意識を与えて、実際に加えられている抑圧をさらに強く意識させることであり、恥辱をおおっぴらなものとすることで、さらに恥ずかしい思いを強めることである。ドイツのあらゆる領域が、ドイツ社会の恥部であることを描きだす必要があるのだ。今では化石のようになっているこうした状態に、それにふさわしい旋律を聞かせて、みずからそれに合わせて踊りだすようにさせなければならない。

民衆が自分の姿に驚愕して、〔行動に移るために必要な〕勇気をもてるようにしなければならない。それによってこそ、ドイツの民衆の拒みようのない欲求を満たすことができるのである。そして諸国民の欲求それ自身が、その欲求が満たされるための究極の根拠なのである。

アンシャン・レジームの力と意味

偏狭な自己満足に陥っているこのドイツの現状との闘いは、現代の諸国民も関心をもつはずである。ドイツの現状こそ、アンシャン・レジームが露骨なまでに完成された姿であり、このアンシャン・レジームこそは、近代国家の隠れた欠陥を示すものだからである。だから現代のドイツの政治との闘いは、近代の諸国民の過去との闘いである。そして近代の諸国民もなお、こうした過去の名残にまだ苦しめられているのである。

近代の諸国民にとっては、自国ですでにアンシャン・レジームが悲劇的な結末を迎えたことを経験しているのであるから、それがドイツで蘇生《そせい》して喜劇を演じているのを目撃することは、有益なことでもあろう。アンシャン・レジームが悲劇的であったのは、この体制が世界の既成の暴力的な権力であるかぎりにおいては、要するに、アンシャン・レジームがみずからの正当性を信じており、信じねばならなかったかぎりにおいては、人間の自由も個人的な思いつきのようなものにすぎなかったからである。アンシャン・レジームが既存の世界秩序として、ようやく生まれつつある世界と闘っていたあいだ、アンシャン・レジームを支えていた誤謬は、世界史的な誤謬であって、個人の誤謬ではなかったのである。だからこそアンシャン・レジームの没落は悲劇だったのである。

ドイツの体制の時代錯誤と悲惨さ

これとは反対に現在のドイツの体制は時代錯誤《アナクロニズム》であり、世間のすべての人が知っているアンシャン・レジームの空虚さそのものであり、一般に認められているさまざまな原則に明白に矛盾するものである。ドイツの体制は、みずからを信じることができると思い込んでいて、世界にもこの思い込みを信じるように求めているのである。

しかしこのドイツの体制がみずからの存在をほんとうに信じているのであれば、「アンシャン・レジームという」異質な存在の影に身を隠すようなことをするだろうか。そして欺瞞と詭弁の助けを借りるようなことをするだろうか。現代のアンシャン・レジームは、もはやそのほんとうの主人公たちが死んでしまった後の世界秩序で演じられている喜劇俳優にすぎない。

歴史というものは徹底したものであり、一つの古い形態を埋葬するときにも、多くの段階を経由する。世界史の形態の最後の段階は、それ自身の喜劇である。ギリシアの神々は、アイスキュロスの『鎖につながれたプロメテウス』において、深い傷を負ってひとたびは悲劇として死を遂げたのであるが、ルキアノスの「対話篇」においてふたたび、今度は喜劇として、死を迎えねばならなかったのである。歴史はなぜこのような進み方をするのだろうか。それは人類がみずからの過去にたいしてほがらかに別れを告げられるようにするためである。わたしたちはドイツのさまざまな政治的な権力もまた、このようなほがらかな歴史的な定めを受け入れることを求めるものである。

わたしたちが現代の政治的・社会的な現実そのものを批判しようとするとき、すなわち批判が真の意味で人間的な問題という高い次元の問題に対処しようとするときには、批判はドイツの現状から離れたところで行われることになる。それでなければ、批判はみずからの対象を、その対象よりも低い水準で扱うことになってしまうだろう。一つの例をあげよう。産業と政治の関係、すなわち富の世界と政治の世界の関係は、現代の主要な問題の一つである。しかしドイツ人はこの問題にどのような形で関心を抱いているだろうか。保護関税、輸入禁止措置、国民経済という形で、関心をもっているのである。

ドイツ国粋主義は、人間だけではなく物質にまで伝染してゆき、ある朝、わたしたちの木綿産業の騎士たちや鋼鉄産業の英雄たちが、にわか愛国主義者に変身していることに気づかされるのである。要するにドイツでは、独占が対外的に主権と同じものを意味することを認めることによって、国内的にも独占の主権を承認し始めたのである。すなわちドイツでは、イギリスやフランスではすでに終わり始めていることを、これから始めようとしているのである。イギリスやフランスでは、古くからの不正な状態に理論的に敵対しているのであり、鎖によって拘束されているかのように嫌々ながらにそれに耐えている。しかしドイツではこの不正な状態が、美しい未来の到来を告げる曙の光として歓迎されているのである。実際には［保護関税論者である経済学者のフリードリヒ・］リストの悪賢い理論が、無遠慮に実践に移されるというところまではまだ進んでいないにもかかわらずである。

フランスやイギリスで問題とされているのは、政治経済学すなわち社会による富の支配である。ところがドイツで問題となっているのは、国民経済学すなわち私有財産による国民の支配なのである。フランスやイギリスでは、最後の帰結にまで到達した独占を廃棄することが課題となっているのに、ドイツでは独占にその最後の帰結にまで到達させることが課題となっているのである。フランスとイギリスでは、この独占の問題をいかに解決するかが問われているのに、ドイツでは独占がもたらすはずの衝突が、これから起きようとしているのである。この実例からみても、ドイツでは現代の諸問題がどのような形で提起されるかが明らかである。これまでのドイツの歴史は、すでに語りふるされた歴史物語を、未熟な新参者に向って語りなおすことだけを課題としてきたのである。

もしもドイツの全体の発展が、ドイツの政治的な発展の程度にとどまっているのであれば、ドイツ人が現代の問題にかかわるときには、せいぜいロシア人が現代の問題にかかわるときと同じような姿勢を示すしかないだろう。つまり一人一人の個人が国民という枠に縛られているのであってみれば、一人の個人が解放されているからといって、国民全体が解放されているということにならないのである。ギリシアの哲学者のうちにスキタイ人が一人いるからといって、スキタイ人の全体が、ギリシア文化の水準に一歩でも近づいたことにはならないのと同じである。

ドイツの哲学批判の意味

しかし幸いなことに、わたしたちドイツ人はスキタイ人ではない。

わたしたちドイツ人は、自分たちの未来〔後の歴史〕を思想のなかで、すなわち哲学のなかで経験してきたのである。これは古代の諸民族が自分たちの過去〔前史〕を想像力のうちで、すなわち神話のなかで経験してきたのと同じである。わたしたちドイツ人は、現代の歴史的な同時代人ではないものの、哲学的な同時代人となっているのである。ドイツ哲学は、ドイツの歴史を理念的に延長した哲学である。ドイツの実際の歴史は、いわばわたしたちの未完の作品である。この実際の歴史を批判するのではなく、わたしたちの残された作品、いわば遺作である理念的な歴史を、すなわち哲学を批判するときには、こうした批判は、現代でよく言うように、「それが問題だ」と言われる問題の中心に位置することになる。［イギリスやフランスなどの］先進的な国では、現代の国家状況との実践的な対決となる行為も、こうした国家状況そのものがまだ存在していないドイツにあっては、まずこうした国家状況が哲学的に反映されたものとの批判的な対決となるのである。

実践的な党派の欠陥

ドイツの歴史のうちで現代の公的な側面と同じ水準にあるのは、ただドイツの法哲学および国家哲学だけである。このためドイツ国民は、この夢のような歴史を、実際に存在する状況の一部とみなす必要があり、その現在の状況だけではなく、その抽象的な延長物［である法哲学と国家哲学］も批判しなければならないのである。

ドイツ国民は未来において、ドイツの国家と法の実際の状況を直接に否定するだけで満足してはならないし、ドイツの国家と法の理念的な状況が直接に実現するだけで満足してもならない。というのも、実際の状況を直接に否定する営みは、すでにその理念的な状況を措定するという営みのうちに実現されているからであり、理念的な状況を直接に実現する営みは、近隣の諸国民を観察することによって、ほとんど乗り越えられているからである。

だからドイツの実践的な政治党派が、哲学の否定を要求するのは正当なことなのである。彼らが不当であるのは、このことを要求するからではなく、ただ要求するだけでこれを本気で実現しないし、また実現することができないからである。彼らは、哲学の否定を実現するためには、哲学に背を向けて、よそを向きながら哲学への不満を示す月並みな言葉を自分につぶやくだけで十分だと考えているのである。

彼らは視野が狭いために、哲学もまたドイツの現実の一つであることを理解できないし、ドイツにおける実践や、それに役立つ理論と比較して、哲学は低い段階にあるものと思い込んでいる。彼らは、現実の生命の萌芽に依拠しなければならないと主張するが、ドイツの国民の現実の生命の萌芽なるものが、彼らの頭蓋骨のなかでしか育っていないことを忘れているのである。一言で言えば、哲学を廃棄したければ、哲学を実現するしかないのである。

理論的な党派の欠陥

このような不当な考え方は、その要因を逆転させながらも、哲学から育ってきた理論的な政治党派のうちにもみられる。

こうした理論的な政治党派は、現在の闘いのうちに、哲学がドイツ的な世界に挑む批判的な闘争しかみいださない。そしてこれまでの哲学というものが、このドイツ的な世界に属していたこと、そして理念的にではあっても、ドイツ的な世界を補完するものであったことをみようとしないのである。彼らは自分の敵にたいしては批判的な態度をとるものの、自分自身を批判することがない。というのも彼らは、哲学が前提とするものから出発しながらすでに与えられた結論に安住しているか、それでなければ、別のところからもってきた要求や結論を、あたかも哲学から直接にえられる要求や結論であるかのようにみせかけているからである。ところが実際にはこうしたよそからもってきた要求や結論というものは、たとえそれが正当なものであるとしても、その反対にこれまでの哲学の否定から、すなわち哲学としての哲学を否定することによってしかえられないものなのである。この理論的な政治党派について詳しく説明するのは別の機会に譲りたい。彼らの根本的な欠陥は、彼らは哲学を廃棄しなくても、哲学を実現できると考えていることにある。

ヘーゲルの法哲学の批判の意味

ドイツの国家哲学と法哲学をもっとも首尾一貫した豊かな最終的な形態として示しているのはヘーゲルである。そしてヘーゲルを批判するということは、現代国家とそれに結びついた現実を批判的に分析することであると同時に、これまでのドイツの政治意識と法意識のありかたをすべて決定的に否定することでもある。こうしたドイツの政治意識と法意識のもっとも高尚で普遍的な表現、学にまで高められた表現が、ヘーゲルの思弁的な法哲学だからである。

この思弁的な法哲学、現代国家についての抽象的で、思い入れの過剰なこの思考は、ドイツでしか可能ではなかった。そしてこの国家の現実は彼岸でしか可能ではない（この彼岸が、ライン川の彼岸［であるフランス］を意味するとしてもである）。また逆には、現代国家について、現実の人間を無視したドイツの思考のイメージが可能となったのは、現代国家そのものが現実の人間を無視しているからであり、人間全体を、空想的な形でしか満足させていないからである。

ドイツ人は、政治において、他の諸国民が［現実に］実行したことを、ただ思考［のうちで実行］したのである。その意味であるが、ドイツ人は、諸国民の理論的な良心だった。ドイツの思考は抽象的で高踏的なものであるが、それはドイツの思考の現実の一面性と鈍さにふさわしいものなのである。だからドイツの国家の現状は、アンシャン・レジームの完成を意味しているのであり、現代国家の肉につき刺さった棘のようなものを示しているのである。そして同じようにドイツの国家の現状は、現代国家の未完成状態を表現している。ということは、この棘が刺さった肉そのものが腐敗していることを示しているのである。

ラディカルな批判の意味

思弁的な法哲学を批判するということは、ドイツの政治意識のこれまでのありかたに断固として対抗するということであり、もはや自分自身のうちに迷い込むことなく、さまざまな課題に直面することである。これらの課題の解決策は一つしかない——実践である。

ここで問われているのは、ドイツは原理の高みにいたるまで実践を実現することができるかどうかということである。すなわち革命にまでいたる実践が実現できるかどうか、ドイツを現代のさまざまな国民の公的な水準にまで高め、これらの国民の次の未来となる人間的な高みにまで高めることができるような革命を実現できるかどうかということである。

ただし批判という武器は、武器による批判の代用をつとめることはできない。物質的な力を転覆するには、物質的な力が必要である。しかし理論であっても、それが大衆を捉えるならば、物質的な力となる。理論はそれが人間に向けて《アド・ホミネム》展開されるならば、大衆を捉えることができるのだ。そして理論はラディカルなものとなることで、人間に向けて展開されるのである。ラディカルであるということは、ものごとをその根《ラディクス》で捉えるということである。そして人間にとっての〈根〉とは、人間自身にほかならない。

ドイツの理論がラディカルなものであること、そして実践的なエネルギーに満ちていることを証明しているのは、それが宗教を断固として、積極的に廃棄しているという事実である。宗教の批判は、人間の最高の本質が人間であることを示すところで終わるのである。すなわち、人間が卑しめられ、隷属させられ、見捨てられ、軽蔑すべき存在となっているすべての状況を転覆せよという定言命法によって、宗教批判は終わるのである。かつてフランスで犬の飼育税が提議されたときに、あるフランス人は、「哀れな犬たちよ！　お前たちは人間と同じに扱われるのだ！」と叫んだ。この逸話は、人間が卑しめられているその状況をまざまざと描きだしている。

歴史的にみてもドイツにとって、理論的な解放は特別な実践的な意味をそなえていた。ドイツの革命的な過去は理論的なもの、すなわち宗教改革だったからである。かつては聖職者の頭のなかで革命が起こったが、現在では哲学者の頭のなかで、革命が始まろうとしている。

ルターの革命の逆説

ルターが「宗教改革で」打破した隷属は、信心の念から生まれた隷属だった。ルターはその代わりに、信念に依拠した隷属を作りだした。ルターは権威への信仰を打破したが、それは信仰の権威を回復することによってだった。ルターは坊主どもを俗人にひとしいものとしたが、それは俗人を坊主に変身させることによってだった。ルターは人間を外面的な宗教生活から解放したが、それは宗教生活を人間の内面的な生とすることによってだった。たしかにルターは身体を鎖から解放したが、それは心を鎖でつなぐことによってだった。

それでもプロテスタンティズムは、真の問題の解決ではなかったとしても、課題を正しく提起したのはたしかである。重要なのはもはや、俗人と彼の外部にいる坊主たちとの闘いではなくなり、俗人と自分の内部にいる坊主との闘い、自分の坊主的な本性との闘いになった。プロテスタンティズムは、ドイツの俗人を坊主に変えた。そのことで俗界の教皇たち、すなわち世俗の諸侯たちを解放し、それと同時に彼らを支える聖職者階級と特権階層を、俗物たちとともに解放したのである。このように哲学によって坊主的な本性のドイツ人が人間に変わるとともに、民衆も解放されるのである。

しかし解放が諸侯の解放で終わることはないだろうし、教会財産の世俗化が、とりわけ偽善的なプロイセン王国でみられたような教会財産の没収だけで終わることはないだろう。かつてはドイツの歴史でもっともラディカルな営みであった農民戦争も、神学と衝突して蹉跌《さてつ》した。しかし今日では、神学そのものが蹉跌しているのであり、ドイツの歴史でもっとも自由が欠如したわたしたちの現状も、哲学と衝突して砕け散ることであろう。宗教改革前夜のドイツは、公式的にはローマの「カトリックの教皇の」絶対的な奴隷だった。革命前夜の現代のドイツは、ローマの奴隷ではないとしても、プロイセンとオーストリアの奴隷であり、田舎のユンカーと俗物の奴隷なのである。

ドイツ革命の難問

しかしドイツでラディカルな革命が起こるには、大きな困難に直面しなければならないようである。というのも、革命が起こるためには、ある受動的な要素が必要だからである。それは物質的基盤である。ある国民において理論が実現されるのは、その理論そのものが国民の欲求を実現している場合である。ところがドイツの思考が要求するものとドイツの現実が示す答えとのあいだには、巨大なまでの乖離《かいり》が存在している。

それと同じように、市民社会と国家のあいだにも、市民社会とそれ自身のあいだにも、巨大な乖離が存在しているのではないだろうか。理論的な欲求はそのままで実践的な欲求になるのだろうか？　思想がみずからの実現を強く求めるだけでは十分ではない。現実そのものが、みずからを思想化することを強く求める必要があるのだ。

　ところがドイツは、現代の他の諸国民とともに、政治的な解放を進めるための中間的な諸段階をたどってきていないのである。それどころか、ドイツが理論的にはみずから克服したはずの段階すら、実践においては実現していないのである。ドイツが自国に固有の制約を飛び越えるだけでなく、同時に現代の諸国民の制約を一挙に飛び越えるためには、生きるか死ぬかの思い切った跳躍が必要なのであるが、ドイツはこのような跳躍を実行することができるだろうか――ドイツはこうした現代的な国民の制約を、実際には自己の現実の制約からの解放とみなし、それを求める必要があるのだが。ラディカルな革命というものは、ラディカルな欲求を実現する革命でなければならない。しかしドイツにはそのための前提も、それが生まれるべき場所も欠けているように思われる。

　ドイツは現代の諸国民の発展には、思想という抽象的な活動によって随伴しただけであり、この発展をもたらした現実の闘争に、実際に身をもって参加することはなかった。そのためドイツは、この発展がもたらした苦悩を味わっただけであり、その成果を享受することも、ある程度の満足を獲得することもなかった。一方での抽象的な活動に対応するものは、他方での抽象的な苦悩である。このためドイツはある朝、みずからがヨーロッパの解放の段階に到達する前から、すでにヨーロッパの没落の段階にいることに、気づかされることになるだろう。それはキリスト教という病にかかっている物神崇拝者の憔悴《しょうすい》に譬《たと》えることができるだろう。

ドイツの現状

まずドイツの諸政府の現状を調べてみよう。現代の時代状況のために、ドイツの置かれている情勢のために、さらにはドイツの教養の現状のために、そして最後には幸運な本能に駆られたために、ドイツの諸政府は現代国家の世界の文明的な欠陥を示しているだけでなく（わたしたちには、この文明の長所というものはまったく欠けている）、あわせてアンシャン・レジームのもつ野蛮な欠陥を示しているのである（わたしたちはこの野蛮な欠陥だけは十分に味わっている）。そこでドイツはみずからの現状をまったく超越した国家形態の長所に、いやそれどころか実際には欠陥に関与しなければならなくなっているのである。

たとえば、立憲国家の制度を現実に所有していないにもかかわらず、そのすべての幻想をこれほどまでに素朴に共有している国が、いわゆる立憲国家ドイツを除いて、世界のどこに存在しているだろうか。あるいは、出版の自由を前提としたフランスの〔厳しい検閲規定である一八三五年の〕九月法令のもたらす苦痛を、自国の検閲のもたらす苦痛と結びつけようとするドイツの諸政府の思いつきなども、むしろ必然的なものだったのである。

ローマのパンテオンにはすべての諸国の神々が祭られていたが、神聖ローマ・ドイツ帝国には、すべての国家形態の罪業が揃っているのである。この〔さまざまな神々を集めるという〕折衷主義は、これまでに考えられなかったほどの高みに到達したが、それを保証しているのは、ドイツ国王フリードリヒ・ヴィルヘルム四世の政治的で審美的な大食漢ぶりである。この国王は、封建制的な王政から官僚制的な王政まで、さらには絶対主義、立憲主義、専制主義、民主主義のそれぞれの王政にいたるまで、王政において考えられるあらゆる役割を演じようとしているのである。しかも国王はこうした役割を国民の委託によってではなく、みずから任命することによって、そして国民のためではなく、みずからのために演じようとしているのである。ドイツでは、現在の政治的な状況が欠如しているという事実そのものが、独自の世界として構成されているのである。ドイツがこの特殊ドイツ的な制約を逃れようと思うならば、現在の政治的な状況の全体に加えられている制約を克服しなければならないだろう。

ラディカルな革命を起こしうる階級の条件

ドイツにとってラディカルな革命は、そして人間の普遍的な解放は、たんなるユートピア的な夢ではない。ユートピア的な夢想とはむしろ、部分的な革命が、政治的な側面だけの革命が、家の屋台骨だけは残しておく革命が実現できると考えることである。それでは部分的な革命とは、政治的な側面だけの革命とはどのようなものだろうか。それは市民社会の特定の部分だけが自己を解放し、それによって全体的な支配に統一するような革命である。あるいは、ある特定の階級が、その特定の状況に基づいて、社会の全体的な解放を企てるような革命である。しかしこの階級が社会の全体を解放するためには、社会の全体がこの階級と同じ状況にあることが前提となる。たとえばその階級は金銭と教養を所有しているか、あるいはいつでも所有できるような状態であることが前提なのである。

しかしこの役割をはたすためには市民社会のいかなる階級も、自分のうちに、そして大衆のうちに、ある種の情熱的な根拠を呼び起こすことができなければならない。

すなわちその階級は、社会の全体と同胞愛で結びついて一体となっていなければならず、社会の全体と同一視されていて、その普遍的な代弁者と感じられ、認められていなければならない。あるいはその階級の要求や権利が、そのまま社会の権利や要求であるか、その階級がまさに社会の頭脳であり、心臓であるような根拠が必要である。

　ある特定の階級が、みずからに社会全体の支配権を請求することができるのは、社会全体の権利を主張する場合にかぎられる。ある階級がこのような解放的な立場を獲得するためには、そしてこれによって社会のすべての階層を、みずからの階級の階層の利益のために、政治的に活用することができるためには、たんに革命的なエネルギーや精神的な自負があるだけでは十分ではない。一つの国民の革命が、市民社会のある特定の階級の解放に収斂し、一つの身分の状況が、社会全体の状況に該当するためには、その反対に社会全体のすべての欠陥が、その階級とは別のある階級に集中していなければならない。そして特定の身分が、全体にとっての障害であり、障壁になっていなければならない。ある特定の社会的な階層が、社会全体の悪名の高い犯罪性の根拠とみなされていなければならない。そしてそのためにこうした階層からの解放が、社会全体の自己解放とみなされるようになっていなければならない。

すなわちある身分がそもそも解放を体現した身分となるためには、その反対にそれとは別の身分が、抑圧する身分として明確に認識されていなければならない。フランスでは、貴族と聖職者の身分には、全般的に否定的な意味がそなわっていた。そしてこのことが、この身分にもっとも近いものでありながら、やがてはこれと対立することになったブルジョワジーの階級が、全般的に肯定的な意味をそなえるための条件だったのである。

しかしドイツのどの階級も、徹底性、鋭さ、勇気、そして社会の否定的な代表の烙印を押すことのできるような容赦のなさを欠いている。それだけではなく、どの身分にも、たとえ一時的にでも、大衆の魂と同一化しうるような心の広さが欠けている。どの階級にも、物質的な力に魂を吹き込んで政治的な力とすることのできる才能が欠けている。わたしは無にひとしい、だからわたしはすべてのものになりうるのだという反抗的な言葉を敵に投げつけることのできる革命的な勇気が欠けているのである。

ドイツ人は個人としてだけでなく階級としても、道徳性と誠実さをそなえているが、その中核は凡庸なエゴイズムにすぎない。このエゴイズムはみずからの偏狭さを見せびらかすだけでなく、自分自身の利益に反してまで働くのである。そのためドイツの社会のさまざまな階層の相互的な関係は劇的なものではなく、叙事的なものである。どの階層も、抑圧されているあいだはそうでもないが、自分ではなにも努力せずに時代のおかげで、自分たちよりも下の社会的な階層が登場してくると、そしてこうした階層を圧迫できるようになると、すぐにうぬぼれて自分の特殊な要求を提起して、他の階層と横並びになろうとするのである。

ドイツの中産階級の道徳的な自負心でさえ、他のすべての階級の俗物的な凡庸さをみずから代表しているという意識から生まれるものである。だからあたかも悪しき折に王位についたドイツの王たちと同じように、市民社会のどんな階層も、勝利を祝う前からすでに敗北しているのであり、自分たちを抑圧している枷《かせ》を取り払う前から、みずからの枷を作りだしてしまう。そして自分たちの心の広さを示す前から、自分たちの心の狭さを明らかにしてしまい、そのために偉大な役回りに出会う前に、それから逃げだしてしまう。だからどの階級も、自分たちの上に立つ階級との闘争を始めると同時に、自分たちよりも下の階級との闘争に巻き込まれてしまうのである。

このようにして諸侯は王権と闘い、官僚は貴族と闘い、ブルジョワたちがそれらのすべてと闘っているうちに、すでにプロレタリアートがブルジョワジーとの闘いを始めている。こうして、中産階級がみずからの立場から解放についての思想を構築し始めるとすぐに、社会的な発展の状況と政治理論の進歩のおかげで、中産階級のこうした立場が古臭いものとされ、少なくとも疑問のあるものとされるのである。

フランスとドイツの比較

フランスでは、ある人が何者かであれば、何者にでもなれる。ところがドイツでは、すべてのものを諦めないでいるためには、何者であってもならないのである。フランスでは部分的な解放が、全般的な解放のための根拠となる。ところがドイツでは、全般的な解放が実現されることが、部分的な解放が行われるための不可欠な条件《コンディティオ・シネ・クア・ノン》なのである。フランスではすでに段階的な解放が行われているという事実が、すべての自由を生みだす。しかしドイツでは段階的な解放が不可能であるという事実が、すべての自由を生みだすのである。

フランスでは国民のうちのすべての階級が、政治的な理想主義者であり、自分が特定の階級であると考えるのではなく、社会のさまざまな欲求一般を代弁する者であると考える。だからフランス国民のさまざまな階級に、解放者の役割が劇的な形で順番に回ってきて、最後になって一つの階級にこの役割が委《ゆだ》ねられたのである。この最後の階級とは、人間の外部にあるが、人間社会が作った条件を前提にして社会的な自由を実現するのではなく、人間の生活のすべての条件を、社会的な自由という前提のもとに組織する階級である。

これにたいしてドイツでは、実際生活にいかなる精神も欠如しており、精神的な生活にはいかなる実際性も欠けているために、市民社会のいかなる階級も、その階級が占める直接的な位置によって、すなわち物質的な必然性や、彼らに加えられる拘束そのものによって強制されるまでは、全般的な解放の欲求もそのための能力も、そなえることがないのである。

ドイツの解放の可能性

それではドイツの解放に向けた肯定的な可能性はどこにあるのだろうか。

その答えは、ラディカルな鎖につながれた階級を作りだすことにある。これは市民社会の階級でありながら、しかも市民社会の階級ではない階級である。すべての身分を解体するような身分であり、普遍的な苦痛のために普遍的な性格をそなえた階層であり、みずからの身体にうけた不正が、特殊な不正ではなく、不正そのものであるために、いかなる特殊な権利も請求できない階層である。歴史的な資格に訴えることができず、もはや人間としての資格に訴えるしかない階層である。ドイツの国家制度の個々の諸帰結との一面的な対決ではなく、この国家制度のさまざまな前提と全面的に対決している階層である。すなわち社会の自分以外のすべての階層から自己を解放し、それによってこれらのすべての階層を解放しなければ、みずからを解放することのできない階層である。要するに、人間性を完全に喪失しているために、自己を獲得するためには、人間性を完全に再獲得しなければならない階層を作りだすのである。このように一つの特定の身分として社会を解体する階層こそが、プロレタリアートである。

プロレタリアートの登場

プロレタリアートがドイツに登場したのは工業化の動きが始まってからのことである。プロレタリアートとは、自然に発生した貧困ではなく、人為的に作りだされた貧困によって生みだされた人間集団である。社会の重さによって機械的に押しつぶされた集団ではなく、社会の切迫した解体によって、特に中産階級の解体によって生まれた人間集団である。もちろん、自然に発生した貧困層も、キリスト教的・ゲルマン的な農奴も、次第にプロレタリアートとして登場することになるのは当然のことである。

プロレタリアートがこれまでの世界秩序の解体を告げ知らせるとき、そのとき彼らはプロレタリアート自身の存在の秘密を明かしているのである。プロレタリアートとは、この世界秩序の事実上の解体だからである。プロレタリアートは私有財産の否定を要求する。しかしそれは社会がプロレタリアートの原理とみなしたこと［すなわち私有財産の欠如］を、プロレタリアートが［私有財産の否定として］社会の原理にまで高めたということである。プロレタリアートは何もしないのに、この原理は社会の否定的な帰結として、プロレタリアートのうちに体現されているからである。

これまでの世界では、ドイツ国王はみずからの権利によって馬をわが馬と呼び、民をわが民と呼んできた。しかし来るべき世界ではプロレタリアートがその権利を行使する。王が国民を自分の私有財産であると宣言するのであれば、それは私有財産の所有者が王であると宣言しているにすぎないのである。

哲学にとってはプロレタリアートこそがその物質的な武器であり、プロレタリアートにとっては哲学こそがその精神的な武器である。そして思想の稲妻がこの素朴な民衆の大地の底に閃《ひらめ》くならば、ドイツ人の人間への解放がただちに実現するだろう。

結論

結論をまとめてみよう。

ドイツにおいて実践的に可能な唯一の解放は、人間の最高の本質が人間であるというかの理論に依拠した解放である。ドイツにおいて中世からの解放が実現するのは、中世の部分的な打倒からの解放が同時に実現する場合にかぎられる。ドイツにおける隷属の打破は、あらゆる隷属が打破される場合だけに可能である。ドイツはすべてのことを徹底的に行う性格があるので、ドイツの革命もまた根底から行うしかない。ドイツ人の解放は、人間の解放である。この解放の頭脳は哲学であり、その心臓はプロレタリアートである。哲学が現実のものとなるためには、プロレタリアートの身分が廃棄される必要があり、プロレタリアートは哲学を現実のものとすることなしに、その身分を廃棄することはできないのである。

すべての内的な条件が実現されたとき、「フランス革命のときを告げた」ガリアの鶏は、その鳴き声でドイツの復活の日の曙の到来を告げるだろう。

補遺一　マルクスの学位論文『デモクリトスの自然哲学とエピクロスの自然哲学の差異』の序文と二つの脚注

序

この論文ははじめは、博士論文として書かれたものだ。それでなければこの論文は、もっと厳密に学問的な形式になっただろうし、あるいは逆に多くの場所で、それほど衒学的《ペダンティック》でない形で記述できただろう。

それでもわたしがこの論文をこのままの状態で上梓《じょうし》することにしたのは、いくつかの外的な理由があったからである。さらにわたしはこの論文で、ギリシア哲学史においてこれまで残されていた疑問を、一つは解決できたと考えている。

専門家であれば、この論文の対象となる領域で利用できる参考文献がほとんどないことは、おわかりいただけるだろう。キケロとプルタルコスが喋ってきたことが、今日までそのまま口移しのように語られてきたのである。キリスト教の教父たちは、エピクロスをまったく禁止してきたし、理性の欠如が支配的だった中世のすべての時期を通じて、これは変らなかった。そしてエピクロスをこの禁止から解放したのはガッサンディの功である。

ただしガッサンディの著述は、興味をひく一つの契機にすぎない。ガッサンディは、カトリック的な良心と異教の知識を和解させようとし、エピクロスと教会を和解させようとした。しかしこれは当然ながら、失敗に終わるしかなかったのである。いわば、ギリシアの遊女のライスの華やかで豊満な肢体を、キリスト教の修道女の白衣で包もうと試みるようなものだったからだ。ガッサンディはわたしたちにエピクロスの哲学について教えることができるどころか、エピクロスの哲学から学んでいるところが多いのである。

この論文は、もっと大きな著作の前書きのようなものと考えていただきたい。わたしは著作において、エピクロス派、ストア派、懐疑派とつづく哲学体系が、ギリシア哲学の全体の思弁のうちでどのような位置を占めているかを、詳細に説明する計画を立てている。そしてこの著作では、この論文の形式面での欠陥などは改善されているはずである。

たしかにヘーゲルは一般的な形ではあるが、これらの哲学体系を適切に規定している。そもそも哲学史というものは、ヘーゲルの哲学史から始まったのである。ただしヘーゲルの哲学史の驚嘆するほど巨大で大胆な見取図では、個々の哲学者の思想を掘り下げることができなかった。さらにこの偉大な思想家の思想が妨げとなって――ヘーゲルはこの思想を思弁そのものと呼んでいた――、これらの哲学体系が、ギリシア哲学の歴史とギリシアの精神《ガイスト》そのもののうちでもっている傑出した意味を認めることができなかった。

じつはこれらの哲学体系は、真のギリシア哲学史において要《かなめ》となる役割を果たすものなのである。これらの哲学がギリシア人の生にとってどのような位置を占めていたかは、畏友ケッペンの著作『フリードリヒ大王とその敵対者たち』に深い示唆がみられる。

ところで補遺として、エピクロスの神学に対するプルタルコスの異論への批判を添付しておいた。それはこの異論が、プルタルコスに固有の異論というよりも、エピクロス神学に対する異論を代表するものであり、この異論において、神学的な思考と哲学の関係がごくわかりやすく示されているからである。

この批判では、哲学を宗教の裁きの場に引き出そうとするプルタルコスのやり方そのものが、いかに間違ったものであるかについては取り上げていない。それについては、さまざまな議論をするよりも、デーヴィド・ヒュームの文章をあげておくだけで十分だろう。

哲学の至高の権威がすべての人に認められるべきなのである。もしも哲学が、その結論についていちいち弁明し、哲学に不満を抱く個々のすべての芸術や科学にたいして、みずからを弁明しなければならないとしたら、それは哲学にたいする侮辱と言うべきだろう。まるで国王が臣下から、反逆罪の罪を咎められているようなものだからだ[1]。

哲学には、世界を征服しようとするまったき自由な心がある。その心臓のうちに、まだ一滴でも血が脈打っている限り、哲学は自分敵対する者たちに、エピクロスとともにこう叫ぶだろう。

だから多くの人々が信じている神々を否認するのが、不敬なのではない。不敬というのはむしろ、多くの人々が信じているだけのことを神々におしつけることなのだ(2)。

哲学はそのことを秘密にはしない。プロメテウスは次のように告白した。

端的に言おう。わたしはすべての神々を憎む(3)。

この告白は、哲学そのものの告白である。哲学みずからが、人間の自己意識を最高の神性として承認しないあらゆる天上と地上の神々に抗して語った宣言である。人間の自己意識に比肩できるものがあるはずもない。

しかし哲学の市民的な地位が低下したようにみえることに小躍りして喜んでいる哀れな輩《やから》には、プロメテウスが神の使者ヘルメスに答えた言葉を向けよう。

よく聞け、神のしもべとしての汝の地位と、
わが苦難を取り替えようなどとは、決して思わぬ。

父なるゼウスの忠実なるしもべであるよりも、この岩に仕えているほうが、はるかにましだ。(4)

プロメテウスこそ、哲学の歴史のうちでもっとも聖なる者であり、殉教者である。

ベルリン、一八四一年三月

本文第一部第四章の脚注(2)

ヘーゲルについても、弟子たちがヘーゲルの体系からあれこれの規定をとりだして、これを現実との適合などと、いわば道徳的な視点から説明しようとすることがあるが、これはまったくの無知をあらわにするものだ。弟子たちはしばらく前までは、ヘーゲルの体系のすべての一面的な規定に熱中していたことを忘れているのだ。これは弟子たちの著作からも証明できる。

弟子たちはヘーゲルの体系を、完成した知としてうけいれた。これに強い感銘をうけたあまり、素朴で無批判的な信頼感を抱いて、この体系に帰依していたのである。このことを考えると、師たるヘーゲルがその洞察の背後にある意図を隠し持っていたと咎《とが》めたりするのは、なんとも破廉恥なことではないだろうか。ヘーゲルにとって学とは、うけいれたりするものではなく、生成するものであり、学のもっとも外部の末端にいたるまで、みずからの心に固有な精神的な血が脈打っているものだった。

弟子たちがこのような非難をすることからみると、彼らはこれまで真面目に考えていなかったのではないかと疑問になる。そして真面目に考えていなかったことの原因がヘーゲルにあるといって、ヘーゲルの哲学を克服しようとするのである。しかし弟子たちが忘れているのは、ヘーゲルは自分の体系との間で直接的で、実体的な関係を結んでいたこと、それにたいして弟子たちは、ヘーゲルの体系とは反省的な関係を結んでいるにすぎないということである。

ある哲学者が、あれこれの現実に適合するために、さまざまな外見上の不統一を犯すのは、十分に考えられることだ。そしてその哲学者はその不統一について、自分でも意識していたかもしれない。しかしこの哲学者が意識していなかったことがある——外見上の適合の可能性のもっとも内的な〈根〉が、自分の原理そのものの不十分さのうちにあるのではないか、自分の原理そのものをきちんと把握していなかったことにあるのではないかということである。

　だからある哲学者が実際に現実と適合していた場合には、その哲学者の弟子たちは、その哲学者自身においては外向けの意識という形式をとっていたものを、その内にひそむ本質的な意識から説明しなければならない。このようにすればこそ、良心の進歩としてみえたものが、同時に知の進歩としても説明できるようになるのである。ある哲学者の特定の良心そのものが問題なのではない。その哲学者の意識の本質的な形態を再構成し、これを特定の形態と意味にまで高め、これによって同時にそれを乗り越えていくことが重要なのだ。

　ところでわたしは、ヘーゲル学派の多くの人々が遂行した非哲学的な転換は、一つの学派が［師の］規律のもとから自由な場に移行するときに、いつもみられる現象の一つだと考えている。

　理論的な精神が内的な自由を獲得すると、実践的なエネルギーが生まれる。これは心理学的な〈法則〉といってもよいほどだ。この精神は意志として、影の国としての冥府《めいふ》から歩みだし、精神とは独立して存在している世俗的な現実性へと赴くのがつねである。（しかし哲学的にみると、こうした側面をさらに正確に定義することが大切である。この転換がどのような特定の方法で実行されるかを考察することで、哲学の内的な規定と、世界史的な性格をさかのぼって推定できるからだ。ここにおいて、ある哲学の履歴が端的に、主観的な側面において考察できるようになるのである。）

ところで哲学の実践には、同時にそれが理論的なものであるという性格がある。批判とは、個々の存在を本質的なものに基づいて判断し、特殊な現実を理念に基づいて判断することである。ただし哲学が直接的に実現されるとき、そのもっとも内的な本質からして、ある矛盾につきまとわれることになる。哲学の本質が現象のうちで姿をとり、その本質を現象のうちに刻印するのである。

哲学が意志として、現象する世界に立ち向かうとき、体系は一つの抽象的な全体性という形を取らざるをえない。体系は世界の一つの側面となり、この側面には別の側面が対立する。哲学の体系は世界との間で〈反省〉という関係を結ぶ。哲学の体系は、自己を実現しようとする衝動にかられて、他の側面との緊張関係にはいる。哲学の体系はもはや内的に自足していることも、完全な体系であることもできなくなる。内部を照らす光だった体系は、外に向けられて、外のものを焼き尽くす炎になる。

その結果、世界が哲学的なものになるということは、哲学が世俗的なものとなるということである。哲学は自己を実現すると同時に、自己を喪失する。哲学が外部において闘う相手は、じつは哲学の内部の欠陥なのである。哲学は外部において闘いながら、自ら傷をうけるのであり、しかも哲学はこの傷と闘うのである。哲学はこの傷をうけなければ、傷をなくすことができない。哲学に対立するもの、哲学が闘う相手、それはじつはその哲学そのものである。要因の向きが逆転しているだけなのである。

ここまで考察してきたのは、哲学と世界の関係の純粋に客観的な側面、すなわち哲学の直接的な実現という側面である。しかしこれにはもっと別の主観的な側面も存在する。哲学の体系が実現されるときに、その精神的な担い手とのあいだに、どのような関係が生まれるかということだ――哲学はその担い手である個々の自己意識のうちに〈進歩〉として現れるのである。

この精神的な担い手との関係は、哲学がみずからを実現しながら世界へと立ち向かう関係であり、これらの個々の自己意識は、つねに両刃の剣のような要求をそなえている。個々の自己意識は、世界に要求を向けると同時に、哲学そのものにも要求をつきつける。現実の事態で転倒した関係として現れているものは、個々の自己意識においては、自己矛盾した二重の要求と行為となって現れるからだ。

個々の自己意識は、世界を非哲学的なものから解放することで、同時に哲学そのものからみずからを解放する——哲学は一つの規定された体系として、個々の自己意識を鎖につないでいたのである。しかしこの段階では個々の自己意識は、発展の直接のエネルギーと行為のうちにとらわれているので、理論的な視点からみると、かの哲学の体系を乗り越えてはいない。自己意識は、哲学の体系の彫塑的な自己同一性との矛盾を感じるだけである。体系に対立することで、じつは体系の個々の契機を体現しているにすぎないことを、まだ自覚していない。

最後にこの哲学的な自己意識の二重性は、極端に対立した二つの流派として現れる。片方の流派を一般的に自由派と呼ぼう。この流派は、哲学の概念と原則にこだわる。もう一つの流派は実証的な哲学であり、その主要な規定は、哲学の非概念と実在性の契機にある。第一の流派は批判につとめる——哲学が〈みずから外部に向かう〉のである。第二の流派は、哲学することへと向かう——哲学は〈みずからの内部に向かう〉のである。第二の流派は、哲学に欠陥が内在していることを知っているのにたいして、第一の流派は、世界に欠陥があると考えて、世界を哲学的なものとすることで、この欠陥を直そうとするのである。

どちらの流派も実際には、相手の流派が実行しようとすること、そしてみずからは実行することを拒んでいることを行っているのである。ただし自由派は、みずからの矛盾を自覚しながら、その一般的な原則と目的は自覚している。実証的な哲学では、転倒そのものが、狂気が現れる。その内容においては概念の流派である自由派だけが、現実的な進歩をもたらすことができる。実証的な哲学にできるのは、要求と傾向を提示することだけだが、こうした要求や傾向の形式は、その内容とは矛盾しているのである。

だから哲学と世界の関係は、まず転倒した関係として、敵対的な分裂として現れる。次に個々の哲学的な自己意識が、みずからにおける分裂をあらわにする。そして最後に哲学の外的な分離と二重性が、対立する二つの哲学的な流派として、姿をみせるのである。

ほかにも二流で、文句を言うばかりの個性のない多くの流派が登場するのは、わかりきったことだろう。こうした二流の流派は、過去の哲学の巨人の背中に隠れようとするが、ロバがライオンの皮をかぶっていることは、すぐにわかるものだ。長い世紀を通じてアリストテレスのような哲学の巨人の力強い声が響いてくる背後で、こうした巨人のあらずもがなの器官となりさがって、昨今のマネキンの哀れっぽいなき声が、滑稽な対照をなしているのである。まるで聾唖者が巨大なメガホンを使って、声を出そうとしているかのような印象をうけるほどだ。

あるいはリリパット国の小人《こびと》が、眼鏡を二組もかけて、巨人の背中のごく小さな場所に乗っているかのようである。この小人は巨人の背中という視点からみると、どんな新しい視野が開けるかを、驚愕したかのように、世界に告げ知らせるのである。この小人は笑止にも、脈動する心臓のうちにではなく、自分が乗っている巨人の堅い背中のところに、世界を釣り上げることのできるアルキメデスの点、プー・ストーがあったことを説明しようと苦労して、笑止にも疲れ果てているのである。(5)

かくして巨人の毛髪、爪、足指、排泄物の哲学者たちやその他の哲学者たちが登場して、スウェーデンボルグの神秘的な〈世界人間〉たちよりも、さらにひどい場所を占めているのである。(6)こうした軟体動物たちはその本性からして、すでに述べた二つの流派のうちにその構成要素として生息する。これらの二つの流派とその相互の関係については、ほかの場所で詳細に述べるつもりである。いずれこの二つの流派とヘーゲル哲学の関係、およびその発展の現れた個々の歴史的な契機について、詳しく説明したいと考えている。

補遺の脚注⑼

「弱い理性とは、客観的な神を認識しない理性ではない。客観的な神を認識しようと意志する理性である」（シェリング「独断論と批判主義についての哲学的な書簡」『哲学論文集』第一巻、ランツフート、一八〇九年、一二七ページ、書簡二）。

しかしシェリング氏には一般に、自分の初期の著作に立ち返ってはどうかと助言したい。たとえば初期の『哲学の原理としての自我について』では、次のように語られているのである。

「たとえば神は、客観的に規定されている限りで、われわれの知の現実の根拠であると仮定しよう。すると神は客観である限りで、みずからわれわれの知の圏域に入ってくる。だから神は、この知の圏域のすべてが依拠する究極の点ではありえないことになる」（同書、五ページ［強調は「神は」以外はマルクスによる］）。

最後にシェリング氏には、この書簡の結語を忘れないようにしていただきたい。「いまこそ、より善き人間に、精神の自由を告げるときである。より善き人間が、自らを縛る鎖の解き放たれたことを嘆くままにしておいてはならない」（前掲書、二二九ページ［強調は「より善き」以外はマルクスによる］）。

一七九五年にすでにその〈とき〉が来ていたとするなら、一八四一年にはどうなのだろうか。

ここでついでに、ほとんど悪名の高くなった神の存在証明というテーマを考えてみよう。ヘーゲルはこの神学的な証明の全体をひっくり返した。この証明の根拠を示すために、これを放棄したのである。しかし被告が有罪判決をうけないですむためには、弁護士がみずから被告を殺害しなければならないとすれば、そうした被告とは、いったいどのようなものなのだろうか。

ヘーゲルはたとえば世界から神の存在を証明する推論について、「偶然的なものは存在しないのだから、神あるいは絶対者は存在する」という形で解釈している。しかし神学的な証明はその反対のことを主張しているのである――「偶然的なものは真の存在をもつのだから、神は存在する」と。神は偶然的な世界の存在を保証する。これは逆に、偶然的な世界が神の存在を保証するということでもあるのは自明なことだろう。

　神の存在証明には三つの方法がある。最初の神の存在証明の方法は、空虚な同語反復を使うものである。たとえば神の存在論的な証明は、「わたしが現実のもの《レアリテル》として思い描くものは、わたしには現実の心像であり」、この心像が、わたしに働きかけるということしか言っていない。

　その意味では異教の神もキリスト教の神も含めて、すべての神は、現実に存在するとしか言いようがない。古代のモロク神は人々を支配したのではなかったか[7]。デルフォイのアポロンは、古代のギリシア人の生活において、現実的な力ではなかったのか。

　ここではカントの批判は意味をもたない。だれかが自分は百ターレルもっていると思い込んだとする。この心像がその人には、恣意的で主観的なものではないのなら、そして彼がその心像を信じるのなら、この空想上の百ターレルは、現実の百ターレルと同じ価値をもつのである。空想のせいにするかもしれないが、この心像は、すべての人類が、神のせいにしてきたのと同じように、実際の効果を発揮するのである。

カントのあげた例は、神の存在論的な証明を弱めるのではなく、逆に強めることもできたはずである。空想した神々は、現実の一ターレルと同じように存在している。そして現実の一ターレルというものも、心像のうちにしか存在しないではないか——一般的な心像のうちに、あるいは人間の共同の心像のうちに。

ためしに君が、紙幣というものの使用を知らない国に、紙幣をもっていったらどうなるか。だれもが紙幣など、君の主観的な心像にすぎないと嘲笑するだろう。君の信じる神々を、別の神々が信じられている国にもっていったらどうなるか。人々は君が空想と抽象の産物に苦しんでいるのだと証明するだろう。それはもっともなことなのだ。ヴェント人の神[8]を古代ギリシア人のところに持ち込めば、この神が存在しないことが証明されただろう。ギリシア人には実際にその神は存在しないからである。ある国にとって、外国の神が占める位置は、理性の国にとって、神そのものが占める位置と同じである。その領域にはいると、神は存在しなくなるのである。

神の存在証明の第二の方法は、本質的な人間の自己意識の存在証明、その論理的な説明にほかならない。たとえば存在論的な証明がその一例である。思考の営みにおいて直接的な存在とはなにか――自己意識である。

この意味ではすべての神の存在証明は、神の非存在証明であり、神についてのあらゆる心像が反駁されることである。ほんとうの証明は反対に、次のようなものでなければならないだろう。「自然はまずく作られている、だから神は存在する」「非理性的な世界が存在する、だから神は存在する」「思想は存在しない、だから神は存在する」。しかしこれは、神が存在するのは、世界は非理性的だと考える者にとってだけ、そしてみずからも非理性的だと考える者にとってだけだということではないか。ということは、神の存在とは非理性であるということになる。

「……あなたがたが客観的な神の理念を前提にするのなら、理性がみずから作り出す法則について語ることはできなくなるでしょう。自律というのは、絶対的に自由な存在だけに属するものですから」（シェリング前掲書、一九八ページ、第一〇書簡［「理性がみずから作り出す法則」と「絶対的に」のほかは、マルクスによる強調である」)。

「すべての人に伝えることのできる原則を隠すということは、人間性への犯罪なのです」(シェリング前掲書、一九九ページ)。

訳注

(1) ヒューム『人性論』第一篇第四部第五節。邦訳は大槻春彦訳、岩波文庫、第二巻、九九〜一〇〇ページ

(2) エピクロス「メイノケウスへの書簡」。邦訳は『エピクロス』出隆・岩崎允胤訳、岩波文庫、六六ページ。

(3) アイスキュロス「縛られたプロメテウス」九七五行。邦訳は『ギリシア悲劇1 アイスキュロス』呉茂一訳、ちくま文庫、五三ページ。

(4) 同、九六六〜九六九行。邦訳は同。ただし後半の二行はヘルメスの回答として読まれているようだが、マルクスの解釈にしたがって訳す。

(5) プー・ストーはアルキメデスの有名なことば「われに動かない点(プー・ストー)を与えよ、されば地球を動かしてみせん」からきている。

(6) マルクスはスウェーデンボルグの一七五八年の著作『天界とその驚異及び地獄』(邦訳は柳瀬芳意訳、静思社)に描かれる世界像を暗示しているらしい。この書物によると宇宙は、ホモ・マクシムスという〈世界人間〉のさまざまな器官で構成され

ているのである。

(7)「モロク神」の前にマルクスは、「人間が犠牲に供された」と書いていたが、削除している。モロク神は古代セム人の神で、旧約聖書ではモレク神と書かれている。子供を犠牲にする神で、周辺諸国からイスラエルにも侵入していた。ユダヤ教ではこの供犠信仰を激しく攻撃し、律法で子供を供犠にする習慣を禁じている。

(8)ヴェント人は西スラブ人の祖先で、タキトゥスによると、ゲルマン人に近い民族で、カルパチア山脈とフィンランドの間に住んでいた。

補遺二　マルクスの一八四三年のルーゲ宛て書簡

ルーゲ宛ての一八四三年三月の書簡

ドイツ行きの引き船にて、一八四三年三月

わたしは今、オランダを旅しています。オランダとフランスの新聞からみるかぎりでは、ドイツは今や深い泥沼に落ち込んでいるようですね。これからさらにひどい状態になるでしょう。わたしたちはドイツの現状にかんして国民的な誇りなどを感じることはありませんが、それでもオランダにいてさえ、国民的な恥辱の感情は禁じえません。もっとも卑小なオランダ人でさえ、もっとも偉大なドイツ人よりも、はるかに一人の公民なのです。

そしてプロイセン政府についての外国人の評価ときたら、悲惨なものです！　この政府の体制とその単純な本性について、思い違いをしている人は一人もいません。これについては驚くほどに意見が一致しています。ですから新しい学派は少しは有益な役割をはたしているのです。「プロイセン政府のみかけだけの」自由主義《リベラリズム》の虚飾はすでに剝がれ落ちていて、なんともおぞましい専制主義が、まる裸の姿を全世界の目の前にさらしているのです。

これは逆説的な意味においてですが、一つの啓示でもあります。これは一つの真理であり、わたしたちはこれに直面して、少なくともわたしたちの愛国心の空《むな》しさを実感し、わが国の国家のありかたの不自然さを実感するのですし、わたしたちは恥じて顔を覆うしかないのです。あなたはわたしに笑いかけて、こう尋ねます。「それが何になるのか？　恥の感情から革命を起こすことはできない」と。それにたいしてわたしはこう答えます。「恥の感情はすでに一つの革命なのです。フランス革命は一八一三年に、ドイツの愛国心によって打倒されましたが、恥の感情はフランス革命がドイツの愛国心にたいして収めた勝利なのです」と。

恥の感情は一種の憤怒の感情であり、それは自分自身に向けられるのです。そしてある国のすべての国民が実際に恥の感情を抱いたとすれば、それは跳躍するために身をひき締める獅子のありかたと言えるでしょう。

たしかにドイツにはまだこの恥の感情すら存在していませんし、哀れなドイツ人たちはまだ愛国者です。わたしはそのことを認めます。しかし新たな騎士［プロイセンの国王のフリードリヒ・ヴィルヘルム四世］の笑止な体制でないとすれば、どのような体制がドイツ人からこうした愛国心を追いだすことができるでしょうか。かつての［イギリスの］スチュアート朝と［フランスの］ブルボン朝にとっては、専制主義は悲劇にほかなりませんでした。しかしドイツの国民にとっては、わたしたちの時代に演じられているこの専制主義の喜劇は、危険な意味をもっているのです。もしもこの喜劇が、喜劇であることを長いあいだ見破られなかったとしても、それはそれで一つの革命でしょう。国家というものは、茶番劇にされるにはあまりに厳粛なものなのです。おそらく愚者の船を風の吹くままに漂泊させつづけることはできるでしょうが、それでも船はやがてその宿命の地に向かって進んでゆくものです。愚者たちがそのことを理解しないからこそ、そうなるのです。この宿命とは、わたしたちの前にある革命のことです。

ルーゲ宛ての一八四三年五月の書簡

ケルン、一八四三年五月

親愛なる友よ、あなたの手紙は一つのみごとな哀歌《エレジー》でした。これはたしかに息が詰まるほどの挽歌でしたが、いささかも政治的なものではありませんでした。どんな国民も絶望することはありません。長いあいだ、愚かしさから何かを望むということはあっても、それでも長い年月が過ぎてみれば、思いも掛けぬ賢明さによって、敬虔な願いを成就しているものなのです。

それでもあなたの気分はわたしにしっかりと伝染しました。あなたのテーマはまだ考察が途中で終わっているようなので、わたしが最後まで考察を進めてみたいと思います。終わりにたどりついたならば、最初からまた始められるように、手を貸していただきたいと思います。［聖書で言うように］死者をして死者を葬らしめよ、死者をして死者を悼《いた》ましめよです。生き生きとした新たな生の一歩を踏み出す最初の者となることは羨《うらや》むべきことです。わたしたちもその運命にあずかろうではないですか。

あなたが言われるように、わたしには旧世界は俗物たちの世界だと感じられます。しかしわたしたちはこの俗物を、怖がって顔を背けるような化け物のように扱うべきではないのです。むしろわたしたちは彼らの顔を正面から見詰めるべきなのです。この世の〈あるじ〉である彼らを調べるのは、やりがいのあることなのです。

彼らがこの世の〈あるじ〉であるのはただ、蛆虫が死体を満たしているように、彼らがこの世を彼らの仲間で満たしているからです。これらの〈あるじ〉の仲間たちは、少数の奴隷しか必要としませんし、奴隷の主人は自由である必要はないのです。彼らはたしかに土地と民を所有しているからこそ、すぐれた意味で〈あるじ〉と呼ばれるのですが、だからといって主人たちがその民と同じように、俗物であることに変わりはないのです。

人間とは、精神的な存在のことでしょうし、自由な人間とは、共和主義者たちのことでしょう。そして俗物たちはこのどちらであることも望まないのです。しかし彼らにはほかにどのような者でありうるというのでしょう、そしてどのような者であることを望めるというのでしょう。

俗物たちが望んでいるのは、生きること、そして生み増やすことです（ゲーテは、それ以上を望む者などいないと喝破しました）。しかしこれは獣たちでも望むことです。せいぜいドイツの政治家がつけ加えるとすれば、人間が獣たちと違うのは、人間は自分がそれを望んでいることを知っている、そしてドイツ人はそれ以上には何も望まない分別があるのだと語ることでしょう。

人間の自己感情としての自由、これをこうした俗物たちの胸のうちでまず蘇《よみがえ》らせる必要があるでしょう。この自由という感情は、ギリシア人とともにこの世から消滅してしまい、キリスト教徒とともに天国の紫色の霞《かすみ》の中に消え失せたものですが、これだけが社会を、改めて人間たちが最高の目的を目指す共同体に、民主主義的な国家にすることができるものなのです。

これにたいしてみずからを人間と感じない人間は、しつけられた奴隷や馬のように、〈あるじ〉に仕える存在になってしまいます。こうした輩はすべて、生まれつきの〈あるじ〉に仕えることを目的としているのです。この世はこうした〈あるじ〉たちのものです。〈あるじ〉たちは自分を、それがあるとおりに、そしてみずから感じるとおりに理解しています。彼らは自分をその現にあるとおりに感じ、彼らの足が育ったところ、すなわち〈あるじ〉たちに「服従し、奉仕し、命令を待ちうけている」ことのほかにいかなる使命ももたない政治的な動物たちの項《うなじ》の上にふんぞり返っているのです。

俗物の世界は、政治的な動物たちの世界であり、この世界の存在を認めねばならないとすれば、そのときは現状をそのままで正当なものと認めるしかないのです。この現状は野蛮な数世紀が生み出し、形成してきたもので、今では一貫性のある体系として存在しています。この体系の原理は非人間化された世界ということにあります。

そしてドイツは、もっとも完全な俗物たちの世界であり、当然ながら、人間というものを再興したフランス革命のはるか後方に遅れて控えていなければならなかったのです。もしもアリストテレスがドイツに生まれたとしたら、ドイツの現状をかんがみて、『政治学』の冒頭に、「人間は群れて住む動物であるが、まったく非政治的な動物である」と定義したことでしょう。

しかしアリストテレスも国家については、『ドイツにおける立憲的な国法』の著者であるツェプフル氏よりも正しく説明することはできないでしょう。同氏によると国家とは「家族の結合体」であり、さらにこの国家は、王家と呼ばれる至高の家族に、世襲的な所有物として所属するものなのです。家族がたくさんの子供たちを産めば産むほどに人々は幸福になり、国家は大きくなり、王家も強力になるのです。だからこそ模範的な専制主義のプロイセン王国では、ある家族で七人目の男子が誕生すると、五〇ドイツ・ターラーの報償金を授けると定めているのです。

ドイツ人はとりわけ慎重なリアリストですから、どのような願いを抱くとしても、どのような高尚な思想を抱くとしても、荒涼とした生活の領域からは外に出ないようにしています。ドイツの統治者たちは、目の前の現実だけを受け入れるのであり、それだけを制御しようとします。統治者たちもリアリストであり、あらゆる思想から遠いところに、すべての人間的な偉大さから遠いところにいるのです。彼らはありきたりの士官であり、土地貴族《ユンカー》ですが、彼らは間違うことはないのであり、彼らの考えることは正しいのです。彼らはあるがままの彼らとして、この動物の国を利用し、制御するために十分な能力をそなえているのです。というのも、支配と利用とは、ここでもほかのどのような場所でも、一つの概念だからです。そして能なしの存在である民衆から忠誠を誓われた彼らが、民衆の群がる頭を眺めるときに心に浮かぶのは、「ロシア軍に追われて壊滅的な打撃をうけた」「ベレジナ河畔」で兵士たちを眺めていたナポレオンの気持ちではないでしょうか。ナポレオンは目の前で川に溺れる兵士たちの群れを指差して、側近の者に「みよ、あのがま蛙たちを」と語ったと伝えられます。この伝説はおそらく作り物でしょうが、それでもある真実を語っているのはたしかなのです。

専制主義の唯一の思想は、人間の蔑視であり、非人間化された人間なのですが、この思想は他の多くの思想と比較すると、同時に事実でもあるという長所をそなえています。専制君主はつねに人間としての品位を奪われた人間の姿を眺めています。こうした品位を奪われた人間たちが、専制君主の目の前で、そして専制君主のために、卑俗な日常の生活の泥沼のうちに埋もれ、蛙のようにそこから何度でも姿を現すのです。自分で王朝を開くことを夢見るようになる以前のナポレオンのように、偉大な目的を実現する能力をもった人間にとっても、こうした光景が頭を離れないのであれば、平凡な一人の国王が、このような現実を前にして、どのようにして理想家であることができるでしょうか。

　君主制一般の原理は、蔑《さげす》まれ、軽蔑され、非人間化された人間です。モンテスキューが君主制の原理を〈名誉〉であると考えたのは大きな間違いです。モンテスキューはその原理が正しくないことをごまかすために、君主政治、専制的な君主政治、暴君政治の区別を提起しました。しかしこれらはただ一つの同じ概念の別名にほかなりません。せいぜいのところ、同じ概念が慣習によって違って現れるだけのことです。君主政治の原理が大多数の人々から支持されているところでは、人間たちは少数派です。そして君主政治の原理がまったく疑問とされていないところでは、人間たちはまったく存在していないのです。

そうだとすると、いかがわしい人物であるという証拠がまったくない人物であるプロイセンの国王のような人が、ただ自分の気紛れだけにしたがって振る舞うとしても、それはしかたのないことではないでしょうか。その国王がこのように振る舞うとして、その結果はどのようなものになるのでしょうか？　さまざまな意図が矛盾しあうというのですか？　それならばそれで、どんな結果も生まれてはこないでしょう。人々が無気力になる傾向が生まれるというのですか？　そうした傾向は今でも唯一の政治的な現実です。恥さらしな事柄や困惑させられるような事態が生まれるというのですか？　この体制における恥さらしで困惑させられる事態とは、ただ国王が退位することだけです。

国王の気紛れが気紛れでありつづけるかぎり、気紛れにはそれなりの根拠があるというものです。気紛れはその気紛れを貫くかぎり、移ろいやすく、愚劣なものであり、軽蔑すべきものでしょう。しかしそれでも国民を統治するには十分なものなのです。こうした国民は、王の恣意的な決定のほかに、法というものを知っていたためしがないのです。わたしは、こうした愚劣な体制と、国内外での尊敬の念の喪失が、いかなる帰結ももたらすことはないと言いたいわけではありません。わたしは愚者の船の保険を引き受けるつもりはないのです。わたしが言いたいのは、プロイセンの国王は、倒錯した世界が現実の世界であるかぎり、彼の時代にふさわしい人間であるということです。

ご存じのように、わたしはこのプロイセンの国王についてずいぶんと論評してきました。王室の機関誌としては「ベルリン政治週報」しかなかった頃から、すでにわたしは国王の価値と使命がどのようなものであるかに、気づいていました。わたしはこれからは人柄の問題が重要になると推測したのですが、この推測はケーニヒスベルクで催された忠誠式における国王の振る舞いによって、その正しさが確認されました。この式典の場で国王は、自分の国であるプロイセン王領において将来の法律となるのは、自分の気持ちだけであり、心情だけであることを明らかにしたのです。

実際に国王はプロイセン領においては政治体制そのものなのです。プロイセンにおいて政治的な人物と呼べるのは、国王だけです。国王の人柄が、プロイセンの体制のありかたを決定するのです。国王がなすこと、あるいは人々が国王になさせること、国王の考えること、あるいは人々が国王の口を借りて語ること、それがすなわちプロイセンにおいて国家が考えることであり、国家がなすことなのです。ですから現国王が今回、そのことをあれほど露骨に語ったことは、国王の一つの功績と言ってもよいことなのです。

ところでこれまでは国王がどのような願いを抱き、どのような考えを前面に押しだしてくるかが重要な意味をもつと考えられてきたのですが、これは間違いでした。こうしたことは、現実の事柄をまったく変えるものではありませんでした。俗物たちは君主政治の利用する〈素材〉にすぎず、君主はつねに俗物たちの王でしかありません。国王は自分を自由で現実的な人間にすることも、臣民たちを自由で現実的な人間にすることもできないのです（どちらも、今あるとおりのものであるかぎりはですが）。

プロイセンの現在の国王は、父君［であるフリードリヒ・ヴィルヘルム三世］がもっていなかったような理論で、王国の体制を変革しようとしました。この試みがどのような運命をたどったかは、周知のことです。これは完全に失敗しましたが、それは当然のことです。ひとたび政治的な動物の世界に到達したならば、そこに住むほかに方法はないのですし、前進するための道は、この動物界の土台を放棄して、民主主義の支配する人間界に移行する道だけです。

父王は特別に変わったことは何も望みませんでした。たんに俗物だっただけで、とくに自分に才知があることをみせつけようとはしませんでした。臣民たちの国家とそうした国家の所有に必要なのは、たんに散文的で平穏なありかたであることを熟知していたのです。しかしこの若い国王ははるかに活発で、利発な王であって、君主の全権というものを父王よりも重視しています。全権を握る君主たる存在は、自分の心情と知性によってしか制約されることはないと考えているのです。

この若い王には、昔ながらの古びた僕《しもべ》と奴隷たちによる国家はがまんのできないものと思われたのでした。そして国家を生き返らせて、そのすみずみにまで自分の願望と感情と思考をゆきわたらせたいと願ったのでした。王は自分の国にいるわけですから、それを望みさえすれば、そうなることを要求できたのでした。国王のリベラルな演説や心情の吐露は、このような理由によるものです。死んだ法律ではなく、王の生ける心臓こそが、彼のすべての臣下たちを統治すべきだと願ったのです。

王は、臣民すべての心臓と精神が、自分の心底からの願望と、長く育んできたさまざまな計画に向かって動きだすことを望んでいたのです。これによって一つの動きがでてきました。しかし王を除く人々の心臓は、王の心臓のように鼓動することはなく、臣下たちが口を開くと、ただ古い支配方式を廃止することを求めただけでした。理想家たちは、あつかましくも、人間を人間たらしめることを願って発言しました。王が古いドイツ風の夢想を抱いていたのにたいして、理想家たちは新しいドイツ風の哲学をしてもよいのだと考えたのでした。

もちろんこのようなことは、旧式のプロイセン国家においては前代未聞のことでした。一瞬ではあっても、古い秩序が転倒され、物が人間に変わったかのようにみえました。州議会で自分の名を名乗ることも許されていないのに、名前が広く知られるような人々も登場しました。しかし昔ながらの専制主義の僕《しもべ》たちが、この非ドイツ的な傾向にやがて終止符を打ちました。

ところで、坊主と騎士と農奴たちが住む偉大な過去に心酔している王の願望と、理想家たちの意図、つまりフランス革命の帰結だけを、すなわち共和制の実現だけを望んでいて、死せる事物ではなく自由な人間たちが支配する体制を望んでいた理想家たちの意図とを、誰にでも理解できるように衝突させることは困難なことではありませんでした。そしてこの衝突が激しく、不愉快なものになって、気の短い王の機嫌が悪くなってきたときに、それまで物事を巧みにあやつっていた廷臣たちが王のところに歩みよってきて次のように言上したのです。「王たるものが臣下たちに無益な言葉を語らせることは、好ましくないことです。わたしどもも、こうした無益な言葉を語る者たちを統治することはできないのです」と。

すべての裏ロシア《ヒンタールッセン》の主人［である国王］も、表ロシア《フォルダールッセン》の人々［プロイセンの臣下たち］の頭の中の動きに不安になっていたので、[1]昔の穏やかな状態に戻ることを望むようになりました。そこで人間の権利と義務についての人々のすべての願いと思想を禁止しようとする昔ながらのやりかたが、新たに採用されるようになったのです。こうして、昔ながらの古びた僕《しもべ》の国家が再来することになりました。この旧式の国家では、奴隷たちは沈黙のうちに服従し、土地や人民の所有者たちは、行儀が良く、沈黙して服従する僕《しもべ》たちを通じてだけ、言葉少なに支配する昔ながらのやりかたが維持されていたのです。この国家では王も臣民も、自分たちが実際に望んでいることを口にすることができません。臣民たちは人間になりたいと語ることができず、王もまた、自分の領土では誰も使いものにならないと語ることができないのです。そこで唯一の抜け道は、ただ沈黙していることだけです。「家畜たちは声もなく、頭を下げ、ただ食欲だけに従う」という状態です。

これは俗物たちの国家を、それに固有の土台の上で廃止するという試みが、不幸にも失敗に終わったことを示すものです。この試みは結局のところ、専制主義は野蛮さを必要とすること、この体制のもとでは人間性を実現することは不可能であることを、衆人の目の前に明らかにしたのでした。野蛮な状態は、野蛮さによってしか維持できないのです。

さてわたしはこれまで、俗物たちとその国家を正面から見据えるというわたしたちの課題を実行してきました。あなたもこれで、わたしが現在の状態を甘くみているとは非難できないでしょう。それでもわたしが現在に絶望していないのは、現在のこの絶望的な状態こそが、わたしを希望で満たしてくれるからなのです。わたしは主人たちの無能についても、僕《しもべ》たちや臣下の感覚の欠如についても、何も語りたくはありませんが、この二つがそろえば、神が望むとおりの出来事が起こることでしょう。そしてまさに破局が訪れるでしょう。

あなたに注目していただきたいのは、俗物主義を敵とみなす人々、すなわちすべての考える人間たち、そして悩める人間たちは、ひとつの了解に達しているということです——かつては了解に達しようにもその手段がなかったのですが。この了解とは、古い臣下たちが受け身のままに増えてゆく体制すらも、新しい人間性に奉仕すべき人々を、毎日のように新たに生みだしているということです。ところで営利と取引の体制、人間を所有し、搾取する体制は、人口の増加よりもさらに急速なペースで、今の社会の内部の破綻を招くものです。古い体制はこれを修復することができません。古い体制はただ存続し、享受するだけの体制であり、そもそも修復したり、何かを新たに作りだしたりすることはできないものだからです。しかしみずから考え、悩む人間が存在しているのです。こうした考える人間たちは抑圧されているのですが、こうした人間の存在は、受け身なままで考えることもせずに享受するだけの俗物たちの動物界にとっては必然的に、享受しがたく、うけ入れることのできないものにならざるをえないのです。

わたしたちの考えでは、古い世界はそのすべての姿を白日の光のもとにさらけださねばならないし、積極的に新しい世界が作りだされねばならないのです。さまざまな出来事が起こって、思考する人間たちにはみずからについて思いを巡らせるための長い時間が、悩める人々には気を取り直すための長い時間が与えられるようになると、現在という時間がその胎内に宿しているものが、それだけ完全な形で世の中にその姿を現すことができるようになるでしょう。

ルーゲ宛ての一八四三年九月の書簡

クロイツナハ、一八四三年九月

あなたが決心されて、過去を振り返るのではなく、新たな企てのために思いを巡らされたことは、嬉しいかぎりです。それではパリでお目にかかりましょう、哲学の古い大学の町であり（悪しき意味ではなく）、新たな世界の新たな首都であるパリで。必要なことは、どうにかすれば実現されるものです。わたしは障害を過小に評価する者ではありませんが、どんな障害も取り除かれうると信じています。

企てというものは、成功することも、蹉跌することもあるものです。いずれにしてもわたしは今月末にはパリに滞在しているでしょう。当地の空気は、人を奴隷のようにするので、ドイツでは自由に活動する余地がまったくみあたらないからです。

ドイツではすべてが暴力的に抑圧されていて、精神の真の無秩序《アナーキー》が支配しており、愚昧《ぐまい》さそのものが突如として支配するようになりました。そしてチューリヒもベルリンの命令に服従しているのです。そのために、真の意味で思考し、独立した精神が集まるべき場所を新たに探す必要があることが、ますます明らかになってきました。わたしたちの計画は現実的な必要性に応じたものであることをわたしは確信しています。現実の必要性というものは、現実的に満たされねばならないのです。ですからわたしたちの企ては、真剣に取り組みさえすれば実現されると、わたしは信じているのです。

ところで外的な障害物よりも、内的な困難さのほうが大きいかもしれません。というのも、「どこから」については疑問の余地がないのに、「どこへ」についてはまだ大きな混乱があるからです。改革を目指す人々のあいだに、急に無秩序《アナーキー》が現れ始めただけでなく、これから何をすべきかについて、誰も明確に認識できていないことを、誰もがみずから認めざるをえなくなっているのです。ところで今回の試みの新しい方向性の優れているところは、わたしたちがドグマ的に新たな世界を先取りしようとするのではなく、古い世界の批判のうちから新しい世界をみいだそうとしていることです。

これまでは哲学者たちは、すべての謎を説き明かすことを講義のテーマとしていました。そして愚かな外部の人々はただ、自分の口を大きく開いて、絶対知がロースト・チキンのように口の中に飛び込んでくるのを待っているだけでした。しかし哲学は今では世俗的なものとなっています。それを何よりもはっきりと証拠だてているのは、哲学的な意識そのものが、たんに外面的にだけでなく内面的にも、この闘争の苦悩に巻きこまれているということです。わたしたちの現在の課題は、未来を構築することでも、あらゆる時代に通用するような絶対知を獲得することでもありません。わたしたちが今なさねばならないことは、存在するすべてのものを、いかなる遠慮もなしに批判することであり、それはますます確実なことになっています。この批判は、その結果を恐れることがないだけでなく、既存の権力との衝突も恐れるものではないという意味で、遠慮することを知らぬものなのです。

ですから、わたしたちがドグマ的な〈旗〉のようなものを立てることには賛成できません。必要なのはその反対のことなのです。わたしたちは、ドグマを主張する人々に、彼ら自身のドグマをはっきりと理解させる手助けをすべきなのです。たとえば共産主義というものは、一つのドグマ的な抽象物です。ただしこの共産主義ということでわたしが考えているのは、可能な共産主義として構想されているようなものではなく、現実に存在している共産主義、たとえばカベー、デザミ、ヴァイトリング[2]などが唱えている共産主義のことです。この共産主義は、人道主義的な原理のある特異な現象として現れたものであり、その対立物である私有財産制度の影響を受けた現象にすぎないのです。ところが私有財産制度の廃止と共産主義は同一のものではないのです。ですからこうした共産主義が、フーリエやプルードンなどの社会主義的な教えと対立するのは偶然のことではなく、必然のことなのです。なぜならばこうした共産主義そのものが、社会主義的な原理が特殊で一面的な形で実現されたものにほかならないからです。

そして社会主義的な原理のすべては、真の人間のありかたの現実性の側面の一つにほかならないのです。そしてわたしたちはその別の側面、すなわち人間の存在の理論的な側面についても配慮する必要があるのであり、宗教や学問についても、批判の対象としなければならないのです。それだけでなくわたしたちは、同時代の人々、とくにドイツの人々にも働きかけることを望んでいるのです。ただ問題は、どのようにして働きかけるかということなのです。

これについては次の二つの事実の存在を否定することができません。一つは政治の存在であり、もう一つは宗教の存在です。この二つが現在のドイツの主要な関心事となっているのです。この二つが現在どのような状況にあるとしても、ともかくこれらの二つを取り上げる必要があるのです。これらの二つの問題にたいして「カベーのユートピア物語である」『イカリア旅行記』のような体系を、あたかも既製品のように対置するべきではないのです。

　理性はつねに存在しているのですが、つねに理性的な形で存在してきたわけではありません。ですから批判する者は、任意の理論的な意識や実践的な意識の形式を取り上げて、それを現存する現実に固有の形式に基づいて、それの真の現実性をその当為として、しかもその究極の目的として、展開することができるのです。ところで現実の生活についてですが、まさに政治的な国家こそが、そのあらゆる現代的な形式のうちに、理性のさまざまな要求を含んでいるのです――それが社会主義的な要求によってまだ意識的に実現されていないとしてもです。この政治的な国家というものは、たんに現状のままでとどまっているものではありません。それはどこでも理性が実現されているとみなしているのですが、同時にこの政治的な国家の実在的な諸前提は、その理念的な規定といたるところで矛盾に陥ってもいるのです。

　政治的な国家がこのようにみずから矛盾に陥っているために、いたるところで社会的な真理が展開されることになるのです。人類の理論的な闘争の内容を示す目録が宗教であるように、人類の実践的な闘争の内容を示す目録は政治的な国家なのです。ですから政治的な国家はその形式において、あらゆる社会的な闘争、必要、真理を、公共物という相のもとで表現するものなのです。そのため［選挙制度における］身分制と代表制の区別などといったきわめて特殊な政治的な問題でも、それを批判の対象とする場合には、つねに原理の水準で批判しなければならないのです。この問題は、人間の支配と私的所有の支配の区別をたんに政治的な形で表現するものにほかならないからです。ですから粗雑な社会主義者たちからみると、こうした政治的な問題は論じる価値のない瑣末《さまつ》な事柄に思われるとしても、批判を行う者は、こうした問題を考察することができるのですし、考察しなければならないのです。批判を行う者は、［選挙制度における］身分制よりも代表制が優れていることを展開することで、実践的には一つの大きな党派をこの問題に関与させることになります。批判を行う者は、代表制をその政治的な形式から一般的な形式へと高めることで、そしてその背景にある真の意味を妥当させることで、この党派に否応なしにその立場を超えさせることになるのです。というのも、この党派が勝利することは、この党派が消滅することを意味するからです。

このように、わたしたちの批判が政治の批判に赴き、政治においてある党派に荷担し、ある現実的な闘争にかかわり、こうした党派に自己を同一化することを妨げるものは何もないのです。その際にわたしたちは、新しい原理に基づいて、世界の人々にたいして自分たちの教義を押しつけるという姿勢をとることはありません。「これが真理である。この真理の前に跪《ひざまず》け」と叫ぶわけではないのです。わたしたちは世界の人々にたいして、世界の原理に基づいて新しい原理を展開するだけなのです。わたしたちは世界の人々に、「お前たちの無益な争いをやめよ。われわれこそが、お前たちの争いの真のスローガンを示すものだからだ」と叫ぶわけではないのです。わたしたちは世界の人々に、そもそも彼らがなぜ闘っているのかという理由を示すだけです。世界の人々が望むかどうかにかかわらず、世界の人々はその闘いについての意識をもたざるをえないのです。

　意識の改革の目的はただ、世界の人々が自分自身について意識できるようにすること、自分についての夢から目覚めさせること、自分たちの行動の意味を自分にとって明らかなものとすることだけなのです。わたしたちのすべての目的は、フォイエルバッハの宗教批判と同じように、宗教的および政治的な問題を、人間の自覚的な形式のもとにもたらすことでしかないのです。

ですからわたしたちのスローガンは次のようなものになるでしょう。「意識を改革せよ、ただしドグマによってではなく、神秘的でそれ自身にとって不透明な意識を分析することによって。この不透明な意識が宗教的な意識として現れるか、政治的な意識として現れるかを問わずに」。そのことによって、世界の人々がある事柄についてずっと前から一つの夢を抱いていることが明らかになるでしょう。その夢が現実のものとなるには、人々はそれについての意識をもたねばならないのです。

そのことによってさらに問題となるのは、過去と未来のあいだを区切る一つの大きな区切りのようなものを作ることではなく、過去についての思想を実現すること、が重要であるということです。そして最後に明らかになるのは、人間はそれによって新たな仕事を始めるわけではなく、人類の古い仕事を、意識をもってやり遂げるということです。

ですからわたしたちの雑誌［『独仏年誌』］の傾向を一言で表現するならば、時代自身にみずからの闘争と願望について明確に理解させる批判哲学にあると言えるでしょう。これは世間の人々のための仕事であると同時に、わたしたちのための仕事でもあるのです。そのためには多数の人々の力を集結する必要があります。大切なのは過去についての告解であり、それ以上の何ものでもありません。自分の罪が赦されるためには、人類は自分の罪をそのままに告白するだけでよいのです。

訳注

（1）マルクスはプロイセンがラテン語ではボルッセンと言われることにかけて、プロイセンをロシア（ルッセ）になぞらえて「表」（フォルダー）のロシア（ルッセン）と語っている。当時のロシアはニコライ一世の専制的な統治のもとにあった。

（2）エティエンヌ・カベー（一七八八〜一八五六）はフランスの法学者でユートピア的な共産主義を唱えた。ユートピア小説『イカリア旅行記』（一八四二年）を刊行している。テオドル・デザミ（一八〇三〜五〇）はフランスのユートピア的な共産主義者。主著は『共有制の法典』（一八四二年）。クリスティアン・ヴィルヘルム・ヴァイトリング（一八〇八〜七一）はドイツの労働者階級出身のユートピア的共産主義者。主著は『調和と自由の保証』（一八四二年）。

マルクス『ユダヤ人問題に寄せて／ヘーゲル法哲学批判序説』　解説目次

スの三回にわたるバウアー批判／バウアーの三回の反論とマルクスの三回の批判
／「第一次征伐」への批判／「第二次征伐」への批判／「第三次征伐」への批判
／バウアーへの問い／バウアーのユダヤ人論の宗教的な偏向／マルクスは「反ユ
ダヤ主義的」か？／バウアーのユダヤ人論の政治的な偏向／人権の概念の制約／
民主主義国家の逆説／マルクスの二つの道

序　本書の構成

初期マルクスの思想的な変遷

本書は、一八四一年にマルクスがイエナ大学に学位論文を提出した時期から、一八四五年に刊行された『聖家族』にいたる初期マルクスの思想的な変遷をたどるために役立つ文章を集めて翻訳したものである。初期マルクスの思想は、ほぼ三つの段階を経て発展していくと考えることができる。

第一の段階は、一八四一年にかけて学位論文を執筆していた頃から、『ライン新聞』の記事を執筆していた一八四三年の頃までであり、この時期のマルクスは急進的な民主主義者としての相貌をそなえていた。この時期にはマルクスはまだヘーゲル左派に属していたものの、現実のプロイセンの国家においてヘーゲルの哲学がはたしている体制維持のイデオロギー的な役割を目《ま》の当たりにすることで、ヘーゲル哲学をその内部から食い破り、ヘーゲル批判の論点を明確にしてゆく。

第二の段階は、「ユダヤ人問題に寄せて」と「ヘーゲル法哲学批判序説」を執筆した一八四三年秋から一八四四年の変身の段階である。この時期にマルクスは急進的な民主主義者から、プロレタリアートによる革命を目指す共産主義者に変貌する。この頃のマルクスは、市民としてのプロレタリアが公民としてのシトワヤンに変身する可能性と不可能性に何よりも注目していた。

第三の段階は、一八四四年から翌年にかけて、マルクスがエンゲルスと協力しながら、ドイツのイデオロギー批判に力を傾注してゆく時期である。この時代に『聖家族』と『ドイツ・イデオロギー』が執筆され、さらに『経済学・哲学草稿』において、疎外論を軸として、初期のマルクスの思想的な根幹が確立されるのである

本書の構成

この書物ではこのうちの第二の段階を中心に考察しており、そのために、次のような構成を採用した。

■一　ユダヤ人問題に寄せて

■二　マルクス『聖家族』第六章　絶対的な批判的な批判、あるいはブルーノ・

バウアー氏による批判的な批判（抜粋）

一　ユダヤ人問題第一

二　ユダヤ人問題第二

三　ユダヤ人問題第三

■三　ヘーゲル法哲学批判序説

補遺

■一　マルクスの学位論文『デモクリトスの自然哲学とエピクロスの自然哲学の差異』の序文と二つの脚注

■二　マルクスの一八四三年のルーゲ宛て書簡

このうちで、第一の段階を考察するために役立つのが、補遺一のマルクスの学位論文『デモクリトスの自然哲学とエピクロスの自然哲学の差異』の序文および二つの脚注と、補遺二のマルクスの一八四三年のルーゲ宛て書簡である。

第二の段階のマルクスの思想的状況は、「ユダヤ人問題に寄せて」と「ヘーゲル法哲学批判序説」によって詳しく知ることができる。

第三の段階については本書では詳しくふれることはできなかったが、「マルクス『聖家族』第六章抜粋」はこの時代を理解するための手掛かりとして役立つはずである。この第三の段階については、古典新訳文庫に収録されているマルクス『経済学・哲学草稿』や筑摩書房の『マルクス・コレクションⅡ』の「ドイツ・イデオロギー（抄）」などをお読みいただきたいと思う。

なおマルクスの学位論文の全文は前掲の『マルクス・コレクションⅠ』に、『聖家族』の全文は大月書店版の『マルクス＝エンゲルス全集』（以下大月版全集と呼ぶ）の第二巻に、『ドイツ・イデオロギー』は大月版全集の第三巻に、本書には収録できなかった『ヘーゲル法哲学批判』の本文とは、大月版全集の第一巻に掲載されているので、参照していただきたい。

第一章　学位論文の時代のマルクス

第一節　学位論文の隠された意図

学位論文の意図

マルクスは一八三九年から一八四一年春にかけて、学位論文「デモクリトスの自然哲学とエピクロスの自然哲学の差異」を執筆している。この論文は一八四一年四月六日にイエナ大学に提出された。四月一五日には受理されて、正式に博士の学位を取得している。ただしこの論文は残念ながらイエナ大学には保存されていない。

その後、マルクスは印刷して刊行するために、一八四一年末から一八四二年にかけて、これに手を加えた。現在わたしたちに伝えられているのは、その際に加筆された学位論文の印刷用の手写本であり、第一部の第四章と第五章、ならびに補遺の大部分は脱落したままで、残されていない。

この学位論文でマルクスは、当時のヘーゲル左派の流行に棹《さお》さして、古代のギリシア哲学を考察した。マルクスはそのうちでも、古代哲学の頂点であるプラトンとアリストテレスの哲学ではなく、その後のヘレニズム時代の哲学、とくにストア派とエピクロス派、なかでもエピクロスの自然哲学を集中的に考察している。

この学位論文においてマルクスは、ギリシアの古典期にプラトンやアリストテレスの哲学がアテナイでその頂点を迎えた後に、ヘレニズム時代にいたってストア派とエピクロス派の哲学が主流となる時期を考察しながら、それを同時代のヘーゲル以降の哲学の潮流に重ねるように読み込もうとしている。古典古代のプラトンやアリストテレスの哲学が、近代のヘーゲルの哲学と同じ「頂点」としての地位を占め、ヘレニズム期のストア派とエピクロス派の哲学が、プロイセンのヘーゲル以降のヘーゲル左派（当時は青年ヘーゲル派と呼ばれた）と同じような位置を占めていると考えたわけである。

そしてマルクスはエピクロスの自然哲学のうちに、古典期の哲学の没落を示す主観的な形式をみいだそうとする。そのためにもそこにデモクリトスの自然哲学を乗り越えた「自己意識の哲学」を読み取り、それを同時代の（とくにブルーノ・バウアーが主唱した）「自己意識の哲学」と重ねあわせて解読しようとする。そのためエピクロスの哲学の考察が、ときに同時代のヘーゲル左派の哲学と同じ位相から、ヘーゲル批判の哲学のありかたとして解読されることがある。それが本書に引用した二つの脚注の大きな特徴となっている。ほんらいであれば、古代のヘレニズム時代の哲学の考察である学位論文に、ヘーゲル以後の哲学の流れについて考察した脚注を付けるのは、あまりそぐわない印象を与えるが、こうした脚注にこそ、マルクスがこの学位論文を執筆した動機をうかがうことができる。古典期以降のギリシア哲学の歴史を考察しながら、同時にそれを同時代のヘーゲル哲学を継承した青年ヘーゲル派の動向と重ねあわせること、それがこの学位論文を執筆したマルクスの隠された意図であったと考えることができる。

ヘーゲルのエピクロス評価の三つの観点

ヘーゲルは『哲学史講義』において、エピクロスをかなり低く評価している。マルクスはこの論文で、こうしたヘーゲルのエピクロス評価を完全にひっくり返すことを試みる。しかもたんに哲学史におけるエピクロスの「復権」を目指すというよりも、ヘーゲルとは異なる観点をもちこみながら、ヘーゲルの哲学史の読み方そのものを転換しようと試みるのである。

マルクスは、ヘーゲルのエピクロス評価について、次の三つの観点から批判している。第一にマルクスは、ヘーゲルにおけるエピクロスの哲学そのものの評価の低さを反駁する。学位論文のほんらいの目的は、デモクリトスの自然哲学のエピゴーネンと呼ばれたエピクロスの自然哲学を考察しながら、エピクロスの自然哲学がデモクリトスの自然哲学の「剽窃[1]」などではなく、まったく異なる思想をもりこんだものであることを明らかにしようとすることにある。

第二にマルクスは、あたかも概念が歴史を動かすようなヘーゲルの観念論的な歴史哲学と、その歴史哲学に依拠した哲学史の描き方を批判する。マルクスは、概念そのものには哲学の歴史を推進する力はなく、概念的な人物としての姿をとってこそ、初めて思想が哲学の歴史に登場することができると考えた。マルクスはこの論文とその準備ノートにおいて、その概念的な人物の思想を「賢者論」という形で提起している。

第三にマルクスは、ヘーゲルに抗してエピクロスを高く評価するものの、エピクロスに固有の問題点を指摘しながら、ある意味ではヘーゲルの哲学に近いところに戻ってゆく。しかしそれはヘーゲルの哲学をふたたび肯定するためではなく、ヘーゲルの哲学をその内側から食い破るためだったのである。以下ではこれらの三つの論点を簡単に考察してみよう。

ヘーゲルのエピクロス評価への疑問——第一の批判

ヘーゲルが『哲学史講義』においてエピクロスを低く評価したのは、ヘーゲルにとって哲学史とは、「精神が自己を認識し、自己を対象化し、自己を発見し、自己を自覚し、自己と合一する[2]」歴史であったためである。この観点からみると精神の歴史とは、精神が古代のギリシアにおいて初めて自己を概念として自覚するようになってから、近代において真理となり、「絶対的に自由になる[3]」までの歴史であり、それが哲学史として描かれるのである。

そのためこの精神の歴史において重要でない哲学者は、かなり軽く扱われる。エピクロスもその一人である。ヘーゲルも、エピクロスは哲学史において重要な役割をはたしたことを認めるが、エピクロスには重要な欠陥があったと考える。エピクロスは精神を概念として捉えることを拒んだと考えたからである。たとえばエピクロスの認識論についてヘーゲルは、それが概念ではなく、直観に与えられた表象だけに依拠するものであることを指摘しながら、「思考の面から見た認識は、表象を中断するような独自の運動としてしかとらえられない」と批判する。「これ以上に貧弱な理論はちょっと考えられない[4]」というのである。

ヘーゲルのこのエピクロスの評価は一貫したものである。エピクロスが直観と表象を認識の根拠としたことは、ヘーゲルには概念的な思考を拒否したもののように思える。だからこそエピクロスの体系はまったくの無思想的な空虚な体系にみえるのである。

ヘーゲルはエピクロスに弟子がいなかったのは、エピクロスを越えて進もうとすると、エピクロスが嫌った「概念のうちに転落する」[5]ことになってしまうからだと考える。それは「エピクロスの体系を混乱させる」[6]ことであるから、師匠を否定することになる。だからこそ弟子が存在しえなかったのだというのである。「概念は無思想を混乱させるのですが、この無思想が［エピクロスの体系では］まさに原理とされていたのですから。が、無思想と見えたものがじつは思想なきものではなく、思想をおしとどめるために思想がつかわれていた。思想が自己否定的なものだったのです。エピクロスの哲学的活動とは、感覚を混乱させる概念を遠ざけ、感覚的なものを確立し定着させることだったためです」[7]というわけである。そしてヘーゲルは、エピクロスの著名な自然哲学も、デモクリトスの模倣だったと指摘する。「かれの自然哲学たるや、レウキッポスやデモクリトスの哲学にそっくりなのですから」[8]。

マルクスが学位論文でやろうとしたことは、基本的にこのヘーゲルのエピクロス評価を覆し、エピクロスの哲学、とくに彼の自然哲学がデモクリトスの自然哲学といかに異なっているか、いかに新たな視点が導入され、新たな哲学の体系が構築されているかを示すことにあった。その考察は、博士論文という形式をとりながらも、推理小説のようにスリリングな面白さがある。ぜひ邦訳で全文を読んでその醍醐《だいごみ》味を味わっていただきたいと思う。

賢者論――第二の批判

ここではマルクスの考察をたどることはできないが、マルクスが提起した賢者（ソフォス）の思想について簡単に考察しておこう。ヘーゲルの哲学史はすでに述べたように精神が自己を概念として自覚する歴史であり、自己を真理としてあらわにする歴史であるが、マルクスはこのように哲学史に現れる客観的で絶対的な真理そのものよりも、哲学の真理を語る賢者としての哲学者という「主観的形式」に関心をいだく。賢者としてのソフォスはギリシアの哲学の精神を一身において体現する思想的な姿なのである。

マルクスは「ギリシア哲学は、イオニアのタレスの自然哲学を含む七人の賢者で始まり、賢者を概念として描きだそうとする試みで終わる。始めに賢者があり、最後に賢者がある」(9)と語っている。最初の賢者がタレスを含む七賢人であり、最後の賢者がエピクロスである。「ソフォスという側面からも、エピクロスの哲学は、古典古代の哲学の没落をもっとも完全な形で客観化したものである[10]」と考えるのである。

このように哲学史をヘーゲルのように真理が現れる客観的な歴史だけとして考えるのではなく、真理を語るソフォスという主観的な観点からもみることで、マルクスはヘーゲルの概念に哲学者という身体をもたせるのである。マルクスは後年、ヘーゲルの思考の方法を批判して、次のように語っている。「ヘーゲルは思考プロセスを、理念という名のもとに、自律的な主体に変身させる。ヘーゲルにとってはこの思考プロセスこそが、現実的なものを創造する創造者《デミウルゴス》なのであり、現実的なものとは、思考プロセスの外的な現象にすぎないものである。わたしにおいてはその逆である。理念的なものとは、物質的なものが人間の頭の中に移されて、翻訳されたものにすぎないのである[11]」。

ヘーゲルの哲学史において理念は、自立的な主体として哲学史を作りあげる役割を担っている。しかしマルクスは、精神でも理念でもなく、人間こそが賢者という主観的な形式において、哲学史の変遷を客観化する役割を担うと考える。その観点からみると、理念にはそれを体現する身体が必要であり、それが賢者である。マルクスが『資本論』で語っている言葉をかりれば、「ヘーゲルにおいては弁証法は逆立ちしている。神秘的な衣装の背後に潜む合理的な核心を発見するには、それをもういちど逆立ちさせなければならない[12]」。この理念の弁証法を逆立ちさせるためには、賢者という身体が必要だったのである。

自己意識の哲学――第三の批判

マルクスはすでに述べたように、ギリシアの哲学史におけるエピクロスの役割を、デモクリトスの亜流としてではなく、古典古代の哲学の没落を示す主観的な形式として示すことを試みた。そのためにマルクスはエピクロスを、主観的な「自己意識の哲学」を体現した哲学者として描いている。

　マルクスの哲学史の構想では、ギリシアの哲学はプラトンとアリストテレスの哲学を経由したところで、内容的には頂点に到達している。ここで客観的な真理は完全に提示されているのである。「ギリシア哲学の〈内容〉としては、アリストテレス以前の哲学の体系が重要であり、興味深いものだ[13]」とマルクスが指摘するとおりである。アリストテレスまでの哲学で、真理として語られるべき内容はすべて出揃っている。しかしマルクスはこの客観的な真理は、客観的で絶対的な真理として提示されるためにも、まず自己意識という主観的な形式においてソフォスによって語られなければならないと主張するのである。

アリストテレスにいたるまでは、哲学の内容が重要であり、「哲学を形而上学的に規定する傾向」[14]が顕著だった。しかし哲学史が真理の歴史であるだけでなく、真理を語る主体としての人間の歴史でもあり、ヘーゲルの弁証法的な哲学史を逆立ちさせるためには、その主体として真理を語るソフォスの歴史を考察する必要がある。すでに考察したようにマルクスが試みるのは、哲学の思想の主観的な形式であるソフォスの歴史であり、その観点からみるととくにエピクロスが興味深い賢者として浮かび上がってきたのである。「ギリシア哲学の性格と主観的な〈形式〉という視点からみると、アリストテレス以後の体系であるエピクロス派、ストア派、懐疑派のグループの方が重要で、興味深いものにみえる」[15]のである。

この主観的な形式の歴史は、自己意識の歴史として語られる。そして自己意識の個別的で主観的な形式を代表するのがエピクロス派であり、自己意識の普遍的で抽象的な形式を代表するのがストア派である。やがて懐疑派が弁証法的にこの二つを統合する形で自己意識の真の姿を示すことになる。「エピクロス派、ストア派、懐疑派において、自己意識のすべての契機が完全に表現されている」[16]のである。

ただしマルクスはヘーゲルの真理の哲学を批判しているものの、その批判の論拠となるのは、あくまでもヘーゲル的な自己意識の理論であることに留意が必要だろう。なおこの「自己意識」の概念はたんにヘーゲル的なものであるだけでなく、いずれ述べるように当時のヘーゲル左派、とくにブルーノ・バウアーの提起した概念だった。当時はマルクスは広い意味でのブルーノ派の一人として発言しているのである。

この自己意識の歴史という観点からみると、エピクロスの哲学には重要な欠陥がある。エピクロスにおいては自己意識が、あくまでも抽象的で個別的なものにすぎないのである。このエピクロスの欠陥を集中的に示しているのが天体論である。エピクロスはデモクリトスから引き継いだ原子論で自然を説明しようとしていた。自然は現象と本質という二つの側面から説明される。現象は、人間の目にみえるとおりの姿である。本質は、人間の目でみることのできない原子としての在り方である。現象としての自然は、時間の流れのうちにある。本質としての自然は、時間を超越した不変な内容をそなえている。そしてこの現象と本質はエピクロスの哲学では和解しがたく対立され、矛盾のままに放置されている。

エピクロスの自然論にそなわるこの矛盾をマルクスは「抽象的で個別的な自己意識[17]」の矛盾として捉える。「原子の世界でも現象の世界でも、形式と質料が戦っていた。一方の規定が他方の規定をたがいに廃棄するのであり、この矛盾においてこそ、抽象的で個別的な自己意識は、みずからの本性が具体的なものになると感じていた」[18]のだった。

しかし太陽や星などの天体においては、この矛盾が解消される。「いまや天体において、質料は形式と和解し、自立的なものとなっている。ここで個別的な自己意識は蛹《さなぎ》から脱皮して登場し、みずからが真の原理であると告げ、自立的になった自然を敵として戦うのである」[19]。この天体において、「エピクロスの真の原理である抽象的で個別的な自己意識は、もはやここでは身を隠さない。この自己意識は隠れ家から姿を現し、質料という仮装を脱ぎ捨てる。そしてこの自己意識は、自立的になって自然の現実性を否定しようとする」[20]。そのように自立的になった自己意識は、普遍的なものである。ところが「天体は現存する普遍性であり、天体のうちで自然が自立的なものとなっている」[21]。そのために天体の存在は、エピクロスの哲学の根拠であった自己意識の矛盾をあらわに示すのである。マルクスにとってエピクロスの哲学は、抽象的で個別的な自己意識の現れにすぎないものにみえるのであり、マルクスはこうした抽象的で個別的な自己意識を解消したヘーゲルの弁証法の終点である具体的で普遍的な自己意識の立場に立とうとするのである。

このようにマルクスは哲学史を、ヘーゲルの精神の理念の歴史とみることをやめて、主体的な自己意識の歴史と読み替えようとした。マルクスの語るこの自己意識、しかもエピクロス的な個別的な抽象的な自己意識の限界を超克した具体的で普遍的な自己意識の概念は、きわめてヘーゲル的な色彩を帯びているのである。ヘーゲルに拠りつつヘーゲルを批判するというマルクスのユニークな立脚点について考えるためには、当時のマルクスの仲間であり、先輩でもあったブルーノ・バウアーの自己意識の哲学を考えてみる必要があるだろう。この時期のマルクスはバウアーときわめて親しい間柄にあり、思想的にたがいに影響を与えあっていたからである。そして本書の中心となる論文「ユダヤ人問題に寄せて」は、まさにバウアーの論文「ユダヤ人問題」を批判する文章なのである。

第二節 ブルーノ・バウアーの哲学

バウアーとの出会い

マルクスよりも九歳年上のブルーノ・バウアー(一八〇九～八二)は、ベルリン大学で晩年のヘーゲルにじかに学んでおり、初期には伝統的なヘーゲル主義者として、ヘーゲル右派の哲学者とみられていたが、やがてヘーゲル左派の代表的人物となった。

マルクスは一八三七年一一月一〇日付の書簡で、父に自分の学問の状況を詳しく説明しているが、そこでベルリンである「ドクター・クラブ」に加わったことを次のように説明していた。

「私の不快中、私はヘーゲルを始めから終わりまで、彼の弟子たちの大多数をもふくめて、知るようになっていました。シュトラーラウでの友人たちとのたびたびの集まりを通じて、私はあるドクター・クラブに入ることになったのですが、そのうちには何人かの私講師と、ベルリンの友人のなかで私のもっとも親密なルーテンベルク博士がいました(1)」。

ここで語られているルーテンベルク博士は、後に『ライン新聞』の寄稿者となって、『ライン新聞』の発禁のきっかけとなった記事を執筆した人物である。「何人かの私講師」のうちに、一八三四年からベルリン大学の神学部で講師をつとめていたブルーノ・バウアーがいたのだった。

ドイツの改革運動

この時代はプロイセンの国家にとっても大きな変動期だった。一八三〇年のフランスの七月革命は、一八一五年以降にオーストリアのメッテルニヒが指導していたウィーン体制を震撼《しんかん》させ、この時代からプロイセンでは自由主義的な改革派が登場する。そして一八三四年にはドイツ関税同盟が成立し、新たに鉄道が敷設され、工業化が急速に進展し、ドイツのブルジョワジーが自由主義的な改革を求めるようになっていた。

このドイツの自由主義は同時に、ナショナリズムの運動を伴っていた。この時期のドイツの自由主義的な改革運動には地理的に異なる三つの核があった――プロイセン、南西ドイツ、ライン州である。

プロイセンの自由主義は、イギリスの立憲主義を目指すものであり、「イギリスの統治法を賞賛し、農業の危機的状態を救う策が何一つ行われていないことを不満とする大地主の支持をうけていた(2)」。これに対して南西ドイツは地理的な近さや歴史的な経緯から、フランスを手本としていた。フライブルク大学を中心としたこの運動では、「諸権力の分立と法の支配権を実現したいと考えた(3)」。第三の核は、かつてフランスに征服されていたライン州である。「二十年近いフランス軍による占領のため、その住民は忘れることのない共和制憲法の知識を得ていた」[4]のである。

一八四〇年の春に、ヘーゲル哲学を擁護していた先王フリードリヒ・ヴィルヘルム三世と宰相のアルテンシュタインが死去したことは、ヘーゲル学派には大きな打撃となった。しかしフリードリヒ・ヴィルヘルム四世が即位した当初は、ドイツの知識人たちは新王に大きな期待を抱いていた。新王は検閲の緩和を宣言していたからである。そして『ライン新聞』が創刊され、当初のうちは自由主義的な論文が発表を許された。この時期から一八四二年末の「急進的出版物の発売禁止に至るまでの期間、それが青年ヘーゲル派運動が最も強まった時期であった」[5]。

シュトラウスの福音書批判

この時代の青年ヘーゲル派は、宗教批判を軸として思想的な活動を展開していた。一八三五年に発表された神学者のD・F・シュトラウス（一八〇八～七四）の『イエスの生涯』は、新約聖書の四つの福音書にたいする初めての本格的な批判であった。これまでの福音書についての議論は、そのどれもが福音書をキリスト教の聖典として無批判的に受容するものだった。しかし一八〇〇年近くも前の古い文書に書かれた内容と、同時代の日常生活における経験は明白な齟齬《そご》をきたしていた。それでもそうした齟齬は、現代における文明と人間の生活の堕落によって説明されていたのであり、福音書そのものに批判の目が向けられることはなかった。ところがシュトラウスが初めて、福音書に歴史的な批判のまなざしを向けて、四つの福音書のうちに矛盾があることを指摘したのである。

シュトラウスは、福音書を聖なる書物として無批判的に受けとるのではなく、福音書の著者たちが実際に何を言おうとしているのかを、批判的に吟味する必要があると訴えた。これはドイツで、福音書の批判的な考察が始まったことを意味していた。シュトラウスはこの書物で「福音書の記事は当初から矛盾したものであって、それ故それらを信頼にあたいする歴史物語とみなすどんなささ細な論理学的根拠も存在しない」(6)ことを指摘したのである。そして四つの福音書の違いを分析しながら、福音書の記述は、神話にすぎないことを明らかにしたのだった。

そしてシュトラウスはこの書物の課題は、「福音書のなかの所与の個々それぞれの詳細な事柄にかんする真実性の内的根拠を調べること、そしてそれは目撃者の産物であるのかあるいは事情に的確に通じた著者の産物であるのかどうかの蓋然性を吟味することにある」(7)と主張したのだった。

シュトラウスはその後も研究書を発表し、イエスの死後に、ユダ人の「共同体の散漫かつ無定形な民間伝承が明快な教義としてかためられていく方法を、奔放な筆致でスケッチして(8)」みせたのである。

この批判はたしかに画期的なものだった。それまで無批判的に受けいれられてきた四福音書の神聖さと真正さに疑問を投げ掛けたからである。しかしシュトラウスは、それを神話であると述べただけであり、それがどのようにして構成されたのかを、それぞれの福音書にあたって検討することはなかった。これを実行してみせたのが、ブルーノ・バウアーだった。

バウアーの福音書批判

バウアーは、一八四一年から一八四二年に刊行された『共観福音史家の福音史の批判』において、シュトラウスの福音書批判の方法を鋭く批判する。そしてシュトラウスはそもそも「福音書の著者自身の個性にもとづいて――すなわち彼らの個人的利害、目的、および性格にもとづいて――、初期キリスト教の構成をとくカギをさがすべきだったのである(9)」と指摘した。現在の福音書批判でもほぼ定説として認められているように、四つの福音書はそれぞれ独立して書かれたのではなく、ヨハネがルカの文章を引用し、ルカとマタイがマルコの文章を引用していることを指摘する。そうすると

「われわれは実際には一つの報告と三つの模作をもたされて[10]」いることになる。バウアーは「ここでは歴史的物語ではなく、他ならぬ著者が、純然かつひたすら支配してきているのである[11]」と指摘するのである。

バウアーのこの批判は当時としては驚異的なものとして受けとめられた。それは第一に、「形而上学的独断論にではなくて他ならぬ記録の分析にもとづいて、彼はキリストにおける神格もその史的根拠もともに否定した[12]」からである。第二に、「無意識的な神秘的創世の理念など迷信的な行為であるとして否認した[13]」からである。第三に福音書の著者たちは、ヘシオドスやホメロスがギリシアの神々を作りだしたのと同じようにして、キリスト教の神を作りだしたと主張したからである。

このようにして、もともとは伝統的なヘーゲル右派の一員として、ヘーゲルの宗教哲学のテクストを編纂《へんさん》していたバウアーは、この時期には鋭い宗教批判によって注目されるヘーゲル左派の論客となっていた。シュトラウスは聖書を批判しながらも、自分は「キリスト教をいっそう自由主義的なものにすることによって、当のキリスト教の精神を履行しつつある[14]」のだと自認していた。彼の福音書批判は、キリスト教の精神をさらに明確に、矛盾のないものとするために遂行されたのである。

ところがバウアーはシュトラウスを批判することで、「キリスト教の歴史的基盤をうちくずし、全宗教を根こそぎ絶滅させるのだと確信していた」[15]のだった。このようにシュトラウスはキリスト教の精神をさらに高めるために批判をしていたのにたいして、バウアーはキリスト教を根絶することを目指していたのである。バウアーの主張は、完全な無神論へと突き進んでいた。

学位論文におけるバウアーとの交友

マルクスがベルリンの「ドクター・クラブ」でバウアーと出会った頃には、バウアーはすでにこのような無神論を主張していたのであり、マルクスが学位論文を執筆する頃には、バウアーは無神論者としての信念を公然と発表するようになっていた。そしてマルクスたちと、新たな雑誌の創刊を計画していたのである。バウアーは一八四一年のマルクス宛ての書簡において、難航する雑誌刊行計画について、「真の理論のテロリズムが、汚れなき場を作りださねばならない[16]」と語っていたのである。

この時期のバウアーは、マルクスに学位論文で学位を取得するための戦術について助言を与えている。彼はマルクスにたいして、学位を取得してアカデミズムの「殿堂」に入ってしまえば、何でも自分の好きなことを語ることができる。しかし学位を取得するまでは、学界のしきたりにしたがうようにと忠告する。「その後では、君が殿堂に入れば、そして哲学の発展の道を進むようになれば、君は自分の好きな形式で、自分の好きなことを語ることができる[17]」と。

というのも、マルクスは学位論文の序文で、明確な宗教批判の言葉を語っていたからである。マルクスはアイスキュロスの作品「縛られたプロメテウス」から、プロメテウスが神々に反逆して語る言葉「端的に言おう。わたしはすべての神々を憎む」という部分を引用して、次のように語っている。「この告白は、哲学みずからが、人間の自己意識を最高の神性として承認しないあらゆる天上と地上の神々に抗して語った宣言である。人間の自己意識に比肩できるものがあるはずもない。……プロメテウスこそ、哲学の歴史のうちでもっとも聖なる者であり、殉教者である[18]」。

バウアーは、大学において迫害されたことのある者として、このアイスキュロスの引用を削除することを勧告する。「あのアイスキュロスの言葉は、君の学位論文に決して掲載してはならない。哲学の発展の道を越えるものは、そもそも何も含めてはならないのだ[19]」。バウアーはみずから「真の理論のテロリズム」の道を進もうとしながらも、そのためにもマルクスが無事に学界に受けいれられることを望んでいたのである。

もちろんマルクスはこの序文の言葉を削除しなかった。そして「人間の自己意識」の至高性を唱え、哲学と宗教を対立させようとする意志を明確に告知する。マルクスこそ「真の理論のテロリズム」に先駆けようとするかのようである。

バウアー『ポザウネ』の三つの狙い

バウアーのこの時期の「理論のテロリズム」の姿勢が顕著にうかがえるのが、一八四一年一一月に匿名で刊行された『ヘーゲルを裁く最後の審判ラッパ』である（この書物はラッパを示すドイツ語「ポザウネ」と呼ばれることが多い。以下でもポザウネと略称する）。この書物でバウアーはヘーゲル右派だけではなく、ヘーゲル左派を含めたヘーゲルの宗教論を批判してみせる。その批判の論拠は、ヘーゲルは隠された無神論であるということにあった。

ヘーゲルが無神論であるという主張は、ヘーゲルを批判する陣営の重要な論点だった。当時のプロイセンは、キリスト教国家であることを主張していた。カントが「啓蒙とは何か」を執筆していた頃の一七八八年には、司法大臣のヴェルナーが宗教令と検閲令によって、宗教と言論の統制を強化していた。この宗教令に反対する者は「それだけですでに〈ジャコバン〉であり、シュレージエン地方では、革命について語るだけでも逮捕の理由となった[20]」のだった。

キリスト教を批判することは、プロイセンの国家体制を批判することと同じ意味をもっていた。そのことは、カントの『宗教論』がキリスト教を誹謗《ひぼう》するものとして、当局によって国王の名のもとで批判され、カントは宗教について論じることを禁止されたことからも明らかであろう。だからヘーゲルが無神論であると主張することは、ヘーゲル右派の学者たちが学界の中心を占め、大学の哲学部の主要な地位を占めていた当時にあっては、非常に危険なことでもあったのである。

バウアーが、みずからヘーゲル左派でありながら、ヘーゲルの哲学を無神論だと主張するのは、ヘーゲル学派としての自己の学問的な立場を掘り崩すものであり、奇妙に自己矛盾したことにも思える。しかしその背後には、三つの戦略的な狙いがあったと考えることができる。

第一は、ヘーゲルを学問的な支えとしながら、キリスト教を国家の宗教として公認し、キリスト教の批判を封じようとするプロイセン国家の教育政策そのものを批判することである。そしてそれは「理論のテロリズム」を行使して、ヘーゲルのうちに潜んでいた宗教と哲学との和解の契機を正面から否定し、ヘーゲル哲学に含まれていた体制との調停的な要素を破壊することを目指すものである。これこそが、この著作の第一の目的であったに違いない。

第二は、当時のプロイセン国家の学問的な中枢を占めていたヘーゲル右派の学者たちの足場を根こそぎにすることである。かつてはヘーゲル右派として活躍していたバウアーは、一八四二年には、ボン大学の教員のポストを追われている。学界から追われたバウアーにとっては、もはや大学の地位は望むべくもなかった。それだけにぬくぬくと大学の主要なポストを占めているヘーゲル右派の学者たちに復讐することも、この書物の狙いの一つだっただろう。

第三に、自分を含めたヘーゲル左派を批判することで、かつての仲間たちの退路を絶つという目的があったとも考えることができる。

以下ではこれらの三つの狙いについてさらに詳しく考察しながら、マルクスの学位論文の裏に隠された狙いを考えてみよう。この書物『ポザウネ』は当時、マルクスとの共筆と噂されていたものであり、当時のマルクスの思想的境地をうかがうための貴重な資料なのである。

第一の狙い　宗教と哲学の関係への批判

まず第一の狙いから確認してみよう。バウアーは、ヘーゲルが宗教論において、宗教と哲学とは同じことを別の言葉で語りながら、宗教と哲学を和解させせようとしていたことを、ごまかしであると批判する。当時のプロイセンのヘーゲル学者たちは、ヘーゲルのこの立場に依拠することで、当局にたいして哲学研究を正当化していたからである。

ここではまず、ヘーゲル本人が宗教と哲学の関係についてどのように語っていたかを確認しておこう。ヘーゲルは『宗教哲学』において、精神には理論的な側面と宗教的な側面の二つの側面があると指摘する。第一の理論的な側面では、「精神が自己の固有性を知り、自己の諸目的および諸関心のうちに自己を見いだして、自主独立に自己を自己から規定する(21)」。これにたいして第二の宗教的な側面では、「精神が高次の力、絶対的義務、固有の権利を伴わない義務を認め、そしてこの義務の遂行と引き換えに受け取るものは常にただ恩寵にすぎないとせられる(22)」ことになる。第一の側面は理論における精神の自立性の側面であり、第二の側面は宗教における精神の謙譲と依存の態度の側面である。

キリスト教という啓示宗教においては、哲学の絶対者という理念が、精神の外部から意識の内容として与えられるのである。そこで哲学はこれを理念として考察し、宗教はそれを意識の内容として受けとることになる。このように考えるならば、哲学と宗教はどちらも神という絶対者を考察するのであり、その違いは対象に向き合う姿勢だけだということになる。「哲学は宗教と同一であるが、しかし哲学は通常宗教そのものと呼ばれている仕方とは異なった特異の仕方を採るという点で宗教とは区別される。それらの共通点は共に宗教であるということであり、相違はただその様式、態度に帰する[23]」ということになる。哲学もまた宗教であり、ただそれを概念的に考察するだけだということになる。

これにたいしてバウアーは、ヘーゲルにおいては宗教も哲学もすべてが自己意識の現れとされていることを指摘する。ヘーゲルは哲学は宗教であると語ったが、バウアーはヘーゲルにとっては宗教も哲学も、人間にとってもっとも根源的な意味をもつ自己意識の二つの現れにほかならないものだと指摘するのである。

まず宗教が自己意識の現れであることについて、バウアーは「ヘーゲルによれば宗教とは、こうした絶対精神の自己意識に他ならない[24]」と指摘する。神という絶対者は、「有限な自我に対して自立的な絶対的力として屹立しているかのようにみえる普遍者[25]」の装いをしていたが、精神はこれを「自我の戦利品へと変じ、自己意識の中へと引き入れてしまう[26]」のである。かくして「宗教は、たんに自己意識の所産にして現象形態にすぎない[27]」ということになる。

それではヘーゲルにとって哲学はどのような営みか。バウアーによると、「ヘーゲルにとって哲学は〈自己を意識せる理性の神殿〉である[28]」。そして「哲学者はこの神殿の建築師であり、この神殿では自己意識がその祭儀を祝う。つまりここでは神と祭司と教団がひとつなのである。哲学者たちは世界の主であり、彼らが人類の運命を決定する[29]」。このようにして自己意識の所産である宗教は、哲学者たちによって自己意識の神殿である哲学のもとに包摂される。それは「宗教も、自らを〈無限化し、自らの普遍性へと関係する〉自己意識の行為なのである[30]」からである。

このようにバウアーによると哲学と宗教の同一性とは、すなわち「理性と宗教との和解」とは、すなわちそれは「神は存在しないということ、そして宗教において自我はたんに自己自身と関係しているにすぎない、ということ[31]」を意味するにすぎない。

バウアーはこのように宗教と哲学を自己意識の現れとし、宗教を哲学の支配下に置こうとするのであるが、この試みは、その当時発表されたばかりのフォイエルバッハの著作に依拠するものだった。フォイエルバッハは、同じ一八四一年に発表された『キリスト教の本質』において、「宗教の本質と意識のなかには、一般に人間の本質、および人間が自分自身と世界とについてもっている意識のなかに横たわっているもの以外には何もない[32]」ことを指摘していた。人間は神を語り、神を崇拝しながら、実際には自己について語り、自己の本質を崇拝しているのである。「人間は神のなかで、かつ神を通して、もっぱら自分自身を目的にしている[33]」のであり、「神とは人間のもっとも主体的でもっとも固有な本質が分離されかつ選びだされたものである[34]」のである。

同じことをバウアーは、自己意識という概念で語っているにすぎない。ここでは哲学は自己意識の司祭であり、宗教は自己意識の祭祀である。すべては自己意識の働きにほかならないのである。もちろんこの『ポザウネ』という書物は、ヘーゲルがそのような立場から無神論を展開していることを「非難する」という見地から書かれている。しかしバウアーがこのような自己意識のありかたを祝福しているのは明らかである。というのも、宗教は自己意識のこの働きを偽装しているものの、やがて自己意識は宗教を批判することで、「宗教的な意識は、むしろ自己意識じしんの普遍的な本質が自己意識にとっては彼岸的な力・その実体として現れてしまう、そういう自己意識の形態なのである[35]」ことを暴いているからである。自己意識が全的に展開されたのが、現実の国家であり、芸術作品であり、学問である。教団はこのようにして「展開された自己意識の世界と、すなわち国家、芸術、学問と、生死を賭けて闘わねばならない[36]」のである。

こうしてバウアーは、ヘーゲルの無神論を批判するという装いのもとに、ほぼフォイエルバッハ的な立場から、宗教を批判する。そして世俗的な国家も、芸術作品も、学問も、自己意識が完全に展開されたものにすぎないことを指摘するのである。すべては自己意識の営みであり、すべては自己意識の産物である。

このバウアー的な自己意識の概念によって、マルクスが学位論文で語っていた自己意識の概念を理解することができるだろう。すでに指摘したようにマルクスはこの論文の序において、宗教を批判する哲学を称えながら、アイスキュロスの「縛られたプロメテウス」からプロメテウスの言葉を引用し、このプロメテウスの言葉は、「哲学みずからが、人間の自己意識を最高の神性として承認しないすべての天上の神々と地上の神々に抗して語った宣言[37]」であると語っていたのである。そしてバウアーはこの言葉は学位論文としては不適切であり、危険であるから、削除せよ、こうした言葉は学位が認められて「殿堂」入りしてから語れと勧告していたのだった。この時期のマルクスは、ほとんどバウアーと同じ語彙で語っていたのである。

第二の狙い　ヘーゲル右派批判

このバウアーの論文の第二の狙いは、学界の主流にいるヘーゲル右派の哲学者たちを批判することだった。この狙いは基本的に第一の目的、すなわちヘーゲルの哲学にとって宗教がどのような意味をもつかを示したことによって実現されている。あとはその具体的な帰結を示すだけである。

バウアーは、ヘーゲル右派はヘーゲルの忠実な弟子を自称しているが、それは見掛けだけであることを指摘する。そして「彼らはこれまで公式には、ヘーゲル原理の友で通っているが、しかしヘーゲル原理の公然たる敵なのである[38]」と指摘するのである。そしてバウアーはこれを根拠として、プロイセンの国家がヘーゲル左派を公職から追放することを決定したことを祝福してみせる。「この破廉恥な悪党どもを根こそぎ駆逐し、みずから無神論に公然と与《くみ》している若造どものうちの誰一人をも公職、教職につかせないという決意を固めた[39]」ことは「国家および市民・家族の福利を維持するうえで不可欠の格率であり、秩序に適っている[40]」ことだというのである。

しかしヘーゲル左派が公然とした無神論者であり、学界から追放されるべきだとしても、ヘーゲル右派はどうなのか。政府はヘーゲル右派に「その栄誉、高位、顕職、教授職を保持したままでいることを許している[41]」が、ヘーゲル哲学の本質が無神論だとすると、これは「破壊的な帰結をもたらさざるをえない[42]」ことではないかとバウアーは皮肉る。ヘーゲル左派は、ヘーゲルの哲学の無神論を正しく表明しているために追放されたのだが、ヘーゲル右派はどうにかごまかすことで、自分たちの地位を保持しているのである。

さらにバウアーは、ヘーゲル左派が公職を追放されたときに、なぜ沈黙していたのかと、ヘーゲル右派を問い詰める。なぜ自分たちは本当のヘーゲルとは違うヘーゲルを教えてきたことを告白しなかったのかと。ヘーゲル哲学の本質を語るヘーゲル左派こそが、実は「全員一挙に高位顕職の座につくべき[43]」であることを認める学問的な良心はないのかと。

第三の狙い　青年ヘーゲル派への引導

第三にこの論文でバウアーは、ヘーゲル左派である青年ヘーゲル派を目の敵のようにして批判している。当時のヘーゲル左派と言えば、バウアー自身であり、学位論文を書いたマルクスであり、マルクスの僚友で、『フリードリヒ大王とその敵対者たち』を著して、これにマルクスへの献辞を書いたカール・フリードリヒ・ケッペン(一八〇八～六三)であり[44]、『キリスト教の本質』を発表したルードヴィヒ・フォイエルバッハ(一八〇四～七二)であり、『ハレ年誌』を創刊したアーノルド・ルーゲ(一八〇二～八〇)である。この書物でこれらの青年ヘーゲル派の多くが名指しで罵倒されているのである。

たとえばケッペンは「〈精神病院〉の出身者であるかのごとく書いたり喋ったりす

る連中[45]」とされ、「〈頭がおかしな〉ケッペンは、［ヘーゲルの革命的な急進主義のあとを］小躍りしながら[46]」ついていったとされている。またフォイエルバッハは「宗教全体を破壊するような連中[47]」の一人とされている。またルーゲは「ドイツの熊の皮をあしざまに語り、ドイツ的なる［ナショナリストの詩人］アルントを攻撃する[48]」人物であると語られている。要するにこれらのヘーゲル左派の弟子たちは「ドイツ人ではなく、フランス人・革命家たちである[49]」と言わざるをえないというのである。

傑作なのはこの論文では、バウアー自身の悪口までもが語られていることである。この匿名の著者は、バウアーが教会を批判するときには、「ヘーゲルの意向を言いあてており、それに従って事柄を取り扱っている[50]」のであり、その意味でバウアーの著作は「徹頭徹尾、邪悪で、破壊的[51]」であると指摘する。そしてバウアーは「破廉恥にも神とキリスト教からの離反を進めるサタンの輩なのである[52]」と糾弾するのである。

このように青年ヘーゲル派を批判する言葉は、バウアー自らを罵倒する言葉となる。これは匿名の著者の韜晦の言葉であると同時に、ヘーゲル左派に闘いの覚悟を促す言葉でもあっただろう。まだ学界に登場してもいないマルクスの名前は挙げられていないが、この論文にはマルクスを含めて、ヘーゲル左派の論客たちに退路のないことを示すという意味があったのはたしかだろう。

第三節　マルクスの学位論文の注におけるヘーゲル派の批判

第一項　第一の脚注

ヘーゲルの理論と実践

マルクスはバウアーのこの姿勢を引き継ぐかのように、学位論文の脚注において、ヘーゲル学派への批判を展開している。バウアーのこの書物『ポザウネ』との関連から、マルクスのヘーゲル派の批判について考察してみよう。マルクスがヘーゲル派を批判した脚注には、学位論文に最初から掲載されていたものと、後にマルクスが手を加えた際に追加されたものがある。

まず最初から掲載されていた脚注である第一部第四章の脚注(2)を読んでみよう。この脚注は、残されている学位論文では失われている第四章「デモクリトスの自然哲学とエピクロスの自然哲学の一般的な原理的差異」の章につけられている脚注である。本文が残されていないので、どのような文脈で語られていたかは不明であるが、その前の注のプルタルコスへの批判が、「こうした道徳主義的なやりかたが、理論的にも実践的にもあらゆる公正さを破壊してしまう[1]」と批判していること、そしてこの脚注の最初で「ヘーゲルについても、弟子たちがヘーゲルの体系からあれこれの規定をとりだして、これを現実との適合などと、いわば道徳的な視点から説明しようとすることがあるが、これはまったくの無知をあらわにするものだ[2]」と批判していることからみても、ヘレニズム時代の道徳主義的な歪曲との関連でヘーゲルの哲学の道徳主義的な解釈が問題とされていたことはうかがえる。ヘーゲルの哲学を、その内的な文脈から外れたところで、ただヘーゲルの言葉の表面的な意味だけを採用して、プロイセンの国家体制に都合のよいように解釈しようとするヘーゲル右派の試みが批判されていたのだろう。

これは、ヘーゲル哲学における宗教と哲学の関係についてのヘーゲル右派の表面的な解釈を批判しながら、ヘーゲルが宗教を哲学の支配のもとに置いていたことを暴露したバウアーの『ポザウネ』の試みと通底する姿勢であろう。ヘーゲルは大学教授としての地位を保持するために、たくみに言葉を飾ったのであり、それにだまされてはならないと、マルクスはバウアーにならって語るのである。そしてヘーゲルが語らなかった真意を語ることこそが、真の意味でヘーゲルを継承することだとマルクスは指摘する。マルクスはヘーゲルを継承するためには、ヘーゲルという「哲学者自身においては外向けの意識という形式をとっていたものを、その内にひそむ本質的な意識から説明しなければならない[3]」と指摘する。ヘーゲルの思想の内的な原理と「外向けの意識」は区別しなければならないということである。

そしてさらに重要なのは、たんにヘーゲルが口を閉じて語らなかったことを語るだけではなく、ヘーゲル自身も意識していなかったかもしれない帰結を、彼の内的な原理から引きだすことである。というのも、ヘーゲルの体系のように内的に生成された原理の体系は、「学のもっとも外部の末端にいたるまで、みずからの心に固有な精神的な血が脈打っているもの[4]」だからである。

ということは、ヘーゲルが語った哲学の内容を、そのほんらいの意味において展開してみせることが重要であり、ヘーゲルがプロイセン国家における大学教授の地位のために「ごまかした」かもしれないところは、無視せよということである。というのも、「ある哲学者が、あれこれの現実に適合するために、さまざまな外見上の不統一を犯すのは、十分に考えられることだ。そしてその哲学者はその不統一について、自分でも意識していたかもしれない[5]」からである。

そうすることで初めて、ヘーゲルの思想の体系が明確に理解できるようになるだろう。「このようにすればこそ、良心の進歩としてみえたものが、同時に知の進歩としても説明できるようになるのである。ある哲学者の特定の良心そのものが問題なのではない。その哲学者の意識の本質的な形態を再構成し、これを特定の形態と意味にまで高め、これによって同時にそれを乗り越えていくことが重要なのだ[6]」。

そして哲学者の弟子たちは、師匠の哲学者が残した遺産を継承しながら、「[師の]規律のもとから自由な場に移行する[7]」必要がある。マルクスは、このような哲学的な体系の自由な継承において典型的にみられる現象が、当時のプロイセンにおいて現実に発生していることを指摘する。ヘーゲルの理論の後継者たちが、理論の内容にかかわる客観的な側面を担う党派と、その理論を担う主体にかかわる主観的な側面を代表する党派に分裂するのである。

ヘーゲルの体系の継承の客観的な側面

客観的な側面とは、ヘーゲルの体系が世界とどのような関係を結ぶようになるかという哲学の現実における適用にかかわる側面である。主観的な側面とは、それぞれの体系をヘーゲルの弟子たちがどのようにして担うかというヘーゲル学派の立ち位置にかかわる側面である。

ここではまず客観的な側面について考えよう。この客観的な側面としては、ヘーゲルの哲学体系が、プロイセンの国家の理論的な主柱となっているという現実的な側面と、その理論的な内容が、ヘーゲルの哲学の体系の内的な原理によって破壊されるという理論的な側面の二つがあることをマルクスは指摘している。

この現実的な側面についてマルクスは、ヘーゲルの体系がたしかに法哲学として、プロイセンの国家原理にふさわしい姿をとったことを認めている。そしてマルクスはそれがどのような意味をもつかについて、数年後に本格的に取り組むことになる。その成果がまとめられたのが「ヘーゲル法哲学批判」であり、さらに本書に収録した「ヘーゲル法哲学批判序説」である。

しかしこうしたヘーゲル哲学の理論的な体系は、その内部にあった哲学的な原理とかならずしも調和するものではない。「哲学の体系は、自己を実現しようとする衝動にかられて、他の側面との緊張関係にはいる。哲学の体系はもはや内的に自足していることも、完全な体系であることもできなくなる。内部を照らす光だった体系は、外に向けられて、外のものを焼き尽くす炎になる(8)」からである。

この緊張関係のうちで、哲学はみずからの内的な欠陥をあらわにする。プロイセンの国家を支える法の哲学のうちで、ヘーゲルの哲学は国家を支える哲学という「世俗的なもの」となった。これはヘーゲルの哲学にとっては一つの自己実現である。しかしそれは同時に、自己喪失でもある。ヘーゲルの哲学は外的に実現されたことで、ある傷を受けたのである。

ヘーゲルの哲学は、プロイセンの国家の法の哲学となることで、その内的な原理を損ねるという犠牲を払わざるをえなかったのである。しかしこの傷は自己実現から発生したのであると同時に、その自己実現を可能にしたものでもある。これは多くの理論につきものの、内的な原理とそれを実現した理論とのあいだに生じる逆説である。この逆説を指摘することで、マルクスの批判は『ポザウネ』よりもさらに深いところまで到達する。ヘーゲルの体系は内的な原理をある程度は犠牲にしながら実現することで、外的な法の哲学として、国家にとって有用な体系として実現される。そして有用な体系となったことで、もともとはヘーゲルの法の哲学のうちに含まれていた自由の原理が傷つけられる。これは世俗化の代償である。

しかしマルクスがここで問い掛けているのは、ヘーゲルの哲学がこのように外的に自己を実現できるためには、その内的な原理のうちに、もともとある「傷」が存在していなければならなかったのではないかということである。この原初的な「傷」が、ヘーゲルの哲学体系の世俗化と自己実現を可能にしたのである。ヘーゲルの自由の原理のうちにある「傷」が存在していなければ、ヘーゲルの既存の法哲学のような形の体系が成立するはずもなかったのである。だから「哲学は外部において闘いながら、自ら傷をうけるのであり、しかも哲学はこの傷と闘うのである[9]」ということになる。この体系の「傷」をめぐる逆説は、哲学の自己実現にひそむ逆説と、その克服の必要性についてのマルクスの重要な洞察を示している。まずヘーゲルの哲学がプロイセン国家の法の哲学として体系化されたことは、ヘーゲルの哲学の内的な原理の「傷」の存在を示すものである。これはヘーゲルの哲学の体系に潜む欠陥である。

しかしヘーゲルの体系にこうした欠陥が存在することは、もしもヘーゲルが法の哲学という形で、世俗化されず、国家の哲学の体系とならなかったならば、あらわにされることはなかっただろう。外的な傷にみえるものは、内的な傷が表現されたものであるが、内的な傷の存在は、この外的な傷によってしか明かされないのである。そして外的な傷の存在によって初めて、哲学の体系は自己のうちに潜んでいた内的な傷を意識化し、それを克服することが（少なくとも、弟子たちの段階において）可能になるのである。

ということは、「哲学はこの傷をうけなければ、傷をなくすことができない。哲学に対立するもの、哲学が闘う相手、それはじつはその哲学そのものである[10]」ということである。

このことは哲学はそれ自体の力では、みずからの欠陥を改善し、是正することはできないことを意味する。哲学は外部の世界において非哲学的な体系としてみずからの欠陥を露《あらわ》にしないかぎり、みずからの内部の欠陥を自覚することも、是正することもできないということである。これは哲学の無力を示すものとなる。

しかしそれは同時に、哲学はそれが外的なものとして実践されることによって、みずからの欠陥を自覚し、それを改善する方向に向かうことができるということでもある。これは哲学の潜在的な力の存在を示すものである。ということは、哲学は非哲学的なものとなることを通じてしか、みずからを克服することはできないということだ。それは逆に言えば、哲学はみずからを外部に現実的なものとして実現することなしには、みずからを克服することはできないということになる。マルクスは後にこれを「哲学を廃棄したければ、哲学を実現するしかない」(11)と表現するだろう。

ヘーゲルの体系の継承の主観的な側面

この内的な原理の傷の対象化とそれの克服は、ヘーゲルが自ら担うことはできなかった。それはヘーゲルにとって、みずから意識されない「傷」だったからである。しかしヘーゲルの弟子たち、ヘーゲル学派の哲学者たちは、師匠の体系を継承するという営みのうちで、この課題に直面しなければならなかった。それが弟子たちの務めなのである。弟子たちがもしもこの課題を遂行し、それを実現するならば、ヘーゲルの生前においては可能ではなかったような「進歩」が実現することになるだろう。それをマルクスは主観的な側面、ヘーゲルの理論のどの部分をどのような哲学者たちが担うかという側面として考察しようとする。それをマルクスは「哲学の体系が実現されるときに、その精神的な担い手とのあいだに、どのような関係が生まれるかということだ――哲学はその担い手である個々の自己意識のうちに〈進歩〉として現れる(12)」と表現する。

これらの担い手はいずれも、それぞれ個別の自己意識という姿をとる。そしてこれらの自己意識は、体系に含まれていたさまざまな契機を体現するが、これらの契機は体系のうちにもともと含まれていた内的な矛盾を構成していたものであるため、これらの自己意識はたがいに対立するものとなり、体系そのものに対立しているという外見をおびるのである。

マルクスによるとこの対立は、基本的に二つの流派という姿をとる。「哲学の概念と原則にこだわる(13)」流派と、その内的な概念が外的な世界のうちで実現され、内的な原理とは対立するようにみえる流派である。

片方はヘーゲルの体系のうちで、外的な体系によって傷を受けたものの、もともとその外的な傷の内的な原因であった自由の原理を重視し、体現する党派であり、これを「自由派」と呼べるだろう。この流派は、「批判につとめる」のであり、体系を批判することで、〈みずからの外部に向かう〉のである。この流派は、内的な原理を実現するときに発生したやむをえない譲歩に不満を感じており、こうした欠陥を引き起こした外部の世界を批判する。この流派は「世界に欠陥があると考えて、世界を哲学的なものとすることで、この欠陥を直そうとする」[14]のである。

これに対立する第二の流派は、体系として成立した哲学そのものに価値を認める。これは世界の歴史的で実証的な側面を肯定するので、実証的な哲学あるいは「実証派」と呼べるだろう。この流派の規定は「哲学の非概念と実在性の契機」である。そして体系に瑕疵《かし》があるとすれば、それは世界の責任ではなく、哲学の原理のうちに潜んでいた欠陥のためであると考えている。この流派は世界の現実のありかたを肯定するためにも、哲学の内的な欠陥を問おうとするのであり、批判ではなく、哲学の内的な原理に注目する。この「哲学は〈みずからの内部に向かう〉のである」が、それは「哲学に欠陥が内在していることを知っている」[15]からである。

この二つの流派のうち、自由派がバウアーやマルクスのヘーゲル左派に該当し、実証派が、ヘーゲルの哲学をプロイセンの国家の法の哲学の支えとしようとするヘーゲル右派に該当すると考えることができるだろう。マルクスは哲学において、そしてヘーゲルの体系の思想において「現実的な進歩をもたらすことができる」のは自由派だけであると指摘する。実証的な流派は、ヘーゲルの哲学の内的な原理の瑕疵を発見し、それを癒して現実の世界を肯定しようとするが、その流派の示す形式は、哲学のもともとの内容とは矛盾したものであり、空しい望みであるために、「転倒そのものが、狂気が現れる⑯」しかないと考えるからである。

マルクスはヘーゲル学派の対立は基本的にこの二つの流派の対立であり、その他の流派は「二流で、文句を言うばかりの個性のない多くの流派⑰」にすぎないと指摘する。そして「この二つの流派とヘーゲル哲学の関係、およびその発展の現れた個々の歴史的な契機について、詳しく説明したいと考えている⑱」と述べている。この考察の一部が、後に追加された補遺の脚注(9)に、その片鱗をのぞかせていると考えることができる。次に、プロイセン王国の哲学界からヘーゲル哲学を追放するために呼びだされてきた、かつてのヘーゲルの僚友だったシェリングについてマルクスが述べているこの補遺の脚注について、考えてみよう。

第二項　第二の脚注

エンゲルスのシェリング論

この脚注は、最初の論文には掲載されておらず、マルクスが学位論文を印刷するために手直しを加えた一八四一年の七月から一二月、ボンに滞在していた頃に追加されたものらしい。とくにこの脚注の最初の部分は、シェリングへの揶揄《やゆ》になっているが、ベルリンからヘーゲル派が追放されて、「ヘーゲル主義の魔種」を根絶せよという王の命令のもとに、シェリングがベルリン大学で講義を始めたのは、一八四一年一一月一五日のことであることを考えると、これは学位論文を提出した後のこの年の年末に書かれたものと思われる。

このシェリングのベルリン大学での講義については、まだマルクスと親しく知り合う前のエンゲルスが詳しい紹介を執筆している。この最初の講義でシェリングは、ヘーゲルの哲学を自分の哲学のいわば剽窃《ひょうせつ》に近いものと非難する。ヘーゲル哲学の正体は、シェリングが提唱した同一哲学の「否定的《ネガティーフ》な側面に過ぎなかった」というのである。そして同一哲学に含まれる「否定的な哲学を絶対的哲学としてうち立てたのはヘーゲルであった(19)」とシェリングは断定する。

エンゲルスは、シェリングがベルリン大学に呼ばれたのは、ヘーゲル哲学の破綻を明確に示すためだったと、次のように語っている。「シェリングがベルリンに召し出された。それはこの闘争に決着をつけ、ヘーゲルの教説をそれ自身の哲学的領域で破門するためである」[20]。ここでエンゲルスが「この闘争」と語っているのは、ヘーゲルの哲学の継承をめぐるヘーゲル右派と左派の闘争にほかならない。講義に出席していたエンゲルスの解説で、この両派の対立をもう一度確認しておこう。

まずエンゲルスはマルクスと同じように、ヘーゲルの哲学の内部に矛盾と対立があったことを指摘する。ヘーゲルの原理そのものは、フランス革命の精神を受け継いだ自由の精神である。しかし「彼の政治的見解、彼のイギリスを見やって展開された国家論は、まぎれもなく復古王政期の刻印を帯びていた」[21]のだった。もしも「純粋な思惟」から展開されたならば、ヘーゲルの「宗教哲学と法哲学はかならずまったく別なものになっていただろう」[22]とエンゲルスは断言する。

要約すれば、「原理はつねに独立的で自由主義的であり、結論は――これを否定するものは誰ひとりない――そこここで控え目であり、それどころか非自由主義的である」[23]。このようにエンゲルスは、マルクスと同じようにヘーゲルの体系の内部の原理とその帰結は矛盾することを指摘する。このどちらを継承するかで、ヘーゲル学派は対立することになる。

片方は、ヘーゲルの理論を後生大事に奉じる「へぼヘーゲル派のやから」であり、ヘーゲルの出来上がった体系を重視した「歴史的＝肯定的分派[24]」である。これはヘーゲル右派であり、マルクスが「実証派」と呼んだ人々である。他方は外的な体系に批判的で内的な原理に忠実であろうとした人々であり、これがヘーゲル左派であり、マルクスが「自由派」と呼んだ人々である。

エンゲルスはこれらのヘーゲル左派について、「ここで彼の弟子たちの一部が出てきて原理に固執し、そして帰結が筋が通らない場合には、それらの帰結をしりぞけた。左翼が形成され、ルーゲがこの左翼のために『ハレ年誌』を機関誌として創刊し、かくて一夜にして肯定的なものの支配からの離脱が宣言された[25]」と説明している。

エンゲルスはこれらのヘーゲル左派のうちでも、匿名で出版された『ラッパ』（すでに考察してきたバウアーの『ポザウネ』である）について、「『ラッパ』は問題になっている諸帰結がすでにヘーゲルにあったことを証明している。この書物は、いかにしばしばヘーゲルにおいて、独立的な果敢な思想家［であるヘーゲル自身］が、幾多の影響に屈した大学教授［となったヘーゲル］に勝利しているかを示しているという理由からも、ヘーゲルの立場にとってまことに重要である[26]」と高く評価している。この書物はヘーゲル右派の大学教授たちの思想的な敗北を、ヘーゲルの哲学そのものが明らかにしていることを明確に示したのである。

この書物がヘーゲル右派の教授たちの無力を明らかにしているだけに、プロイセン国家はこうしたヘーゲル右派を背後から援護するために、シェリングをベルリンに呼び寄せたのだった。というのも、「プロイセンはキリスト教的な君主制の国家であって、その世界史的な地位は、プロイセンにその諸原理［キリスト教的な諸原理］を事実上、適法な原理として認める権利をあたえる(27)」からである。ヘーゲルを受け継ぐ哲学者たちにはたしかに、ヘーゲルの哲学の原理を公然と主張する権利があるが、「国家がその必然的な帰結をいっそうきっぱりと通したのもまったく自然であった(28)」のである。

このようにしてシェリングは、ヘーゲル右派を擁護しつつ、プロイセン国家のキリスト教的な原理を補強することを求められていたのである。シェリングはヘーゲルの「否定的な哲学」の限界は、論理学から自然の哲学を導くことができなかったことにあると考える。ヘーゲルの論理学は「主観的な学であって、そこから客観的な論理学はまったく生じようがない。けだしこのものは自然哲学であり、そして自然哲学は論理学からほうり出されているからである(29)」という。

ということは、シェリングによるとヘーゲルの論理学は現実の自然についても、人間の歴史という客観的なものについても語ることができないということである。ヘーゲルの哲学はさらに宗教において、啓示というキリスト教の核心にあるものを、歴史性と実定性を重視するために、否定することになる。そもそもヘーゲルの弁証法の論理では、絶対者は理念として存在しているものであって、現実の宗教的な人格、たとえばイエス・キリストや、イエスの語った啓示のようなものは否定されるしかないのである。ヘーゲルのこうした「否定哲学」は、プロイセンの国家の原理とは対立するのである。

これにたいしてシェリングの主唱する肯定哲学（あるいは積極哲学）では、自然や歴史の経験的な要素を重視する。彼の肯定哲学は「否定哲学にはまったく依存せず、現存在するものとしての、後者の結末から始めることはできず、かえって現存をまずみずから実証しなければならない」[30]という。ヘーゲルの否定哲学は、概念から存在へと進もうとするが、シェリングの肯定哲学は「存在から概念へと進んでいくわけである」[31]。否定哲学が純粋なアプリオリ主義であるとすれば、肯定哲学はアプリオリな経験主義である。否定哲学はこのアプリオリ主義のために「どんな実在的な成果をももたないであろうし、理性は空しいものであるだろう。肯定哲学において理性は勝利する[32]」とシェリングは主張する。

　こうしてシェリングにとって絶対者は、ヘーゲルのように精神の運動の終点に現れるものではなく、実在的なものである。「シェリングは絶対的なものを相変わらず絶対的な主体としてとらえる[33]」とエンゲルスは指摘している。ということは、「彼にとっては絶対的なものはただ人格神の表象においてのみ実在的だということである[34]」。シェリングはイエス・キリストとその啓示という「存在」から出発して「概念」に到達しようとするのである。

　このようにエンゲルスは、ヘーゲルの否定哲学に対抗するために呼び出されたシェリングは、肯定哲学を唱えることで、プロイセンの国家のキリスト教的な原理を支えるという使命をはたしていることを指摘する。シェリングはこの方法で「キリスト教の土台を得ている[35]」のである。

マルクスのシェリング論

　このようにエンゲルスはベルリン大学でのシェリングの講義の内容とその戦略について詳しく紹介しているが、マルクスは学位論文のこの脚注では、シェリングの講義を念頭におきながら、初期のシェリングの文章を引用することで一八四一年の後期シェリングを批判するという方法を採用する。マルクスが引用する初期のシェリングの文章は、一八〇九年の「独断論と批判主義についての哲学的な書簡」と、一七九五年の『哲学の原理としての自我について』である。

まずマルクスは、一八〇九年の書簡においてシェリングが「弱い」理性について語っていることを引用する。この書簡ではシェリングは、人間の理性は「弱い」ものであり、絶対的なものを認識できないというカントの物自体の認識可能性についての主張を点検し、「弱い理性とは、客観的な神を認識しない理性ではない。客観的な神を認識しようと意志する理性である[36]」と批判する。

これにたいしてマルクスは、「弱い」理性というものは、そもそも神のようなものを必要とする理性であることを指摘する。序文で引用したプロメテウスの言葉を、「哲学みずからが、人間の自己意識を最高の神性として承認しないあらゆる天上と地上の神々に抗して語った宣言[37]」であるとマルクスが強調していたことを考えてみれば、「強い」精神とは、宗教的な理念や「神」や死後の世界のようなものを必要としない哲学の自己意識であると考えることができるだろう。マルクスは宗教的な理性と哲学的な理性が一体になったヘーゲルの絶対精神を破砕しながら、宗教的なものを否定する「強い」絶対的な哲学の自己意識だけに依拠しようとしていたのである。

第二の引用は、シェリングの最初期の著作『哲学の原理としての自我について』からである。この書物でシェリングは、人間の自我は超越論的な原理となるものであり、神はその超越論的な自我の考察の対象にすぎないと指摘する。人間の考察の「究極の点」は、考察する自我であり、神がその「究極の点」となることはないというのである。

マルクスはここで、フランスの啓蒙の精神を継ぐ初期のシェリングが、神が人間の本質であるのではなく、神は人間の考察や知の対象にすぎないと主張していたことを確認する。そして人間の考察の原理は、自我、すなわち人間の自己意識にほかならないと主張するのである。

第三の引用はふたたび最初の書簡からであり、マルクスはほとんどすべての語を強調している。この部分では初期のシェリングの啓蒙の精神がとくに明確に示されており、シェリングは宗教に従属する人間は、序文でマルクスが描いたプロメテウスさながら、「鎖」に縛られていることを指摘していたのだった。そこでマルクスは、人間はこの鎖から解放される必要があることを、シェリングとともに叫ぶのである。そして同時に、「一七九五年にすでにその〈とき〉が来ていたとするなら、一八四一年にはどうなのだろうか(38)」と、初期のシェリングを使って後年のシェリングを皮肉るのである。

このようにマルクスは、初期シェリングを引用しながら後期のシェリングを批判したあとで、ヘーゲルの神の存在証明の批判にとりかかる。ヘーゲルは『宗教哲学』の最後で「神の存在証明」を分析していた。この問題は『宗教哲学』の最初でヘーゲルが明言しているように、哲学と宗教の統一と調和のポイントそのものでもある。ヘーゲルは、宗教は精神を表象として捉え、哲学は精神を概念として捉えるとして、宗教と哲学を対比しながらも、精神を表象ではなく概念として捉える哲学を、宗教よりも上位に置いていた。

しかしヘーゲルは一面では、哲学は哲学に対立するものとの対決のうちからしか、みずからを認識できないと考えていた。そして三位一体の教義をもつ啓示宗教たるキリスト教との対決である『宗教哲学』の講義では、哲学と宗教の共通点は「ともに宗教である」[39]ことにあると語っていたのである。ヘーゲルはある局面では、哲学は宗教としての意味をもつと考えていたのである。

そしてヘーゲルはプロイセンの国家のうちで、宗教哲学の形でキリスト教と哲学を「和解」させる。ヘーゲルは宗教をたしかに哲学的に批判したが、その宗教がプロイセンの国家において具体的にどのような機能をはたしているかについては、口をつぐんでいた。ヘーゲル左派の仕事は、まずこのヘーゲルのうちに和解させられていた宗教と哲学を対峙させることから始められたことは、すでに考察してきたことである。

ヘーゲルの神の存在証明批判

それではマルクスによるヘーゲルの神の存在証明の批判を具体的に検討してみよう。この批判は三つのステップで行われるが、その目的は一つである。ヘーゲルは世界史を絶対精神の歩みとして描きだし、そのために宗教も一つの宿駅とみなしていた。この精神の歩みにおいては、精神がみずからを絶対的なものであると自覚した段階で、経過すべき一つの宿駅にすぎない宗教は、いわば無用なものとみなされてもよかったはずである。キリスト教の神ではなく、絶対的なものとなった精神だけが重要だったからである。

しかしヘーゲルは宗教と哲学の「宥和」を目指す。それには時代的な「都合」もあっただろうし、ヘーゲルの精神的な傾斜もあっただろう。しかしここにヘーゲルのある種の「ごまかし」があることはたしかであり、シュトラウス以降のヘーゲル左派とバウアーの『ポザウネ』が目指したのも、このごまかしをあばくことで、プロイセン体制のヘーゲル哲学の利用は欺瞞《ぎまん》的なものであることを批判する突破口を開くことだった。

マルクスがここで試みるのもまさに同じことである。序文のマルクスは、神を憎悪するプロメテウスを描きながら、それでも自己意識がまだ「神的な」ものであると語っていた。どこかまだ「聖なるもの」を信じているかのようである。しかしこの補遺の脚注においてマルクスは、神の存在証明といわれるものは、神の存在を証明するものなどではなく、人間の自己意識の本質性を証明するものであることを示そうとするのである。

まずマルクスはヘーゲルが、神の存在証明は根拠があることを示そうと試みながらも、反対にその無用性を示す結果になっていることを指摘する。マルクスは「しかし被告が有罪判決をうけないですむためには、弁護士がみずから被告を殺害しなければならないとすれば、そうした被告とは、いったいどのようなものなのだろうか[40]」と皮肉っているが、ヘーゲルは右手で神を救い、左手で神を殺すようなことをしていると考えるのである。

ヘーゲルは『エンチュクロペディ』でカントの神の存在証明を批判しながら、神の存在証明は、結局は実在の世界における存在と、その抽象的な思考の対象としての神をどのようにして結びつけるかに帰着すると考えた。存在と思考という異質なものを、どのように一致させるかが問われていると考えたのである。

カントは神の存在証明には、存在論的な証明、宇宙論的な証明、自然神学的な証明の三種類があるが、どの証明も結局は存在論的な証明に還元できると主張した。カントにとっては神の存在証明はどれも、存在論的な証明の変形にすぎないと考えたのである。

ところがヘーゲルはこの存在と思考という異質なものを結びつけるには、二つの道があると指摘する。存在から思考にいたるか、思考から存在にいたるか、どちらかである。ヘーゲルは存在から思考にいたる道をたどるのが宇宙論的な証明と自然神学的な証明であり、思考から存在にいたる道をたどるのが存在論的な証明であると考える。カントとは違って、すべての証明を存在論的な証明に還元することはできないと考えたわけだ。

この違いとヘーゲルの批判の根拠を考えてみよう。まず宇宙論的な証明はどのような道筋で神の存在を証明するだろうか。カントによると、この推論は次の三つの段階で行われる。「何かあるものが現存するのであれば、絶対に必然的な存在者もやはり現存しなければならない」。「ところで少なくともわたしは現存する」。「だから絶対に必然的な存在者もやはり現存する」[41]。

この推論はわたしという存在者の存在が偶然なものであることから始めて、「偶然的なものには原因があるが、その原因もまた偶然的なものだとすると、その原因にもまた別の原因が存在しなければならない[42]」と考える。これを無限につづけることはできないから、ある存在者が無条件的な必然性をそなえていると結論せざるをえなくなると考えるものである。

だからこの推論の要は、偶然性から必然性にいたる道筋である。ヘーゲルはこの推論について、世界を「無限に多くの偶然的なものの一般の集合[43]」と定義しておいて、このように存在を思考するということは、「この存在から個別性と偶然性との形式をはぎとること、そしてそれを普遍的な存在として、即自かつ向自的に必然的な存在として[44]」、神として把握することだと指摘する。

この存在から「偶然性の形式をはぎとる」ということは、その存在が偶然なものではなく、ある絶対者、すなわち神によって規定されたものであるとみなすことである。それはマルクスの指摘するように、「偶然的なものは存在しないのだから、神あるいは絶対者は存在する[45]」と証明する道をたどるということである。

これにたいしてマルクスは、この宇宙論的な存在証明は、偶然的なものを否定するのではなく、「偶然的なものは真の存在をもつのだから、神は存在する[46]」というものであると指摘する。カントが示した最初の三段論法が示しているように、この証明はまず偶然的なものから出発して、その最終的なものとしての神に原因を求めるものだからである。

この存在から思考にいたる道の第二の自然神学的な証明とは、カントによると「わたしたちの目の前にある世界は多様であり、秩序をそなえ、目的に適っていて、しかも美しい(47)」ことを認めた上で、このような目的に適った秩序を作りだした最高原因として神を想定するものである。ヘーゲルはこの証明は、世界を「無限に多くの目的または合目的的関係の一集合(48)」と考えて、この無数の目的から究極の目的としての神にさかのぼろうとするものであると指摘している。これもヘーゲルからみると、宇宙論的な証明と同じように、存在から思考へと、ある必然性の概念によって到達しようとするものであり、宇宙論的な証明についてのマルクスのヘーゲル批判が、同じようにあてはまるものとなるだろう。

ヘーゲルの考えた第二の道は、思考から存在にいたる道であり、これが存在論的な証明である。この証明はアンセルムスが始めたと言われるものであり、次のような推論をたどる。「最高の存在者はすべての肯定的な規定をそなえている」。「ところで存在するというのは肯定的な規定である」。「だから最高の存在者は存在する」。これは神という無条件的なものという概念から出発して、「その概念の外延のうちに、その物の現実存在を含める[49]」ものであり、ヘーゲルが指摘するように、思考における概念から神の現実の存在を演繹する方法である。

マルクスは、この神の存在論的な証明は空虚な同義反復であるか、人間の自己意識の本質性の証明にすぎないことを論証する。空虚な同義反復というのは、神の存在論的な証明というものは、人間があるものを表象し、その表象するものが人間に働きかけるなら、それは実際に存在するということにすぎないからである。というのもそれが「存在する」のは、人間が表象したものに支配されるからであり、人間がそれに支配されるのは、人間がそれを表象するという同義反復に陥っているからである。

カントはこの存在論的な証明を批判するために、有名な百ターレル銀貨の例をあげた。カントは、「存在する」という述語は実在的な述語ではないこと、すなわち「ある物の概念につけ加えることができるような別の概念ではない[50]」ことを指摘する。だから「神が存在する」という判断は、神にいかなる実在的な規定を加えるものでもなく、たんにその判断を語るわたしが、その「概念の対象を、端的に与えられたものとして考えている[51]」にすぎないのである。だから百ターレルという銀貨が「存在する」と主張した場合には、この百ターレルという概念にはいかなる規定も加えたことにならない。神が存在するかどうかは、神の概念の規定にかかわるものではなく、たんにわたしが対象を措定するかどうかだけであり、神の概念から存在を演繹するという存在論的な証明は誤謬であると、カントは考えたのである。

ヘーゲルはカントのこの批判は「その通俗的な例によって一般に受け入れられた[52]」ものではあるが、無限な存在者である神は、有限な存在者であるターレル銀貨と同じ存在論的な身分のものとして扱うことはできないと批判した。「有限的な物においては概念と存在が異なるものであり、概念と実在性、霊魂と肉体が別のものであって、従って有限的な物は生滅変化を免れないものであるという点にこそ、有限的な物の定義がある。これに反して神の抽象的な定義は、その概念と存在が分離できず、不可分であることにある[53]」のである。ヘーゲルは、百ターレルは有限な概念であり、財産として所有できたり、所有できなかったりする存在者のカテゴリーに属するものであることを指摘する。そしてこの所有という有限の存在者に適用されるカテゴリーを、無限の神に適用したところで、カントの詐術が発生するというわけである。またヘーゲルは『宗教哲学』では同じく、神は無限性であり、百ターレルのような有限の事物と同じカテゴリーで考察できないことを指摘したのだった[54]。

これに対してマルクスはまず、カントのこのターレル銀貨の例のもつ逆説的な力を明らかにする。古代のユダヤでは、神の威力が猛威を振るっていたのであり、ギリシアのデルフォイの神託は、ギリシアのポリスの人々だけではなく、ペルシアの王までも信じていた。「存在する」ということは、それがたんに表象だけであっても、その共同体では猛威を振るうのである。その意味ではカントのこの存在論的な証明への批判は、逆に存在論的な証明を強める可能性があるほどであり、ヘーゲルの批判はここでは有効ではないことになる。

そして同時にマルクスは、ヘーゲルの提示した無限性としての神の威力を、歴史的、地理的に相対化してみせる。モロク神は、神としては無限性の領域にあるだろうが、この神は現代ではいかなる力も発揮できない。そしてこの神を同じ時代のギリシアにつれてきたら、やはりいかなる力も発揮できないだろう。

マルクスは、ヘーゲルのカント批判は有効にみえるとしても、人間の共同体における現実の威力と、共同体ごとの神の威力の差異という視点からは、欠けるものがあると考えるのである。マルクスはこの神の概念の文化的な相対化を通じて、神の存在論的な証明は、実は人間の表象の存在証明であり、それは人間の自己意識の存在証明にすぎないことを指摘するのである。

マルクスは最後に、カントが『純粋理性批判』で批判した三つの神の存在証明、

「自然神学的な証明」「宇宙論的な証明」「存在論的な証明」を、わずかにひねりながら逆に言い換えてまとめる。「自然はまずく作られている、だから神は存在する」。これが「自然神学的な証明」の語ろうとすることである。「非理性的な世界が存在する、だから神は存在する」。これが「宇宙論的な証明」の語ろうとすることである。「思想は存在しない、だから神は存在する」。これが「存在論的な証明」の語ろうとすることである。神の存在証明はどれも、絶対的な全能性を誇る神の存在を証明するものではなく、非合理的なものすら神の威力とみなしうる人間の自己意識の威力を示すものだというわけである。

マルクスの政治ジャーナリストへの転身

この時期のマルクスにはバウアー譲りの「自己意識の神性」を主張するという人間学的な残滓が残されているのはたしかだろう。しかしマルクスはこの脚注で、初期シェリングを援用することで、当時の「御用学者」となっていた後期のシェリングを批判するという巧みな戦略を使いながら、二つのことを同時になしとげようとしていたようにみえる――後期のシェリングのイデオローグとしてのありかたを批判すること、そしてヘーゲル左派にとって緊急に必要とされていたヘーゲル批判の新しい道筋を切り開くことである。その課題はマルクスが哲学界という「殿堂」に入ることをあきらめて、ジャーナリズムの世界で現実の生き生きとした生活を批判するという困難な道に進むとともに、さらに明確で鋭いものとなってゆく。このマルクスの政治的な活動は、マルクスがヘーゲルの哲学の終焉にきちんと向き合うためにも必要とされたことだった。そして政治的な活動がプロイセン国家の検閲によって困難になると、マルクスはそのプロイセン国家を支えているヘーゲルの法哲学に示された国家論に正面から取り組み始めたのである。

このマルクスによるヘーゲルの法哲学批判を検討する前に、学位論文が受理されて博士号を取得できても、大学に職を得る見込みのなかったマルクスが、『ライン新聞』の寄稿者となり、後にその編集者となって、現実の世界の諸問題にどのように直面していったかを考察することにしよう。

第二章　急進的な民主主義時代のマルクス

第一節　『ライン新聞』時代のマルクス

バウアー的な批判の限界

マルクスは学位論文で学界に認められて、教授資格をとることを望んでいたのは間違いない。イェニーとの結婚を控えていて、定職につく必要があったからである。しかし時代は逆行していた。すでに就職していたバウアーすら大学のポストを失う情勢にあって、マルクスが大学教授の地位を手に入れることは、ほとんど不可能に思われた。

また、プロイセン体制とヘーゲル左派の対立はさらに激しいものとなっていた。マルクスも急進的なヘーゲル左派の一人として、この戦線に参加せざるをえなかった。そのことはマルクスがすでに述べたように学位論文の脚注で哲学の自由派として、概念を重視するヘーゲル左派の一員としての自己の立場を明らかにしていたことからも明らかだろう。

そしてこの時代にマルクスは、『ポザウネ』を書いたバウアーに協力しながらも、すでにバウアーとは異なる境地に立ち始めている。というのも、バウアーの「理論のテロリズム」による批判は、宗教の批判を中心とするものであり、そこに大きな限界があることが明らかになり始めていたからである。

たしかにプロイセンが国家的な宗教としてキリスト教を公認していたために、こうした宗教批判はプロイセンの国家体制の批判に直接につながるものであった。そしてバウアーの批判の基本的な戦略は、ヘーゲルの哲学において哲学と宗教が合一しているというのは見掛けにすぎず、この二つは分離していることを暴露すること、そしてヘーゲルの哲学は宗教を否定する無神論であることを暴露することにあった。

ただしこうした宗教批判は、ヘーゲルの法哲学が、そして法哲学に示されたヘーゲルの国家論が、プロイセンの国家体制を支える支柱の役割をはたしていたことについて、正面から批判するものではなかった。ヘーゲルの宗教哲学の解説者であり、聖書学者であったバウアーにとって、批判の中心となるのは、あくまでも宗教論にあった。しかしプロイセンの体制を支えていたのは、キリスト教という宗教であると同時に、ヘーゲルの法哲学に示された国家の統治理論でもあったのである。

マルクスは学位論文では、哲学による宗教の批判を焦点としていたが、この学位論文を書き終えた翌年の一八四二年頃からは、現実の政治的な領域での批判を開始する。マルクスは同年の春からは『ライン新聞』にジャーナリストとして政治的な論文を掲載し始め、同年の一〇月にはこの新聞の編集を引き受けることになった。そしてこの頃からマルクスは、バウアーたちヘーゲル左派を明確に批判し始めるのである。

マルクスのヘーゲル左派批判の論点

この時期のヘーゲル左派へのマルクスの批判の論点は主として二つに絞られる——戦術的な批判と思想的な戦略にかんする批判である。マルクスはバウアーのように、プロイセン国家への批判を、宗教という観点だけに集中することに満足できなかった。プロイセン国家の批判の戦術として、宗教批判は強力ではあるものの、偏りがあると思われたのだ。

また宗教はたしかに、プロイセン国家の抑圧の一つの重要な手段だった。しかしプロイセン国家の矛盾は、宗教という社会の一つの局面だけではなく、民衆の生活のさまざまな局面において顕著にみられるのである。民衆が直面しているさまざまな社会的な矛盾を放置して、宗教批判だけに力を集中することは、思想的な戦略として好ましくないとマルクスは考えたのである。

このようにしてマルクスはかつての先輩であり、僚友であったバウアーと決別していくことになる。そのマルクスのバウアーとの決裂は、バウアーが一八四二年に発表した論文「ユダヤ人問題」への批判である「ユダヤ人問題に寄せて」で、きわめて明確かつ尖鋭的な形をとることになるが、マルクスが『ライン新聞』に寄稿を始めた一八四二年の段階から、すでにその萌芽がみられる。以下ではこの時代のマルクスが、新聞記事においてプロイセン国家をどのように批判しているかを調べながら、バウアーとの同盟の道がどのようにして分岐していったかを、考察してみることにしよう。

「プロイセンの最新の検閲勅令にたいする見解」の記事での批判の論点

マルクスは一八四二年四月から『ライン新聞』に論文を寄稿して、活発な政治活動を展開し始めるが、その前の同年一月一五日から二月一〇日にかけて「プロイセンの最新の検閲勅令にたいする見解」を執筆し、これを一八四三年に『アネクドータ』という雑誌に発表している。この論文は、当時のヘーゲル左派の新しい検閲勅令にたいする幻想をうち砕く重要な批判的な視点を提示したものとして注目される。

すでに触れたように、一八四〇年の前王の死去にともなって、フリードリヒ・ヴィルヘルム四世が即位すると、新王は国民の支持をえるために、自由主義的にみえるいくつかの政策を発表した。その一つが新しい検閲勅令である。ヘーゲル左派はこの勅令に、かつての一八一九年の検閲令を緩和するかのような文言が使われていたことを、「雪どけ」として歓迎した。「『ライン新聞』が一八四二年に発行されたのも、このような自由主義的雪どけにおいてであった(1)」のである。

たとえば『ライン新聞』ではこの新しい勅令について、「われわれはプロイセンの新検閲令で、非常な喜びと新しい勇気や信頼でみちている。……たしかに、これで出版の自由を手にしたとはいえないが、いまわれわれの受けとった訓令は、正しく理解され、取扱われるならば、政治生活の無限の促進を保証する(2)」ものであると歓迎したのである。

これにたいしてマルクスは前掲の「プロイセンの最新の検閲勅令にたいする見解」において、新しい勅令が政治的な自由を促進すると考えるのはまったくの間違いであり、逆に検閲を強化するものにすぎないことを鋭く指摘した。マルクスの批判は主として次の四点にまとめることができる。

第一は、それまでの検閲令は宗教一般の普遍的な原理に依拠して、合理的な見地から批判を禁止するものだったのにたいして、新しい勅令は「軽薄にして敵意のある」すべての批判を禁圧し、しかもそれを検閲官の主観的な判断に委ねたことにある。

以前の一八一九年の検閲令では、「（検閲の）目的は、個々の宗教団体または国家によって認められた宗派の信念および教義がどうであるかを問わず、およそ宗教の普遍的原理に背くものを防止することにある[3]」と定めていた。この規定で禁止されていたのは「宗教の普遍的原理に背く」ような論説だけだったのである。そしてマルクスが指摘するように「普遍的な宗教といえばいわゆる理性宗教と解する合理主義がまだ支配的であった[4]」のである。以前の規定は、「非宗教的な立場に立ちながら、他方では宗教の保護を目指すという自己矛盾に陥っている[5]」としても、宗教の普遍的な原理の維持を目指すという合理主義的な立場をとっていたのである。

これにたいして新しい勅令では次のように定めていた。「キリスト教一般にたいし、また一定の教義にたいして、軽薄にして敵意ある仕方で非難を加えようとするものは、すべて禁止される[6]」。この「軽薄にして敵意ある仕方」というものがどのようなものであるかはまったく規定されておらず、批判が「軽薄にして敵意ある」ものであるかどうかの判断は、すべて検閲官に委ねられているのである。そのため基本的に政府の気に入らないあらゆる宗教批判、あらゆるキリスト教批判が、「軽薄にして敵意ある」ものとみなされる可能性があった。これは検閲官の主観的な判断によって、あらゆる論説を禁圧することができるということであり、それまでの合理主義的な立場を放棄したということである。

第二はこれに関連して、検閲の対象としてたんに宗教批判ではなく、キリスト教の批判、しかもキリスト教の教義と信仰箇条へのすべての批判を含めるようになったことである。新しい検閲勅令では具体的に「宗教的な信仰箇条を政治の中に狂信的に導入すること[7]」を禁じている。マルクスは検閲官の立場からみるとこの条項は、宗教的な信仰箇条を政治のうちに導入したことを意味すると指摘している。検閲という政治的な手段で、個々の宗教的な信仰箇条が問題とされるようになったからである。

これは「宗教的な信仰箇条が教義の特定の性質に基づいて国家を規定するようになること、すなわち宗教の特殊の本質を国家の尺度とすることを意味する[8]」とマルクスは指摘する。これはかつての合理主義の立場を投げ捨てて、「国家をその個々のことにわたってまで信仰とキリスト教との上に築こうとして、キリスト教国家を目指す[9]」ということである。ということは「国家を自由な理性の上にではなく、信仰の上に築こうとする[10]」ことであり、臣民にキリスト教という宗教の道を通じて、「専制と統治能力とにたいする礼拝[11]」を強制するということである。キリスト教という特定の宗教が、国民を縛る強力な手段として活用されるようになったのである。

　第三は、このように信仰を自由な理性の代わりに、あるいはその上位に置いたことによって、ほんらいの道徳が廃絶され、ただキリスト教の道徳だけが容認されるようになったことである。これは「道徳としての道徳、すなわちその固有の法則に従う一つの世界の原理としての道徳が消滅する[12]」こと、そして「道徳の本質の代わりに、警察的な尊厳とか伝統的な儀礼といった外面的な現象が横行する[13]」ようになること、普遍的な原理に基づくべき道徳を、特定の宗教の規律にしたがわせることである。

　というのも「特定のキリスト教的な立法者は、道徳をそれ自身において神聖化された独立の領域として承認することはできない。なぜならこの立法者は道徳の内面的な普遍的な本質が宗教に属すると主張する[14]」からである。しかしほんらい「自立的な道徳は、宗教の普遍的な原則を侵害するものであり、宗教の特殊な概念は道徳と相反するものである。道徳はただそれ自身の普遍的で理性的な宗教だけを認め、宗教はただその特殊の実定的な道徳だけを認める[15]」ものであるはずである。

　第四にこの検閲の精神は、検閲の運営面において、かつての検閲令に定められていた合理性を否定するものだった。かつての検閲令では、「編集者の選択は経営者の任意にゆだねられていた[16]」が、新しい検閲令では、どのような編集者を選ぶかということすら「国家官庁、すなわち検閲官の注意にまかせられる」[17]ことになった。またかつては印刷物を刊行するには、「本来の保証を意味する保証金制」[18]に依拠していたが、新しい検閲勅令ではこの制度が廃止され、保証を実行するのは検閲官になっている。このようにして新しい検閲令のもとでは、「経営者が一人の編集者を選び、彼のために経営者が役所に保証を提出するということはもはやなくなり、役所が経営者のために編集者を選び、彼のために役所が役所自身に保証をするということになった[19]」のである。

こうしたすべての規定によって、「すべての客観的な規範は除去された。個人的な関係が最後の判断基準である[20]」ようになったのであり、こうした客観性の排除によって、「検閲官は責任を免除され[21]」ることになったのである。マルクスは、ヘーゲル左派が歓迎した新しい検閲制度は「雪どけ」などではなく、このように客観性を否定し、国家の官吏の主観的な判断に委ねられる悪しき制度であることを明確に指摘する。そして「検閲制度の真の根本的な治療はその廃止にある[22]」ことを指摘しながら、こうした検閲制度が精神の自由を廃絶するものであることを強調するのである。

「出版の自由と州議会議事の公表についての討論」での検閲批判の論点

マルクスが『ライン新聞』に掲載した最初の論文は、「第六回ライン州議会の議事」というタイトルの連載記事の第一論文「出版の自由と州議会議事の公表についての討論」である。これは一八四二年五月五日、五月八日、五月一〇日、五月一二日、五月一五日、五月一九日の六回にわたって分載された。ライン州議会は同年春に、「出版の自由についての討論」を公表しているが、マルクスはこの記事で、この討論の内容に基づいて、ライン州議会のありかたと出版の自由について、二つの重要な論点を提示したのである。

この論文におけるマルクスの批判の第一の論点は、州議会の実情についての批判的な論評である。マルクスは、州議会が州民を代表する機関ではなく、州に居住する複数の身分を代表する機関であることを明確に指摘する。「この討論がわれわれにもたらすのは、自由な出版に反対する王侯身分の論戦であり、騎士身分の論戦であり、都市身分の論戦である。つまりここでは個人ではなく、身分が論戦しているのである」[23]。

これらの身分は、それぞれの身分の固有のさまざまな利害から、出版の自由を否定しようとする。支配者である王侯身分は、伝統の擁護という観点からこれを否定し、聖職者を中心とする騎士身分は、キリスト教の原罪の理論に基づいた人間の根源的自由の否定という観点からこれを否定し、都市身分である上層市民たちは、人民のエゴイズムの発揮の防止というブルジョワ的な観点からこれを否定しようとする。

　これらの身分の主張は、州民全体の権利を主張するものではなく、身分的な特権を主張するものであり、州民全体の権利を否定するものなのである。「州議会の権利は、このようにしてもはや州民の権利ではなく、州民に対抗しての権利となる。そして州議会そのものも、州民の最大の権利と見なされているという神秘的な意義とはうらはらに、州民にもっとも敵対する非権利となるのである[24]」。

　このように州議会が州民の権利を代表するという名目のもとで、州民の権利を否定し、州民の非権利を代弁するようになっているのが、こうした身分的な議会の重要な欠陥であることを、マルクスは指摘する。そして「州民の政治的な理性は、州議会議員という偉大な発明を完了するたびに、すぐさまわれとわが剣に倒れ伏すのである[25]」と指摘する――少なくとも次の選挙のときまでは。

　第二の論点は、出版法という法律はほんらいどのような役割をはたすべきかについての指摘である。この法律はほんらいは、実定的な法律として、「自由の積極的な定在である[26]」べきだとマルクスは主張する。ここでマルクスは、出版法という法律の性格が、検閲法という法律とは明確に性質が異なるものであることを指摘する。

出版法は、それがどのように不完全なものであったとしても、自由の根拠として擁護されるべきだとマルクスは考える。これにたいして検閲法は、「自由にたいする警察の予防措置[27]」にほかならない。出版法は国民の自由を保護する法律であるが、検閲法は国民の自由を禁圧しようとする法律なのである。「出版法では、自由が処罰を与える。検閲法では、自由が処罰される。検閲法は、自由にたいする容疑法である。出版法は、自由が自分自身に与える信任投票である[28]」のである。

マルクスの自由論の特徴

注目する必要があるのは、マルクスがこの論文では自由の概念について、きわめてヘーゲル的な立場をとっていることである。ヘーゲルは、国家が自由の実現態であると、次のように主張した。「即自かつ対自的な国家は倫理的な全体であり、自由の実現態である。そして自由を現実のものにするということこそ、理性の絶対的目的なのである[29]」。そして法律とは、この「国家の理念」の「直接的な現実性[30]」なのである。

マルクスもこれにならって次のように語る。「法律は、積極的な、明快な、普遍的な規範であり、そのなかで自由は、個々人の恣意に依存しない、非人格的、理論的な定在をかちえているのである。法典は一国民の自由のバイブルである[31]」。これにたいして検閲法は、この自由そのものを禁圧しようとするものである。マルクスは出版法のもとでの自由の理念を擁護しながら、それを抑圧しようとする検閲法と闘おうとするのである。

ヘーゲルはプロイセンの国家と法律のうちに、この自由の理念をみいだそうとした。ところがマルクスはたしかにヘーゲルと同じように法律を自由の実現態とみなすものの、現実のプロイセンの国家がこの実現態を正しく実現しないことを理由として、国家と闘うという姿勢を示しているのである。この時点ではまだマルクスは理論的には、ヘーゲルの国家と自由の理念に依拠しているのである。

検閲に関連してマルクスは、プロイセンの国家が検閲法を採用することで、国家ほんらいの自由の実現態というありかたを忘却するようになることを指摘している。検閲法が施行されているかぎり、「政府は自分自身の声しか聞かない(32)」だろう。そして政府は国民もまた、自分と同じ声で語っていると幻想するようになる。すると国民は国家と政治に背を向けるようになるだろう。「その結果、国民は国民で、半ばは政治的迷信に、半ばは政治的不信にしずみこみ、あるいは国家生活にまったく背を向けて、私的生活の愚民となってしまう(33)」だろうと、マルクスは懸念する。

というのも、国家の権利が存在しないところに、市民の権利は存在しないと考えるからである。すなわち国家は「自由の上級の形態」であり、市民の権利はこれに従属した「自由の下級の形態」である。自由の上級の形態である「国家の権利が承認されていないならば、〔自由の下級の形態である〕個々の市民の権利を口にするのは愚かしいことである[34]」とマルクスは主張する。この時期のマルクスはあくまでも、市民が「私的生活の愚民」とならずに、国家の公民として公的な自由を追求することを望んでいるのである。そして出版の自由についても、王侯身分、騎士身分、都市身分のそれぞれの身分が、国家の公民としての意識を欠如しているという見地から批判されていたのである。

国家から市民社会へ

この時期のマルクスは、プロイセンの国家のうちに不完全な形で現れた国家と自由の理念に依拠しながら、ほんらいの国家と自由のありかたの実現を希求しているのであり、国民がみずからの自由を追求しながら、政治生活に積極的に公民として参画することを求めていたのである。そこにしか民主主義的な国家の実現の道はないと考えるからである。

やがてマルクスは「ヘーゲル法哲学批判」では、ヘーゲルのこうした国家と自由の概念そのものを批判するようになるが、この『ライン新聞』時代のマルクスは、現実の政治的な対立の世界において、実定的な法律に示された自由の概念にあくまでも依拠しながら、現実の社会における自由の概念のもつ矛盾に注目するという姿勢を示していたのだった。

社会問題への注目

ところがマルクスはやがて、貧民の問題を考察することを通じて、こうした自由の擁護の姿勢が不十分なものであることを自覚するようになる。そのきっかけとなったのは、マルクスが『ライン新聞』の編集に携わるようになるとともに、社会の全般的な問題に目を配るようになったことである。

一八四二年の一〇月からマルクスは、それまでのように『ライン新聞』に寄稿するだけではなく、編集を担当するようになった。編集長として最初に執筆した論文が「共産主義とアウグスブルク『アルゲマイネ・ツァイトゥング』」という記事である。この論文でマルクスは、当時の共産主義にたいしては、まだ否定的な姿勢を示していることに注目しておこう。「『ライン新聞』は、今日の姿における共産主義思想にたいしては、理論的な現実性さえ認めておらず、従って、それの実現はなおさら願っておらず、あるいはこれを可能とさえ考えることができないのであるから、それらの思想にたいして根本的な批判を加えるであろう[35]」というのである。

しかしマルクスは同時に、共産主義の思想が誕生するだけの社会的な状況が存在していることを認めている。「現在、無所有の階級が、中間階級の富への参加権を要求しているということ、これは……マンチェスター、パリ、リヨンの街頭で、誰の目にも明らかな事実である[36]」からである。そしてドイツでも「独立した生活を営む人間が乏しいということ、教養ある青年の一〇分の九は、国家に彼らの将来のパンを乞い求めているということ、わが国の河川は荒れ放題にされており、河川交通は不振に陥っているということ、かつては栄えたわが国の商業都市は昔のおもかげを偲ぶべくもないということ、プロイセンでは今ようやく自由な諸制度を目指す緩慢な努力がなされているということ、わが国の人口の過剰分はたよりなくさ迷い歩き、異国民のあいだでドイツ人としての特性を失いつつあること[37]」は、事実として認めざるをえないと語っているのである。

この問題は出版法と検閲法の対立のもとで理念的な自由を求める運動とも、公民の意識の水準の問題とも異なる性質のものである。自由や公民の意識の問題は政治の問題であるが、無産者階級の問題は社会の問題なのである。マルクスのまなざしは今や、この社会の問題に注がれようとしている。実際に一八四二年八月には、マンチェスターを中心として、「イギリス労働者の長期にわたるゼネスト[38]」の話題が「『ライン新聞』の〈イギリスとアイルランド問題〉欄を埋め尽くしていた[39]」のである。

入会地の共同利用問題をめぐって

マルクスが次に執筆した「第六回ライン州議会の議事」のシリーズの第三論文、「木材窃盗取締法にかんする討論」は、同年の一〇月二五日から一一月三日にかけて分載された論文であり、マルクスの社会問題にたいする関心の強さを示している。この論文でマルクスが考察したのは、地元の農民たちが共同体の入会地において材木の枯枝を集めて薪として使用することを「窃盗」として非難し、それを取り締まることを求める土地所有者の主張である。

この問題はもちろん『資本論』においては、資本の原初的な蓄積の行為として、農民の土地が簒奪される歴史の一齣《ひとこま》として物語られるものである。マルクスは『資本論』では、農村で賃金労働者として働く人々は「ほんらいの農民たちと同じように、村の土地の入会権を享受しており、そこで家畜や放牧は、火を焚くための薪や泥炭を採取することができた[40]」ことを指摘している。ところが農業の資本主義化とともに、村の入会地は囲いこまれて村民の立ち入りが禁じられ、村民による共同の所有権は否定され、地方の地主たちの私的な所有地とされたのだった。このようにして農民は生産手段を収奪されて、都会に放逐されたのである。

この論文ではマルクスは、この問題を資本主義の原初的な蓄積の問題として提起することはもちろんできていないが、それでも入会地で枯枝を集める農民たちの行為はごく自然なものであり、「貧民階級のあいだでの慣習的な権利という形式は、この場合になおさら自然的なものである」[41]と指摘している。「枯枝集めにおいて、人間社会における根源的で自然的な階級が、同じく根源的な自然力の産物とぴったり対応しあっている」[42]のであり、これを窃盗とみなすことはできないことを、明確に主張しているのである。

反対に、樹木から落ちた枯枝を集めるという行為を違法な窃盗とみなす地主階級の要求は、二つの重要な意味で、法と国家の精神に反するものであるとマルクスは考える。第一に、この要求は、村の伝統的な慣習法上の行為を違法とみなし、地主の私的財産の保護を法律に求めるものである。これは法律というものの解釈そのものに重要な危険性をもたらすとマルクスは考えた。

というのは、社会にはたしかに貧富の差が存在する。しかし貧民もまた、社会の構成員の一員であり、公民の一人である。貧民たちが、社会そのものの基盤である共同体の伝統的な習慣にしたがってこれまで行ってきた行為を「犯罪」とみなすということは、貧民をこうした公民の一人とはみなさないということを意味する。しかし「国家にとっては、一人の木材軽犯罪人といえども一個の人間であり、国家の心臓の血が流れほとばしっている生きた一肢体であり、祖国を守る一兵士、その声に法廷が耳を傾ける一証人、公の職務にたずさわるべき自治体の一員、その存在があがめられる一人の家父、何よりもまず一人の公民である[43]」と考えねばならないのではないだろうか。

第二に、地主のこの要求を認めて、貧民の行為を犯罪として処罰することは、法律の大原則に違反することをマルクスは指摘する。法律はそもそも「犯罪を防いで、刑罰をなくす[44]」ことを目的とすべきものである。そして犯罪は多くの場合、社会の内部における矛盾のために発生する。貧困に追い詰められた者が少なくなれば、それだけ貧しさに迫られて罪を犯す者も少なくなるだろう。社会の法律は、こうした犯罪者を処罰することよりも、生活苦のために犯罪に走る者が発生するのを防ぐべきである。そして刑罰は、犯罪者を作りだしておいて、それを罰する道具として使われるべきではなく、犯罪者を減らすことを目的として運用されるべきなのである。

マルクスはこの法律「木材窃盗取締法」は、いたずらに犯罪者を増やすために運用されているのではないかと問いかける。しかし「不幸が犯罪となり、犯罪が不幸となるときには、国家の土台は掘り崩される[45]」のである。そして国家が森林の所有者の意志と欲望にしたがって法律を運用するようになるならば、それは法律と国家が、一部の国民の意志を貫徹するための道具となり、手段となるということである。「森林所有者の召使を国家の権威に変えるこの論理は、国家の権威を森林所有者の召使に変えてしまう[46]」ものなのである。

動物の国

マルクスはこのようにプロイセン国の法律が、人民が公民として活動するための基礎となるものではなく、人民を罰することを目的としたものとなっていることを強く批判する。そして法律のこうしたありかたは、出版の自由を禁圧する検閲勅令にも共通するものであるとして、強く批判するのである。

マルクスはそもそも、出版という活動は、民間の営業活動とも、政府の統治活動とも独立した市民の公的な活動の一つであると考えていた。出版の自由は、法律によって定められた公民（シトワヤン）の活動の自由であり、ブドウ栽培者など、民間の事業者（ブルジョワ）の営業の自由とは明確に異なるものと、マルクスは主張していた。

「出版の第一の自由は、それが営業でないという点にある(47)」というのが、出版の自由の問題についてのマルクスの基本的な考え方である。

この公民としての自由な活動は、私的な個人の活動とは別の領域で展開されるべき政治的な活動であった。この活動は、公民の活動を保証し、規制する国家の法律に依拠したものである。しかしこのように国家の法律は公民としての国民の活動を保証し、規制することを目的とするものであるべきなのに、当時のプロイセンの国家の現実の法律は、国民の一部の階級の利害を代表するものとなっていたのであり、マルクスの批判がこの点に集中していたことは、すでに確認したとおりである。

議会はさまざまな身分の代表であり、それぞれの身分の利益を代表する。そして木材窃盗にかんする法律は、共同体の農民の身分の伝統的な利益を無視し、土地所有者の身分の利益だけを擁護するものであったことは、この法律の実際の運用をみるかぎり明らかである。だから「種々の私的利害の代表機関である議会は、国家を堕落させて私的利害の思想に変えてしまおうと望んでおり、またそうせざるをえない(48)」と言わざるをえないのである。

この場合、『ライン新聞』をはじめとした出版者は、議会のこうしたありかたを批判せざるをえない。理性的な立場に立つ出版者は、ブルジョワの私的な利害と営業の立場にも、特定の階級の私的な利害を代表する議会の立場にも、この議会に依拠した政府の立場にも立つことはできないからである。出版者は、第三者の立場から、公民の利益を代弁することを目的とせざるをえないのである。

この第三者の立場からみると、特定の階級の私的な利害を代弁する国家は、「動物の国[49]」のようにみえるとマルクスは指摘する。この独特な表現は、エジプト神話に発想をえたものだ。エジプトの神話が教えているのは、すべての神々はかつては動物の姿をとっていたということ、「人類は一定の動物の種族にばらばらに分かれていた[50]」ということである。そしてヨーロッパの歴史においては人間が人類としてではなく、個別に異なる身分に分割されている状態を典型的に示したのが封建社会である。「封建制度は、精神的な動物の国である[51]」。

この動物の国にあっては、特権をもつ者には特別な慣習が認められているが、こうした一部の人々だけを優遇する慣習は普遍的に適用されるべき「法に背く慣習[52]」とならざるをえない。こうした慣習を認める法律は公民の自由を定めた人間の法律ではなく、動物のように身分に分割された諸階級の自由を定めた法律となるのであり、実は自由の法ではなく、不自由の法である。「世界の状態が不自由に陥ると、不自由の法が必要になる。というのも、人間の法は自由のありかであるのにたいして、動物の法は不自由のありかだからである」[53]。

それでは「動物の国」と言わざるをえない同時代のプロイセンにあって、出版者は第三者としてどのような立場をとることができるだろうか。いかなる身分にも依拠せず、あたかも宙に浮いたような思弁的な立場をとらねばならないのだろうか。マルクスはそうではないと考える。さまざまな階級に分割された身分のうちでも、ある身分だけは根源的で普遍的な公共性に近い立場にあり、法律はこうした身分の立場を前提とすべきであるとマルクスは考える。出版者はこの公共的な身分の立場に立つことで、公民の自由を追求することができると考えるのである。それではこの身分はどのようなものだろうか。

それは無産者階級、農村の共同体のもっとも下層を支える「根源的な最下層の」大衆の身分である。村の入会地で薪を集めることを認めた慣習法は、こうした無産者のための法律であった。「慣習法あるいは慣習上の権利というものは、その本性上、このような無産で根源的な最下層の大衆の権利以外ではありえない[54]」のである。

マルクスがここで「無産者」と呼んでいるのは、まだ資本主義社会におけるプロレタリアのことではない。明文化された法律が作成される以前から、そうした法的な権利の根源となっていた農村の共同体を支え、そうした共同体を作りあげてきた一般的な大衆を指しているのである。そして法律はこうした大衆の慣習を明示的に規定するために作られるべきものであったとマルクスは考える。こうした大衆の慣習は、「その権利が法律とならんで、法律の外に存在し、しかもその慣習がやがて法律上の権利となるものを先取りしている」[55]ものだからである。こうした権利こそがそもそも法律の内容となるべきものであって、法律の内容が後からそうした権利を定め、認めるわけではないのである。

これにたいして特権階級の権利を擁護する慣習法は、「その内容上、普遍的な法律という形式にさからうものである。それは無法行為をあえて形式化したものであるから、もともと法律の形式にすることができないものである。このような「特権階級の」慣習法は、その内容が法律の形式である普遍性と必然性とに反するものであり、まさにそのために、それは明らかに不法な慣習である」[56]。これは「理性的な権利の概念に反する慣習」[57]にすぎないのである。

ところで政府である統治府も、統治される国民も、理性的な法律を必要としている。統治府が身分制の議会に依拠するかぎりは、政府は動物の国の身分に規定されざるをえないために、その法律は理性的ではない不法に陥る危険性をつねに秘めている。国民が身分に分割されているかぎりは、国民は自分の特殊な身分だけの利益を擁護する法律を要求する危険がつねに存在する。このようにして特権階級はその慣習法を国民的な法として要求するし、都市身分であるブルジョワたちは、営業の自由と政府の保護を要求する。しかし身分制の議会に代表を送ることができない無産者階級はどのようにして法律を要求することができるだろうか。すでに考察したように、こうした無産者である大衆の生活こそが、普遍的で根源的な法の内容となるはずだったものである。

民主主義者からの脱皮

マルクスがこのように指摘するときに、貧民を一人の公民として扱うことを求めることにおいては、これまでの急進的な民主主義者としての論説と変わりはないが、それが公民の意識の問題として考察されなくなっているところに、大きな変化が生じている。農民が公民としての意識をもっているかどうか、農民にどのようにしてそうした意識をもたせるかが問題なのではない。農民を軽犯罪者に追いやるような法律の運用が問題であり、さらにそのような社会的なありかたこそが問題なのである。

法律がこのように運用されるならば、後に『資本論』でマルクスが指摘するように、農村の共同体から農民を放逐し、都市のプロレタリアに変身させるという資本主義の歴史的な課題が実現されるのである。これは個々の農民が公民としての意識をもつかどうかとは、まったく別の次元の問題なのである。

ただしこの論説でマルクスは、「法、州議会、国家というものはほんらいは州民または国民全体のもの、普遍的で公共的なものである。しかるに現実にはそれらは一部の特権階級の私的利害の道具と堕している。したがって、このまったく形骸化したそれらを、それほんらいの姿に引き戻す(58)」ことを求めているのはたしかである。公共的な法の地位を確立することを求めるマルクスのこうした姿勢には、「マルクスのこれまでとってきた原則が、なお大筋として一貫されている(59)」と考えることができる。

フェティシズム批判

ただしマルクスはこの状態をたんに堕落したもの、それを改善してほんらいの姿に戻すべきものと考えているわけではないことにも注目したい。新聞の論説によってこうした堕落形態に注意を促すことで、事態が改善されることを期待しなくなっている傾向がみられるからである。たとえばマルクスは、木材が農民の日々の生活の糧とみなされず、森林所有者はこれをあたかも神のように崇拝しているという事態の倒錯したありかたを指摘している。ここには『資本論』にみられるような商品の物神性《フェティシズム》への批判と共通する視点が登場している。

マルクスは立法者が、農民の集める枯枝を私的な利害の具体的な現れとみなしていること、そしてそれらを「痛めつけられたりされかねない外的な対象物」とみなしていることを指摘しながら、「利己心にこりかたまった立法者は、このような非人間的なもの、外的で物的な実在を自分の最高の本質としている。そのような立法者が、どうして人間的であるはずがあろうか[60]」と皮肉る。森林所有者の私的利害を代弁するこの法律の立法者は、こうした「外的で物的な実在」をあたかも神のように崇《あが》めていることをマルクスは指摘しているのである。

さらにこの論文の最後でマルクスは、「キューバの野蛮人は、黄金をスペイン人の物神と考えた。そこでキューバの野蛮人たちは黄金を祭り、その周りで歌い、その後でこれを海に投げ捨てた。キューバの野蛮人たちがライン州身分議会に出席するとしたら、彼らは木材をライン州人の物神と考えるのではないだろうか[61]」と指摘している。

木材の「窃盗」を禁じる法律は、この物神を傷つけることを禁じるほとんど宗教的な法律として機能しているのである。それは同時代の人々のイデオロギー的な問題として考察すべきものであり、個々の州民が公民としてもつべき意識の問題として考察すべきものではないのである。

そして同時に、この考察によって明らかになるのは、こうしたイデオロギーが社会のありかたを反映するものとして生まれ、機能しているということである。マルクスのうちで、こうしたイデオロギーを分析するためには、そのイデオロギーと観念的な倒錯を発生させた社会の実相を解明する必要があることが、明確に認識され始めているのである。

「モーゼル通信員の弁護」の記事の論点

マルクスはこのように、一八四二年から『ライン新聞』の編集者をつとめながら、急進的な民主主義者の立場から、時事論文の執筆をつづけてきた。そして一八四三年の一月に発表した「モーゼル通信員の弁護」の記事をもって『ライン新聞』の編集者を辞職する。出版の自由を強く主張したこの記事などがきっかけとなって、プロイセン政府によって『ライン新聞』が発禁にされたためである。マルクスのこの論文がどうして、それほどまでに政府を刺激したのだろうか。

この記事に先立って、『ライン新聞』では、出版の自由に関連したモーゼル州知事の二つの訓令を批判する記事を匿名で掲載していた。ところがその匿名の「通信員」が、事実の歪曲と政府にたいする誹謗のかどで告発されたのである。マルクスのこの論文は、この通信員の記事を擁護しようとしたものである（発禁によって、マルクスのこの論文は二回しか掲載できなかった）。

この論文では、不作に悩まされたモーゼルのブドウ栽培者の苦情と、州政府の補助にかんする議論を考察しながら、出版の自由について新たな議論を展開している。すでに考察してきたように、出版は、ブルジョワとしての私人の事業である営業の自由にかかわるものではなく、シトワヤンとしての公民の活動の自由にかかわるべきものであった。そして出版の自由は出版法によって、国民の公民としての活動の自由を確保するために定められているものであった。ところが身分制の議会はブルジョワの身分としての州民の立場を擁護し、根源的な公民としての一般大衆としての農民の利益を無視するものであった。マルクスは、出版の自由はまさに、この根源的な公民としての無産者階級の利益を擁護するものであり、出版者はこの出版の自由に依拠することで、政府と国民の立場を離れた第三の立場に立つことができること、そしてそうした立場に立つべきであることを訴えていたのである。

この発禁のきっかけとなった論文でも、出版の自由がこの第三の立場に立つものであることを訴えている。マルクスはこの論文では第三の立場について、「統治府と被統治者は、困難を解決するためにどちらも第三の要素を必要とするのである。この第三の要素とは、政治的ではあるが政府側ではなく、……市民的ではあるが私的利害やその必要に直接にまきこまれていない要素である。国民的な頭脳と市民的な心臓とをもつこのような補足的な要素が、自由な出版である[62]」と改めて指摘している。

この自由な出版は、政府と国民の両方を批判するが、それは「もはや従属関係のうちにおいてではなく、対等な公民的な勢力としてである。もはや個人としてではなく、知的な力として、知性の基礎としてである。〈自由な出版〉、それは世論の産物なのであるが、それがまた世論を作りだし、そして独力で特殊な利益を普遍的な利益とすることができる[63]」ものなのである。

ヘーゲルの法哲学批判へ

この自由な出版の立場は、二重の意味で批判的なものである。第一にこの第三の立場は、第一の立場である統治府のありかたを批判する。実際の統治府は、身分制の議会に依拠し、これを代表するものとして、特定の身分の利益を擁護する動物の国の政府となっているのであり、この自由な出版の立場はこれを人類の立場から、シトワヤンである公民の立場から批判することを目指すものである。

第二にこの立場は、第二の立場であるブルジョワとしての市民にたいしても、市民社会におけるその不平等なありかたを批判し、動物たちの権利に分断された法と権利を批判する。この二つの批判の立場は、ブルジョワとその利益を代弁する政府へのシトワヤンによる批判として、『ライン新聞』の当初から一貫していたものである。

ただし大きな違いがみられる。それはこの立場が「国民的な頭脳」としてのシトワヤンの立場であることに変わりはないとしても、新たに「市民的な心臓」をもつものとして位置づけられるようになったのである。この心臓は、ブルジョワのさまざまな職業に分断されたありかたではなく、そのように職業に分断される以前の共同体の根底を構成する大衆の心として働くものとされている。

これは近代の資本主義の到来とともに誕生した市民社会のありかたを批判するために、資本主義以前の農村の共同体の伝統的な慣習と、それを生み出した民の立場に立とうとするものである。これらの民の多くはやがては、市民社会のうちで、無産者階級として構成される運命にある人々である。マルクスはこの人々の立場から、市民社会と国家のありかたを批判することを、新たな課題とするようになったのである。この市民社会と国家の批判は、ヘーゲル左派のように宗教批判としてではなく、ヘーゲルの法哲学の批判として遂行されることになる。それが長文の『ヘーゲル法哲学批判』と、その序文として書かれた「ヘーゲル法哲学批判序説」に結実する。

この二つの論文を考察する前に、マルクスが『ライン新聞』の編集者という政治的な前線から撤退した一八四三年の時期に、パリで共同で雑誌を創刊することを計画していたアーノルド・ルーゲに宛てたマルクスの書簡を読んでみよう。これらの書簡はルーゲとともに創刊した『独仏年誌』に掲載されたが、この時期のマルクスの考え方のユニークさをはっきりと示すものとなっているのである。

第二節　マルクスのルーゲ宛ての書簡

ドイツの革命の可能性

『独仏年誌』の創刊号に掲載されたマルクスのこのルーゲ宛ての書簡で明らかになるのは、ドイツにおける革命の可能性について、マルクスとルーゲでは見解が明確に対立していることである。最初の手紙でマルクスは、ドイツで新しい国王が即位した当初の期待感が失われ、人々は政府にいかなる期待ももたなくなり、政府も表向きだけの自由主義を放棄したが、それはよいことであると指摘する。プロイセン政府の見掛けだけの「自由主義《リベラリズム》の虚飾はすでに剝がれ落ちていて、なんともおぞましい専制主義が、まる裸の姿を全世界の目の前にさらしているのです(1)」とマルクスは強調する。

そしてドイツ国民は自国の政府の惨めなありかたに恥辱を感じるべきであり、感じていることを指摘する。というのも、自国の政治情勢に絶望するということは、国民が政治的な活動の重要性を認めているということ、公民としての意識をもっていることを意味するからである。マルクスがドイツとオランダを比較して、「オランダにいてさえ、国民的な恥辱の感情は禁じえません。もっとも卑小なオランダ人でさえ、もっとも偉大なドイツ人よりも、はるかに一人の公民なのです[2]」と語っているとおりである。

自国の政治に絶望し、他者にたいしてその恥辱を感じるということ、マルクスにとってはそれはドイツでも国民が公民《シュターツビュルガー》になり始めたことを意味するのである。

これにたいして、当時ベルリンで『独仏年誌』の準備をしていたルーゲは、ドイツでの革命には悲観的である。マルクスはルーゲの意見を想定する。「あなたはわたしに笑いかけて、こう尋ねます。『それが何になるのか？　恥の感情から革命を起こすことはできない』と。それにたいしてわたしはこう答えます。『恥の感情はすでに一つの革命なのです。フランス革命は一八一三年に、ドイツの愛国心によって打倒されましたが、恥の感情はフランス革命がドイツの愛国心にたいして収めた勝利なのです』と[3]」。

この手紙にたいしてルーゲはマルクスの予想通りに答える。ドイツでの革命は望むこともできない。「あなたの手紙は幻想にすぎません。……絶望することは、希望を抱くことよりももっと勇気のいることです。しかしそれは理性の勇気と言うべきものです。わたしたちはもはや思い違いをすべきではないところに到達しているのです[4]」。ルーゲは、出版の自由が外見だけのものに終わったことは、「一つの恥辱から別の恥辱に落ち込んだ[5]」ことにほかならないと指摘する。ルーゲにとって革命は、「自由な人間の名誉を目指して、自由な国家を目指して、すなわちいかなる主人にも属さない国家を、さらにそれ自身にだけ属する公共物である国家を目指して、すべての人が回心し、すべての人が手を挙げる営み[6]」であるべきだと考える。そして「ドイツ人がそのようになることはないのです。ドイツ人はすでに歴史的には滅びた人々なのです[7]」と、絶望の思いを語るのである。

ルーゲにとってはドイツ人とは、たんに「専制主義に耐えるだけではなく、愛国心をもって専制主義に耐える[8]」ことのできる嘆かわしい人々である。ドイツ人は、「かつては、他人に隷属している人間でもどうにかもっているほどの精神の自由しかもっていなかったのに、今ではその自由すら奪われてしまったのです[9]」と、ルーゲは嘆く。「わたしたちの国民には未来はありません[10]」というのが、ルーゲの結論である。

マルクスの展望

このルーゲの悲観的な書簡にたいしてマルクスは五月にケルンから返信を送り、ルーゲの手紙を「一つのみごとな哀歌《エレジー》でした[11]」と応答している。そしてすでに触れた恥辱の感情を手がかりとして、ドイツ人のうちに、「人間の自己感情としての自由[12]」を蘇らせる必要があると主張するのである。この自由が、恥辱と同じような性質の「自己感情」として捉えられていることに注目しよう。マルクスによるとこの感情はギリシア時代にはすべての市民が抱いていたものであり、キリスト教がこれを消滅させたのだという。

この時代のマルクスは、自国の状態にたいして感じる恥辱の感情や、自由への希求の感情に基づいて、ドイツの「革命」を求めているのである。こうした感情に基づいた「革命」は、人間を「精神的な存在[13]」にすると考えるからである。そして「自由な人間とは、共和主義者たちのことでしょう[14]」と語る。この時代のマルクスにとっての理想は、この共和主義者であり、「人間たちが最高の目的を目指す共同体に、民主主義的な国家にすること[15]」だったのである。

この理想と比較すると、現実のドイツは「完全な俗物たちの世界[16]」であり、「政治的な動物たちの世界[17]」であり、「人間というものを再興したフランス革命のはるか後方に遅れて[18]」存在しているリアリストたちの世界である。この世界は、専制君主に仕え、「卑俗な日常の生活の泥沼のうちに埋もれ、蛙のようにそこから何度でも姿を現す[19]」大衆たちの俗物的な世界である。

マルクスは、プロイセンの新しい国王が、一度は自由主義的な政策を試みはしたものの、専制主義のプロイセンではこうした試みが蹉跌せざるをえないこと、俗物の世界は革命なしには変革されえないことを指摘するのである。

さらにイェニーとの新婚旅行を楽しんでいたクロイツナハで書かれた一八四三年九月付けのルーゲ宛ての書簡では、「ドイツではすべてが暴力的に抑圧されていて、精神の真の無秩序《アナーキー》が支配しており、愚昧さそのものが突如として支配するように[20]」なったことが指摘されている。そこでマルクスはルーゲとともに「新たな世界の新たな首都[21]」であるフランスのパリに、「真の意味で思考し、独立した精神が集まるべき場所[22]」をみいだし、そこで新たな雑誌を創刊することを計画したのだった。それが一冊だけ刊行された『独仏年誌』である。

この書簡でマルクスが強調しているように、その当時の「ドイツの主要な関心事」となっていたのは政治と宗教であった。やがてマルクスはこの雑誌に、当時のドイツで宗教と政治の衝突の焦点となっていたユダヤ人問題を考察した「ユダヤ人問題に寄せて」の論考と、哲学と政治の深い結びつきを示しているヘーゲルの法哲学を批判した「ヘーゲル法哲学批判序説」を掲載することになるのである。

ただしこの宗教と政治の批判は、この書簡が書かれた時点では、まだフォイエルバッハの人間学的な考察の枠組みのもとで考えられていることに注意が必要だろう。マルクスは、こうした批判について、「わたしたちのすべての目的は、フォイエルバッハの宗教批判と同じように、宗教的および政治的な問題を、人間の自覚的な形式のもとにもたらすことでしかないのです[23]」と語っているからである。

そしてこの書簡でマルクスは、自分のスローガンとして、「意識を改革せよ、ただしドグマによってではなく、神秘的でそれ自身にとって不透明な意識を分析することによって。この不透明な意識が宗教的な意識として現れるか、政治的な意識として現れるかを問わずに[24]」を挙げている。これは政治的な意識と宗教的な意識の改革を目指す「批判」の営みを遂行しようとするものである。

マルクスが前の書簡で書いていた「革命」というものも、この見地から理解する必要があるだろう。それは政治的な革命を目指すものでも、社会的な革命を目指すものでもなく、「時代自身にみずからの闘争と願望について明確に理解させる[25]」ことを目指す「批判哲学」の仕事なのである。

　この当時のマルクスの批判は、当時の急進的なヘーゲル左派のバウアーの目指していた「理論のテロリズム」のようにすべてを破壊することではなく、「世界の人々が自分自身について意識できるようにすること、自分についての夢から目覚めさせることと、自分たちの行動の意味を自分にとって明らかなものとすること」[26]を目指すものであった。これは、「宗教的および政治的な問題を、人間の自覚的な形式のもとにもたらすこと」[27]という人間学的な傾向をおびていたのである。

　この時代の「批判」には二つの大きく軸があった。バウアーの主導するヘーゲル左派的な批判と、フォイエルバッハに代表される人間学的な批判である。マルクスがバウアー的な批判にどのような批判を向けるかは、「ユダヤ人問題に寄せて」と『聖家族』で詳細に展開される。またフォイエルバッハの人間学的な批判にたいする姿勢は、『聖家族』でバウアーとの対比で詳しく考察されることになるだろう。

第三節　マルクスのフォイエルバッハ評価

宗教と政治の人間学化の目標

ここでは少し先走りになるが、一八四三年三月にマルクスがルーゲに送った第一書簡と、マルクスが一八四三年の一〇月にフォイエルバッハに送った原稿の執筆依頼の書簡から、この時点でのマルクスのフォイエルバッハ評価がどのようなものだったかを確認しておこう。

まずルーゲ宛ての書簡では、『独仏年誌』にフォイエルバッハの原稿を掲載することを念頭に置きながら、マルクスはフォイエルバッハを次のように評価する。「フォイエルバッハのアフォリズムは、自然について語ることが多い一方で、政治についてはほとんど語らないというところが間違っていると思います。しかしこのアフォリズムは、現在の哲学が真理になることができる唯一の絆なのです(1)」。

ここでマルクスが語っている「フォイエルバッハのアフォリズム」とは、ルーゲの編集した雑誌『アネクドータ』に掲載されたフォイエルバッハの『哲学改革のための暫定的な命題』であろう。マルクスは『キリスト教の本質』よりも、この論文と一八四三年に出版された『将来の哲学の根本命題』を高く評価している。

どちらの著作でも、その中心命題は、宗教を人間学化することにあった。マルクスが称賛した『哲学改革のための暫定的な命題』の冒頭のアフォリズムは、「神学の秘密は、人間学である[2]」と書き始められている。キリスト教の神学は、実は人間が自己について抱く思弁を表現したものにすぎないことを指摘したものである。また『将来の哲学の根本命題』の冒頭のアフォリズムは、「近世の課題は、神の現実化と人間化、神学の人間学への転化と解消であった[3]」と書かれている。どちらもマルクスが書簡で指摘したように、「フォイエルバッハの宗教批判と同じように、宗教的および政治的な問題を、人間の自覚的な形式のもとにもたらす」ことを目指すものである。フォイエルバッハが示したこの宗教の人間学化の道筋によって、マルクスはみずからの課題が実現されると考えていたのである。

この時代のマルクスはこのように、フォイエルバッハに同調するかのように、哲学の課題は宗教と政治の人間学化であると考えていたようである。まず「宗教の人間学化」としてマルクスが目指したのは、宗教の秘密を暴いて、「神学の秘密は人間学である[4]」ことを明らかにすることだった。それはフォイエルバッハが語っているように、「宗教とは人間がもっているところの隠された宝物が厳粛に開帳されたものであり、人間の最も内面的な思想が白状されたものであり、人間の愛の秘密が公然と告白されたものである」[5] ことを明らかにすることである。宗教とは「人間が自分自身にたいして取る態度」[6] だからである。

ただしルーゲの書簡に書かれているように、マルクスはフォイエルバッハが宗教の問題だけに専念していることに不満を抱いていた。宗教だけではなく、政治も人間学化すべきだとマルクスは考えるからである。マルクスがこの「政治の人間学化」として目指したのは、すでに述べたような意味でのドイツの「革命」であった。

それはフランスのバブーフやブランキのように、人民が主導する革命を実現して、フランス革命のほんらいの夢であった平等な社会を構築することよりも、ドイツ人のうちに民主主義の精神を目覚めさせ、植えつけて政治と社会を改革することを目指すものだった。

フォイエルバッハのバウアー批判

このように宗教の批判は宗教の人間学化であるというフォイエルバッハの命題を受け入れたマルクスは、バウアーの自己意識の哲学からすでに脱却していることを示している。フォイエルバッハはバウアーの自己意識の哲学を批判しながら、人間の自己意識が宗教の秘密であるのは確かだとしても、バウアーの自己意識の哲学を貫く原理は古いものであることを指摘していたのである。

フォイエルバッハはこの時期に、自分がヘーゲル左派のバウアーと近い立場にあることを認めながらも、二つの大きな点でバウアーとの違いがあることを指摘している。第一にバウアーの宗教批判は神学の批判であり、フォイエルバッハのように宗教そのものの批判を目指すものとはなっていないことである。フォイエルバッハは『キリスト教の本質』の第二版の序文で、「私はつねにシュトラウスやブルーノ・バウアーと一緒に呼ばれる[7]」ことが多かったことを認めながらも、バウアーたちとの違いは著書のタイトルからも明らかであると指摘している。

たとえばシュトラウスの著作は『イエスの生涯』（一八四〇年）であり、この著作は「キリスト教的信仰論とイエスの生涯」を、すなわち「教義的キリスト教またはむしろ教義的神学[8]」を考察するものである。またバウアーの著作は『共観福音史家による福音史の批判』（一八四一年）であり、「福音書的歴史すなわち聖書的キリスト教またはむしろ聖書的神学[9]」を考察するものだった。

どちらも教義的な神学を批判の対象としていたのである。これにたいしてフォイエルバッハの批判の対象は、イエスや福音書などのキリスト教の神学ではなく、人間の宗教心である。「わたしの主な対象は、人間の直接的客体・直接的本質であるようなキリスト教・宗教である」[10]のである。シュトラウスやバウアーの批判が向けられるのは、福音書に示されたキリスト教の神学の教義の内容である。それにたいしてフォイエルバッハの批判が向けられるのは、人間の宗教と信仰そのものであり、たんなるキリスト教の教義ではないのである。

第二にフォイエルバッハは、バウアーの「自己意識の哲学」というアプローチを明確に批判する。フォイエルバッハは『キリスト教の本質』において、信仰や宗教心は、人間の自己意識の現れであることを次のように認めている。「神の意識は人間の自己意識であり、神の認識は人間の自己認識である。君は人間の神から人間を認識し、そしてまた人間から人間の神を認識する。人間と人間の神は一つである。人間にとって神であるものは人間の精神・人間の魂であり、人間の精神・人間の魂・人間の心情であるものは人間の神である。神は人間の内面があらわになったものであり、人間の自己が言い表されたものである」[11]。

このように神とは人間の自己意識の表現にすぎないという意味では、バウアーの言うように宗教が人間の自己意識の現れであることに間違いはないのである。しかしそれを宗教そのものとしてではなく、自己意識の現れとして表現するのは間違いであり、宗教批判をバウアーのように、人間の自己意識がすべての局面において貫徹されると考えるのは正しくないと、フォイエルバッハは指摘する。

フォイエルバッハは『哲学改革のための暫定的な命題』において、自己意識という表現について次のように指摘している。「新しい原理は、いつも新しい名をもって現れてくる。言い換えれば、それはある名を低く軽んじられた身分から君主の身分へ高め、それを最高のものの名称とする。もし人が新しい哲学の名、すなわち人間という名を〈自己意識〉と訳すならば、人は新しい哲学を古い哲学の意味で解釈し、それを再び古い立場へ連れ戻すのである。というわけは、古い哲学の自己意識は、人間から切り離されたものとして、実在性のない一つの抽象だからである(12)」。

このようにフォイエルバッハは、自己意識というヘーゲル哲学の概念を使いつづけているかぎり、それが宗教批判を目指すとしても、宗教と哲学との同一性と違いについてのヘーゲルの教説に戻ってしまうと考えるのである。

マルクスは学位論文の時代にはバウアーの自己意識という概念を使っていたが、この時点ではもはや自己意識という概念に依拠することはない。そして宗教の人間学化というフォイエルバッハのプロジェクトに賛同するのである。この時期のマルクスはフォイエルバッハの哲学こそが、「現代の哲学を真理にすることができる唯一の絆」であることを認めているのである。

フォイエルバッハのシェリング論

ただしマルクスはこのようにフォイエルバッハの宗教批判には同調するものの、すでに確認したように、フォイエルバッハに政治批判が欠如していることには不満を抱いていた。マルクスがフォイエルバッハに期待するのは、この面での批判であり、一八四三年一〇月三日にフォイエルバッハに送った書簡では、政治批判の文書を依頼している。

これは『独仏年誌』に掲載されるはずだった論文であり、マルクスはシェリング批判の文書を執筆することをフォイエルバッハに依頼したのである。それには三つの理由がある。『独仏年誌』という「フランスとドイツの学問的同盟」(13)のための雑誌に掲載される文書として、ドイツ向けの理由、フランス向けの理由、そして哲学そのものにかかわる理由がある。

第一のドイツ向けの理由は、この時代にベルリンに招かれたシェリングが晩節を汚して、体制擁護の手先となっていたことを批判することにある。マルクスは「ご存じのように、シェリングは三八番目の同盟員です。全ドイツ警察は彼の意のままに動きます。わたし自身『ライン新聞』の編集長としてそのことを経験しました。つまり検閲訓令は聖なるシェリング［……］に反対するいかなるものも許すわけにはいかないのです[14]」と語っている。

シェリングはそのようなことはまったく知らぬふりをしているし、ドイツでは検閲のためにシェリングを正面から攻撃することはできない。しかし『独仏年誌』のようにフランスでも読まれる雑誌に掲載されたならば、「パリで、フランスの文筆界のまえにシェリングの仮面をはぐ」ことができるだろうし、ドイツの場合とは違って、「彼の虚栄心は黙っていることができないでしょうし、それはプロイセンの統治をひどく傷つけるでしょう[15]」という。

第二のフランス向けの理由は、フランスでのシェリングの人気の高さが虚妄であることを明らかにすることにある。「シェリング氏は、いかに巧妙にフランス人を手なずけたことでしょう。……シェリングは、超越的観念論のかわりに理性的な実在論を、抽象的思想のかわりに血のかよった思想を、専門哲学のかわりに世界哲学をうちたてた人間とみなされています！[16]」。これがすべて虚妄であることを暴いたならば、それはフランスの思想界に貢献する一方で、ドイツにとっても打撃となるとマルクスは考える。

第三の哲学そのものにかかわる理由としては、シェリングの「哲学の幻想」を打ち砕く必要があるということである。マルクスにとってシェリングの哲学は哲学そのものではなく、哲学の幻想である。シェリングは「哲学を一般的な外交の学とし、しかも八方美人の外交としたのです[17]」。フォイエルバッハが、このような虚妄の思想であるシェリングの哲学を批判するならば、「彼にたいするあなたの闘争は、幻想の哲学そのものにたいする哲学からの闘争です[18]」。

フォイエルバッハがシェリングを批判したならば、これらの三つの理由から、ドイツの哲学界にも、フランスの哲学界にも、哲学そのものにも有益な貢献となるとマルクスは指摘する。「シェリングにたいする攻撃は、間接的にはわが国の政治全体、つまりプロイセンの政治にたいする攻撃です。シェリング哲学は、哲学の姿をとったプロイセン政治です[19]」というのがマルクスの総括である。

このようにマルクスはフォイエルバッハの寄稿を期待したが、これは実現しなかった。やがてマルクスは、ルーゲ宛てにフォイエルバッハへの政治性の欠如を批判する書簡を送ったクロイツナハで、ヘーゲルの『法哲学』の根本的な読み直しを始める。それが遺稿の「ヘーゲル法哲学批判」である。そしてこのヘーゲル批判を通じて、マルクスはフォイエルバッハの不十分な点を明確に確認するようになる。それが最終的に『ドイツ・イデオロギー』で展開されたフォイエルバッハ批判として結実するのである。

『ドイツ・イデオロギー』におけるマルクスのフォイエルバッハ批判

次の章では、このマルクスの「ヘーゲル法哲学批判」について考察するが、その前に後年の『ドイツ・イデオロギー』で、マルクスがフォイエルバッハをどのように批判するかを、ここでまとめて確認しておこう。フォイエルバッハの哲学の欠陥についてマルクスは、主として三つの観点から批判する。

第一に、フォイエルバッハの感性的な人間論は、宗教的な表象など、人間の認識の側面に重点を置きすぎていて、政治などの実践的な活動を十分に考察していないという欠点がある。そもそも「フォイエルバッハの唯物論を含めて、これまでのすべての唯物論の主な欠陥は、対象、すなわち人間の現実と感性を客体または直観の形式でしか捉えず、感性的な人間の活動として、実践として把握してこなかった[20]」ことにある。これにたいしてフォイエルバッハの唯物論は、人間の感性を思考と異なるものとして重視することで、この欠点を免れているようにみえた。

それでもフォイエルバッハもまた、人間の理論的なふるまいだけを人間的なものとみなし、実践を付随的なものとみなしていると、マルクスは指摘する。そのためにフォイエルバッハは、「革命的な活動、実践的で批判的な活動の意義を概念的に把握しない[21]」のである。フォイエルバッハは人間の感性的な存在を重視したが、「感性を実践的な、人間的で感性的な活動としては捉えない[22]」という欠陥があるとマルクスは指摘する。

第二にフォイエルバッハは人間の本質を正しく認識していないと思われた。フォイエルバッハは宗教批判において、「宗教の本質を人間の本質のうちに解消する[23]」。しかし人間の本質をあたかも「個々の個人に内在する抽象物[24]」であるかのように考えている。それは「類として、つまり多くの個人を自然本性的に結びつけている内的な、沈黙せる普遍性[25]」として捉えられるのである。

しかし「人間の本質は、その現実のありかたにおいては、社会的諸関係の総体である[26]」とマルクスは指摘する。マルクスは、人間の本質は理論のような抽象的なものにおいてではなく、労働のような社会的な活動において示されると考えるのである。人間の「本質」が労働にあるというマルクスのこの考え方には、アレントが批判するように、重要な問題点が存在するが、ここではこの問題には立ち入らないことにする[27]。

第三に結論として、マルクスは次のように指摘する。「古い唯物論の立脚点は市民社会であり、新たな唯物論の立脚点は人間社会、あるいは社会的人類である。哲学者たちは世界をたださまざまに解釈してきたにすぎない。重要なのは、世界を変革することである」[28]。

　このようにマルクスが、フォイエルバッハの人間の本質の概念を批判するのは、理論と実践の対比、人間の類的な本質が示される場所の対比、すなわち市民社会と人間社会の対比においてである。ここではマルクスはフォイエルバッハの人間の本質論を二つの重要な点で克服している。それは人間の本質を宗教のうちにみいだすのではなく、市民社会の活動そのもののうちにみいだしたこと、そしてフォイエルバッハのように人間の類的な本質を理論的に考察するのではなく、人間の社会的な実践のうちに、哲学の課題をみいだしたことである。それではこのようなマルクスの変身はどのようにして実現されたのだろうか。

　次章以下では、マルクスのこの変身のあとをたどろうとしているが、この変身のプロセスは、政治と宗教というマルクスが問題にした二つの局面で、たがいに密接に結びつきながら生じている。

　政治哲学の局面では、マルクスはクロイツナハでヘーゲルの『法哲学』を集中的に読破し、ヘーゲルの法哲学を批判した。宗教哲学の局面では、マルクスはバウアーの論文「ユダヤ人問題」を読み、それを批判する論文を執筆した。これらの二つの局面での結論が「ヘーゲル法哲学批判序説」と「ユダヤ人問題に寄せて」にまとめられている。次の第三章では、まず「ヘーゲル法哲学批判」を手掛かりに、政治哲学の局面でのマルクスの変貌を追跡してみよう。第四章では、ユダヤ人問題に関連して、宗教哲学の局面でのマルクスの変貌を追跡してみたい。

第三章　「ヘーゲル法哲学批判」

第一節　「ヘーゲル法哲学批判」の構成

ヘーゲル『法哲学』の構成と原理

マルクスは一八四三年三月一七日付けで『ライン新聞』の編集長を辞任し、三月末にオランダに旅行した。その途上でルーゲに送った手紙は、すでに検討してきた。六月には長年の婚約者であったイェニー・フォン・ヴェストファーレンと結婚し、新婚旅行をクロイツナハで過ごした。そしてこの地でヘーゲルの『法哲学』を読み込み、批判する長文の文書を書き残している。具体的にはヘーゲルの『法哲学』の最終部分、すなわち第三部第三章「国家」の逐条的な批判である。

ヘーゲルは、『法哲学』の講義の第一部「抽象的な権利および法」で法律の基本的な概念を検討し、第二部「道徳」で、個人的な道徳論をカントの実践哲学を含めて考察し、第三部「倫理」で、近代における法と倫理の問題を考察している。

近代の法と倫理の問題を考察するヘーゲルの『法哲学』の第三部はさらに三部構成である。まず第一章「家族」において、市民社会の土台となる家族の問題が考察され、第二章「市民社会」では、個人的な欲望が充足される市民社会が考察され、第三章「国家」では、家族のもっていた素朴な倫理を個人的な欲望で否定した市民社会を、国家が新たな倫理で克服するという構成をたどる。

第三章「国家」はさらに三つの節で構成される。第一節「国内公法」は、世界における一つの国家の内部での法律のありかたを考察する。これは第三部の第一章「家族」が、個人の倫理を考察していたことに対応する。第二節「国際公法」では、これらの国家が集まって作られた世界における法律のありかたを考察する。これは第三部の第二章「市民社会」が、個々の家族の集合体としての社会の倫理を考察していたことに対応する。最後の第三節「世界史」では、こうした個別の国家の集合体としての世界のありかたが、最終的に世界史によって克服され止揚されることを示す。これは第三部の第三章「国家」が、市民社会のありかたを国家の倫理で克服したことに対応するのである。いずれも弁証法的に同じ展開プロセスを経由することになる。

マルクスが検討したのはこの第三章第一節「国内公法」のほぼ全体である。この第一節はさらに二つの部門で構成される。第一部門が「それ自身としての国内体制」であり、第二部門が「対外主権」である。この第二部門「対外主権」は第二節「国際公法」へのつなぎとなる短い過渡的な部分である。重要なのは第一部門であり、この部門はさらに三つの項に分割される。

ヘーゲルは、国内公法のありかたを、独特な三権分立の原理に基づいて、君主権、統治権、立法権の項に分割している。ただしこの分割は当時のプロイセンの国家の状況に対応して、すべて上位の君主の立場から行われることになる。そのため第一項「君主権」では、君主による支配の原理を考察し、第二項「統治権」では、君主による統治を補佐する官僚機構の統治の原理を考察し、第三項「立法権」では、君主による立法を補佐する身分制の議会の立法の原理を考察することになる。

マルクスのヘーゲル批判の要点

この節ではこれらの三つの項目について、具体的にマルクスの批判を考察するが、その前にこれらの項目についてのマルクスの批判の要点をまとめてみよう。まず第一項の「君主権」にかんするマルクスの批判の論点は、大きく分けて次の二点にまとめることができる。第一の論点は、主語と述語の転倒というフォイエルバッハの論理による君主制度の批判である。周知のようにフォイエルバッハは、神とは人間のさまざまな述語を転倒して主語とするところに思い描かれたものであり、神という主語は「たんに人格化され実存する主語にすぎない[1]」と指摘したのだった。

フォイエルバッハの批判が宗教批判であったことからも分かるように、マルクスのこの批判は、君主制をフォイエルバッハ的な宗教批判の論理で批判する。そしてほんらいは述語の地位にあるべきではあるが、転倒されて主語の地位にのぼった君主を、述語の地位に落とされたが、本来は主語の地位にあるべき国民と民衆の立場から批判しようとするのである。

第二の論点は、国家有機体説的な論理に基づいて、国家の「頭」である統治者が君主という一つの「身体」をもつ必要があることを主張するヘーゲルの神秘主義的な国家論を、民主主義の立場から批判する論理である。

どちらも君主制とその政府を批判しながら、本来の国制が民主制であるべきことを主張するものであり、この時期の急進的な民主主義者としてのマルクスの面目が躍如たるところである。

次に第二項の「統治権」についての批判の要点は、国民が私的な市民としてのブルジョワとしての立場と国家の公民としてのシトワヤンとしての立場に分裂していることについてのマルクスの批判である。官僚機構が存在するのは、ブルジョワである私的な市民が、ただ市民社会の欲望の主体としてだけ行動するために、市民の複数の利害関係を調停する必要があるためだとマルクスは指摘する。もしもこの分裂が克服されるならば、すなわちブルジョワが同時にシトワヤンとして行動することが可能であれば、こうした官僚制のような組織は不要になるはずである。そのためには市民社会が欲望の体系としてのありかたを克服する必要がある。ここにこの当時のマルクスにとっての市民革命の道がかいまみられることになる。

最後に第三項の「立法権」についてのマルクスの批判もまた、国民のブルジョワとシトワヤンへの分離についての批判に依拠するものである。第二項では、ブルジョワの私的な欲求を調停する機関である官僚制の無用性が指摘されたが、第三項では身分制の議会が同じくこうした調停機関として働くはずであるとされているが、それが実際には国民の分裂を反映して、各身分の欲望を主張するだけの場になっていることが批判される。

マルクスは身分制の議会は、国民をそのブルジョワ的な身分において分割するものであることを指摘しながら、身分制の議会ではなく、真の意味での代表制に基づく議会を設立し、そこにおいて国民の利害が反映されるべきだと考える。ブルジョワは身分としてではなく、公的なシトワヤンとして行動することができるのであり、議会はそのシトワヤンの活動の場として存在すべきなのである。

マルクスの新たな変貌

マルクスは、この真の意味での国民の議会について考察するために、このブルジョワの身分制度において排除された一般大衆としての賤民の立場に立とうとする。ブルジョワであるかぎり、市民社会における身分制度から解放されることがありえないためである。マルクスはこの批判において、ブルジョワがいかにしてシトワヤンになるかという道を模索しているが、この第三項の批判において、社会の内部で市民が公民となってゆく道を模索することを放棄することになる。そして社会の外部に投げ捨てられている賤民の立場に立つことで、ブルジョワ社会の総体を、資本主義的な市民社会のありかたを批判する視点を確保するのである。

この論文ではしかし、まだこの賤民というものがどのようなものであるかは明確にされていない。この賤民の立場を明確にすることが、「ユダヤ人問題に寄せて」と同時期に発表された「ヘーゲル法哲学批判序説」の課題となる。そしてこの賤民の立場に立つことによって、国家と社会の民主主義的な改革論から出発したマルクスが、共産主義的な革命論へといたる道が開かれるのである。

一八四三年の夏に執筆された「ヘーゲル法哲学批判」のマルクスは、まだ『ライン新聞』の論説の時期の急進的な民主主義者としての面影をとどめている。しかし同年秋に執筆された「ヘーゲル法哲学批判序説」のマルクスは、もはやこの残滓を拭い去って、革命家としての顔をのぞかせている（マルクスはこの立場を改めて共産主義と呼ぶことにしたのだった）。

このようにマルクスはこのわずかな期間のうちに、社会改革を求める急進的な民主主義の立場から、国家と社会の根源的な革命を求める共産主義の立場へと移行するのである。次に節を改めて、マルクスが「ヘーゲル法哲学批判」の論文で、どのようにしてこの突破を論理的に実現したのか、その道筋をたどってみることにしよう。

第二節　第一項「君主権」の批判の論点

フォイエルバッハの宗教批判における主語と述語の二重の転倒

まずマルクスが、この「君主権」の批判の第一の論点として、フォイエルバッハの宗教批判における主語と述語の逆転の論理を、ヘーゲルの法哲学にどのように適用しているかを確認しておこう。フォイエルバッハは宗教の本質について、「宗教は、人間がもっている最初の、そしてもとより間接的な、自己意識である[1]」と主張していた。そして「宗教的対象は人間のなかにあり、それ自身内面的な対象である[2]」と語っていた。だから人間が神として想定するものは、人間の内面的な本質が転倒されて投影されたものにすぎない。

そして人間は神について、「永遠である」とか「全知である」とか「万能である」というように、さまざまな述語をつけて語る。しかしこれらの述語は、じつは「人間の本質の規定[3]」であるにすぎない。この神という主語においては、実は人間という主語が語られるべきであったが、それが転倒されているのである。神学では、こうした述語は、神のものとして語られているが、それはほんらいは人間の自己意識について語られるべきものであり、それが転倒されて神において語られているにすぎないのである。

ここでは二重の転倒が存在すると言うべきだろう。まず第一の転倒として、人間について語られた述語が、神という主語に転倒される。この転倒においては主語にあっても述語にあっても、それぞれの形で転倒が行われる。まず神について語る主語においては、現世的な人間の自己意識が、彼岸における神という神秘的なものに仮託されて語られているという意味で、現世と来世の転倒が行われる。さらに述語においては、神のさまざまな特性が語られるが、それはもともとは人間の自己意識の特性であったものであるが、それが人間ではなく神の特性として語られるという意味で、神の特性と人間の特性の転倒が行われている。これはどちらも人間の特性が逆転されて神の特性として語られるという意味で、神と人間の関係についての認識論的な転倒と呼べるだろう。

それだけではない。神という神秘的な主語は、「永遠である」とか「万能である」のようなさまざまな規定を述語として持っているように語られており、こうした述語は神という主語から引きだされるかのように考えられている。しかし実際には概念としての主語から、その概念を規定するさまざまな述語が引きだされたのではなく、さまざまな規定としての述語の主体として、「神」という仮構の存在が主語として想定されているだけである。ここでは主語から述語が引き出されるような装いのもとで、述語の主体として架空の主語が仮構されるという転倒が行われている。これは現実の人間の特性が神の特性から発生したかのように思い込まれるという意味で、神と人間の関係についての発生論的な転倒と呼べるだろう。

フォイエルバッハはこうした二重の転倒を要約して、「神的本質（存在者）とは人間の本質が個々の人間、すなわち現実的肉体的な人間の制限から引き離されて対象化されたものである[4]」と語っている。人間がもつさまざまな特性が、神という理念においてて対象化されて語られているのであり、しかもそれが人間の特性の集合としてではなく、神という崇高な理念から引きだされたかのように語られているのである。

この逆転の国家への適用

マルクスはこのように、現世の人間の特性が彼岸の神の特性として規定され、それが神という神秘的な存在者の特性とみなされるというフォイエルバッハの宗教的な批判を、ヘーゲルの『法哲学』の国家と市民社会の関係に適用しながら、ヘーゲルの政治哲学を批判する。神という神秘的な存在のもつ諸特性が、国家という理念において語られているが、じつはこれは現世的な人間の家族と市民社会のさまざまな特性が、国家という理念のうちに対象化され、こうした神秘的な国家という理念の述語として語られたものにすぎないと考えるのである。

マルクスは「理念は主体化され、そして家族と市民社会との国家にたいする現実的な関係は、理念の内的な想像上の働きと解される。家族と市民社会は国家の前提であり、それらはもともと能動的なものなのであるが、思弁のなかであべこべにされる[5]」

と指摘する。家族と市民社会のさまざまな規定は、もともとは欲望の主体である人間について語られたものであるが、これが国家という理念の述語として語られると同時に、国家の理念が神秘的な主語として祭り上げられるのである。

このマルクスの論理は、フォイエルバッハの神における人間の規定の転倒についての宗教的な批判を、国家における家族と市民社会の規定の転倒にたいする政治的な批判へと読み換えたものであることは明らかであろう。ここでもフォイエルバッハの宗教批判の場合と同じように二重の転倒がある。

国家についての認識論的な転倒と発生論的な転倒

ヘーゲルの『法哲学』におけるこうした二重の転倒についてのマルクスの批判をまとめてみよう。まずマルクスは、ヘーゲルは家族や市民社会のありかたをさまざまな「現象」として描きだすことを指摘する。この「現象」はカント的な意味で、ある「物自体」の現れとみなされている。しかしもともと現実に存在するのは、家族と市民社会であり、物自体の現れである「現象」とされたものは、実際には現実的なものであり、実体である。

そこに、ほんらいは現実的で実体的なものが、不可視の実体である物自体の「現象」であり、現れであるとみなされるという第一の転倒がある。これは現実的なものがほんらいは主語であるのに、それがある理念的なものの「述語」とみなされるという転倒である。これは「現象」の背後に「物自体」としての理念が存在し、ほんらいは実体であるべきものが現象とみなされるという認識論的な転倒である。これは国家についての認識論的な転倒と呼べるだろう。

　第二に、主語であるべき現実性が物自体の現象とみなされるというこの認識論的な転倒を強化する第二の転倒が存在する。それはこれらの現象がまず認識された後に、その背後に物自体を「想定する」のではなく、まず物自体としての国家が存在し、それがさまざまな現象を発生させると考えるものである。そこに国家の「神秘化」[6]が生まれるのであり、この神秘的な国家から、さまざまな現象が発生するのである。これは国家についての発生論的な転倒と呼べるだろう。

　フォイエルバッハの語るように、すべての現象は人間の自己意識の現れとみなすべきものであろう。ところがヘーゲルの法哲学では、この人間の自己意識がまず国家という理念の述語であるかのように認識論的に転倒され、次に国家からすべての現象が発生するかのように発生論的に転倒されることによって、二度にわたって転倒されるのである。現実の人間の自己意識または精神が主語であったのに、それが転倒され、幻想のうちでの国家という主語の述語としてしか表現されない。そしてこの国家というものは、人間の精神または自己意識の現れを抽象化したものであるから、これはもともとは精神の抽象的な述語だったものである。そうなると「現実的な主語はただ、抽象的述語の最後の述語としてのみ現れる(7)」のである。ここでは精神が二度にわたって転倒されている。精神という主語がまず国家のうちに転倒されるが、この国家はもともとは精神の述語であったものである。だから「精神はみずからの述語の述語となる(8)」ということになる。

二重の転倒の三つの特徴——理念の伝記、トートロジー、論理学

この二重の転倒はそのまま、法の哲学が理念の自己実現の物語になることを意味する。家族と市民社会のさまざまな特徴は、法哲学の考察の出発点となる素材であったが、こうした素材に基づいて国家という抽象的な概念が導かれるのではなく、国家という抽象的な概念がこれらの素材のもつさまざまな特徴を、みずからのうちから生みだすと語られるのである。

マルクスはこの事態について、「ヘーゲルにあっては、現実的な人間が国家に到達するのではなく、かえって国家のほうこそがはじめて現実的な人間に到達しなければならない。……このように主体的なものが逆に客体的なものに、そして客体的なものが逆に主体的なものに転じる」と表現している。[9] どうしてそうなるかというと、「ヘーゲルは抽象的な実体としての理念の伝記を書こうと欲するからである」。[10] ヘーゲルの法哲学は、国家という抽象的な概念が主体となる物語、「理念の伝記」なのである。

この二重の転倒の必然的な帰結として、すべての記述は同義反復《トートロジー》になる。述語が転倒して主語となるのであれば、主語について語られた述語がすべて主語の内部に包括されているのは当然のことである。「これは全部、一つのトートロジーである」[11] と言わざるをえないのである。

すると、ヘーゲルの法哲学はトートロジーを語るものであり、カント的な用語でいえば、分析判断なのである。すべてが主語に含まれている概念を現実の世界に反映させ、流出させたものにすぎないのである。ということは、ヘーゲルの法哲学は、現実の人間の世界を法という観点から規定することを目指したものではなく、国家という概念からその内部に含まれた概念を演繹し、発生論的に流出させるだけのものであることになる。

主語を分析的に分解して、その内部に示されたものを語る言語は論理学と呼ばれる。論理学は現実の世界の状態とは別に、自明でトートロジー的な文とその関係だけを扱うからである。マルクスはこのことをヘーゲルでは「法哲学ではなく、論理学が真の関心事である[12]」と表現しており、さらに「事柄の論理ではなくかえって論理の事柄[13]」だけが重視されていると批判している。「論理が国家の証明に用いられるのではなく、かえって国家が論理の証明に用いられる[14]」のである。

ヘーゲルの国家有機体説とマルクスの批判

マルクスはこのように、現実の国家について語るべきヘーゲルの法哲学が、こうした国家についての認識論的な転倒と発生論的な転倒によって、トートロジーを語る論理学へと後退していることを批判するのである。そしてマルクスはさらにその根底にある転倒の論理を、プロイセンの国家のありかたから考察しようとする。

これが第一項の「君主権」の批判の第二の論点である国家有機体説の批判である。すでに『ライン新聞』の時代に、検閲という問題をめぐって君主制の国家の抑圧的なありかたを批判してきたマルクスは、ヘーゲルの法哲学を考察しながら、プロイセンの国家そのものが、転倒した国家であることを指摘するのである。

すでに確認してきたようにマルクスは『ライン新聞』時代に、キリスト教を国家の宗教とするプロイセンの国家が転倒した国家であることを批判してきた。これはバウアーのキリスト教国家への批判と同一の路線であり、同時にフォイエルバッハの宗教批判をうけつぐものであった。そしてすでに確認したように、マルクスによるヘーゲルの法哲学批判の第一の論点は、フォイエルバッハの宗教批判の論理である主語と述語の転倒の論理によって、ヘーゲルの法哲学の転倒を批判するものであった。

ただしこの時期のマルクスによるプロイセンの君主制の批判は、こうしたフォイエルバッハ的な論理による批判だけではなく、プロイセンの君主制のイデオロギーを表現するヘーゲルの国家有機体説的な理論の批判としても展開されるのである。

ヘーゲルは国家を一つの有機体のようなものに譬えていた。国家の生命は君主のうちにあり、国民は人間の身体で言えば「胃」のような器官であると考えるのである。たとえばヘーゲルは、「一切の個々の身分、権力、職業団体の観念性もこれと同じであって、これらのものがどんなに存続し自存しようとする衝動をもっていようと、そうである。これらのものは有機体における胃のようなもので、胃も自分だけの独立の位置を占めてはいるが、しかしそれと同時に揚棄され犠牲にされ、全体に融合されるのである」(15)と、国家を人間の身体の比喩で語っているのである。

この身体としての国家の理論は、その時代とそれ以前の国家有機体説の多くがそうであったように君主制を擁護するために使われる――身体をもつ人間の人格が国家を代表し、国家の生命となるのは君主であると主張するのである。「国家の人格性はただ一人の人格、すなわち君主としてのみ現実的なのである」[16]。そしてヘーゲルは、国家の主権が国民にあるという「最近の理論」を批判しながら、「国民というものが、君主を抜きにして理解されるならば、そして君主と必然的かつ直接的に関連している全体の分節的な組織を抜きにして理解されるならば、国民は定型のない塊であって、これはもはや国家ではない」[17]と主張するのである。

これにたいしてマルクスは、「国家は一つの抽象物である。国民のみがひとり具体物である」[18]ことを明確に指摘する。この具体物である国民という観点からみるとき、君主ではなく国民こそが、国家の謎を解くものとして現れる。この国民こそが国家であることを原理としたのが民主制である。民主制の国家こそが、真の意味での国民の国家なのである。それにたいしてヘーゲルの君主制の理論によると国民は、国家に付属する「定型のない塊であって、これはもはや国家ではない」ことになる。

マルクスはさらに、このヘーゲルの国家有機体説についても、フォイエルバッハの主語と述語の転倒の論理によって批判を加える。国家という人間の述語であるはずのものが主語として考えられており、人間という主語であるはずのものが述語の地位に落とされていることを指摘するのである。民主制で初めて、主語である人間が主体の地位に立つ。「ヘーゲルは国家から出発して、人間を主体化された国家たらしめ、民主制は人間から出発して、国家を客体化された人間たらしめる[19]」のである。だから「われわれは君主制において体制の国民をもち、民主制において国民の体制をもつ。民主制はあらゆる体制の謎の解かれたものである[20]」ことになる。

第三節　第二項「統治権」の批判の論点

ブルジョワとシトワヤン

すでに指摘したように、この第二項「統治権」へのマルクスの批判では、「ユダヤ人問題に寄せて」で鋭く対比されるようになる市民社会の一員である私的な市民としてのブルジョワと、政治的な国家の一員である公民としてのシトワヤンとの対立の問題が考察される。このブルジョワとシトワヤンの対立関係は「ユダヤ人問題に寄せて」で中心的なテーマとして取りあげられるが、この論文に先立つこの時期の「ヘーゲル法哲学批判」の原稿で、この対立関係がマルクスの問題構成に明確に登場してくるのである。

ヘーゲルは第三章「国家」を考察するに先立って、第一章「家族」と第二章「市民社会」を検討し、家族と市民社会においては国民は私的な欲望の主体であり、私的な利害の対立の主体であると考えてきた。この第三章の第二項の最初のところでヘーゲルは、この市民社会における私的な主体のありかたを、次のようにまとめている。

「市民社会は、万人にたいする万人の個人的な利益の闘争の場であるとともに、この個人的な利益が共同の特殊的な要件にたいして衝突する場でもある。さらにこの二つが一緒になって、国家のいっそう高い見地と指令にたいして衝突する場でもある(1)」。

欲望の体系としての市民社会

市民社会はヘーゲルによると三つの次元で、利害の衝突する場である。第一に市民社会は、それを構成する個人がたがいに闘いあう場である。ホッブズ的な意味で、万人がみずからの利害をかけて万人と闘いあう場が市民社会である。この闘いが成立するための条件となり、一人の個人が社会のうちで存立するための根拠となるのが家族である。それぞれの家族は市民社会を構成しながら、たがいに対立している。社会は、個人が構成する諸家族が対立し、闘いあう自然状態とみなされる。

第二に市民社会は、市民たちが集まって作りだした諸身分や職業団体などで構成されており、こうした身分や団体もまた、それぞれの利害をめぐって、他の身分や職業団体と対立し、衝突しあう。ここではブルジョワ身分は、貴族身分や賤民たちとは対立する利害をもつであろうし、綿織物職人の団体は羊毛加工職人の団体とは対立する利害をもつであろう。市民社会とは、それを構成するさまざまな身分や団体がたがいに対立しあう場である。

第三に市民社会は、その上位にある国家との対立の場である。国家は、家族や市民社会から生まれ、しかもそれと同時に対立することもある場である。私的な利害を貫徹しようとする市民社会にたいして、国家は共同体の全体の利害という観点からこれを抑えようとする。

これらの三つの次元は窮極的には、国家がそもそも含んでいた構成要素と、国家そのものが対立する場である。そして国内公法の場面では国家が最終審級であるが、国際公法の場では、一つの国家は万人の万人との闘争である自然状態に戻り、他の国家とあたかも一人の個人であるかのように対立するのである。

統治組織としての官僚制の二つの問題点

ヘーゲルにとって統治の仕事は、国家がこの第三の市民社会と国家の対立の次元において、欲望の体系としての市民社会のもつ矛盾を「いっそう高い見地と指令」をもって解決しようとする営みである。この営みを実現する役割をはたすのが、官僚機構の使命である。

マルクスからみると、このヘーゲルの官僚制の理論には、二つの問題点がある。第一の問題点は、この国家の観点に立つ機構が、市民社会にどのような姿勢で向き合うかがヘーゲルの法哲学ではまったく考察されていないことにある。この機構は、みずからを市民社会とは異質なものとみなしている。「ヘーゲルは〈国家〉と〈市民〉社会の分離、〈特殊的諸利益〉と〈絶対的に普遍的なもの〉から出発するのであって、たしかに官僚制はこの分離に基づいている」(2)のである。

この社会とは異質なものとして市民社会から分離された官僚制がどのようにして〈国家〉と〈市民〉の対立を調停することができるのかについて、ヘーゲルは考察しようとしない。そしてマルクスが批判するように、ただ官僚制という機構について、その「内容は何ひとつ展開することをせず、ただ官僚制の〈形式的〉組織のいくつかの普遍的規定を述べるだけ(3)」なのである。

それというのもこのヘーゲルの法哲学では、「国家は市民社会のうちにあるのではなく、外にある」(4)のであり、「〈国家〉は市民社会の本質にとってはよそものの彼岸的なものとして、この本質の代表者たちによって市民社会に対抗して押し立てられる」(5)にすぎないからである。

マルクスは、ヘーゲルの法哲学でこの国家と市民社会の対立を調停するために求められたものが官僚制であり、実質的には官僚制は君主制の下部機構にすぎないことを明確に指摘する。それは国家と市民社会の利害を調停するという「形式」を資格試験という「形式」によって提供するにすぎないのである。「〈普遍的な国家利益と法をしっかり維持する〉ため、この圏の上に〈統治権の代理者〉である〈統治担当の官吏〉と〈協議制の官衙〉が位置するのであって、これらは〈君主〉のところで合流する」(6)のである。

第二の問題点は、官僚機構もやはり市民社会の成員である個々人で構成されるはずであるが、その個々人が国家という「いっそう高い見地」に到達する道筋が不明なことである。この個人は家族の長であるとともに、市民社会において自己の利益を追求する私的な個人であるはずである。しかしその私的な欲望を追求する個人はいかにして国家という公的な見地に立つことができるのだろうか。私的な欲望を追求する私的な市民としてのブルジョワである個人は、いかにして国家の公民としてのシトワヤンとして行動することができるのだろうか。

ブルジョワがシトワヤンになる道

ブルジョワがシトワヤンになるプロセスについてヘーゲルは明確に示さないが、二つの道を用意している。試験による資格認定と君主による任命である。まず試験は、私的な個人がシトワヤンとして行動することのできる「資格」を認定するものである。ヘーゲルは統治の任務を負うシトワヤンと、私的な欲望を追求するブルジョワという二つの側面の間には「どんな直接的で自然的な結びつきもない。だから諸個人は、自然的人格性と生まれによってこの職務に就くように決められているわけではない。この職務に諸個人を任命するための客観的な契機は、彼らの能力の識別と証明である」[7]と語るのである。

この試験による認定についての説明は、その能力がどのようにして識別され、証明されるか、そのような能力がどのようにして生まれるかということが証明されないかぎり、すでに第一の観点で指摘された官僚制の「形式主義」を表現するにすぎない。ヘーゲルはこのブルジョワのシトワヤンへの変身の第二の契機として、君主による任命を挙げている。ヘーゲルは個人の能力という主観的な側面と、それが公的な地位に適しているという客観的な側面を結びつける役割をはたすのが君主であると考える。「この個人がある地位に選ばれ任命されて、公の職務の管掌を委任されるという主体的な側面、すなわちそれ自身としては相互にどこまでも偶然的な二面であるところの個人と官職を結びつけるこのはたらきは、決定権と主権をもつ国家権力としての君主権に帰属すべきものである(8)」というのである。

この君主の役割は、資格試験という形式主義の欠点を補うものとして考えられている。ヘーゲルの構想においては、試験よりも君主に気にいられるという偶然性が、そして君主に任命されたというブルジョワの誇りが、ブルジョワをシトワヤンに変身させる魔法の鍵のような役割をはたしているようである。

これは国家有機体説において、君主が「頭」の役割をはたすこととも一貫した考え方である。君主は「頭」として意志の契機を担うのであり、意志をもつ頭が意志をもたない身体の器官としての国民を支配するのである。「〈君主権〉は意志における自然的な契機の代表、〈国家における身体性の支配〉の代表にほかならない(9)」とされる。

この考え方によるかぎり、ブルジョワのシトワヤンへの変身は、君主の恣意に委ねられ、ブルジョワにとっては完全に外的で偶然的なものとなる。そのためこの変身は個人が自己のうちで意識的に実現するものではなく、外部から働きかける魔法のような仕掛けによるものにすぎないのである。

このようにヘーゲルの市民社会と国家の対立の構図においては、君主という特権的な地位にある者が、ブルジョワとシトワヤンとの対立を解消し、この分裂のもっていたさまざまな問題を解消する枢要な役割をはたすことになる。国家と市民社会の対立のもっていた二つの問題点、すなわち市民社会と国家の外的な対立をどのように調停するかという方法と、その媒介となる官僚制で働くシトワヤンたちは自分たちのブルジョワ性をどのように克服するかという課題は、どちらも君主制の頂点に立つ君主という特権的で自然的な身体によって解決されるしかないことを、マルクスは指摘する。

第四節　第三項「立法権」の批判の論点

「憲法制定権力」と「憲法に制定された権力」

この「立法権」についての考察においてまずマルクスは、国民の権利として認められた立法権と憲法の関係を問題にする。立法権は憲法のもとで認められた権利である。そして憲法もまた法律の一つである。すると問題なのは、憲法に認められた立法権のもとで、憲法を修正できるかどうかということである。立法権を定めた憲法が、みずからを修正する権利を立法権に認めることは自己矛盾である。しかしフランス革命ではこれが実現した。「立法権はフランス革命をやった」(1)のである。

この事態は、「国民は自分たちのために新しい憲法を設ける権利があるか」(2)とも言い換えることができる。国民は、君主が国民に与えた憲法を修正し、新たな憲法を作る権利があるのだろうか。これは憲法の規定によっては不可能である。しかしマルクスは「これは無条件に肯定されねばならない。けだし憲法は民意の真の現れであることをやめるやいなや、一つの実践的な幻想になっているのだからである」(3)と指摘する。

この事態は周知のように、「権力構成的な立法権」と「権力によって構成された立法権」の違いとして考えることができる（邦訳は「制定する議会」と「制定された議会」(4)）。「権力構成的な立法権」とは、まだ既存の法律が存在しない状態で、さまざまな法律を新たに作りだす権利であり、「権力によって構成された立法権」とは、すでに定められた法律によって、新たな立法を行う権利である。

フランス革命の際には、第三身分を代表するシイエスが『第三身分とは何か』において、「憲法制定権力」と「憲法によって設けられた権力」(5)という概念によって、この二つの概念を区別し、憲法制定権力をもつ議会によって、新たな憲法を制定したのだった。

マルクスは議会の根本的な機能は、国民の民意を表現することにあると考えるのであるから、「制定する議会」の「権力構成的な立法権」こそが根源的なものだと考えている。しかしヘーゲルの法哲学では、議会にはそのような根源的な権力は与えられていない。議会にはただ、憲法によって定められた枠組みのうちで、君主権や統治権と対比された立法権、「君主権および統治権と区別された立法権[6]」が与えられているにすぎない。ヘーゲルにおいて立法権はたんに「形式としての普遍的なもの[7]」にすぎず、他の権力の「おまけ」にすぎないものとして考えられているだけである。それは一つの「嘘」であり、「儀式[8]」にすぎない。これは、ヘーゲルの法哲学においては、ほんらいは両面的な権力をもつはずの議会がたんなる「嘘」として貶められているということであり、ヘーゲルの法哲学にとって議会が大きな弱点となっていることを示すものである。マルクスはこの議会の概念に、ヘーゲルの法哲学批判の突破口をみいだすことになる。

議会の立法権の問題点

マルクスはそのことをまとめて「議会という要素が示しているのは、国家はすなわち国民の利益であり、あるいは国民はすなわち国家の利益であるという法的な嘘、すなわち立憲的な国家に認められた法的な嘘である」[9]と要約している。ヘーゲルの法哲学では議会は民意を代表するものであるよりも、官僚機構を補う市民社会の一つの要素にすぎないのである。「官僚が市民社会へ向けてだされた国家の代表であるように、議会は国家へ向けてだされた市民社会の代表である」[10]のである。そして国家が市民社会に優越することに基づいて、国家を代表する官僚制は、市民社会を代表する議会に優越するのである。

国家にとって官僚制度が政府の統治の側面であるとすると、立法権をもつ議会はこの政府と対立した国民を、そして政府のもとでただ支配されるにすぎない国民を代表する側面であり、ここにプロイセンの国家のすべての問題点が凝縮されることになる。すでに確認してきたように、第一項の「君主権」を担うの政府は君主の支配のもとにあり、第二項の「統治権」を担う官僚制は結局は君主の恣意によってその資格が認定されるものである。しかし第三項の「立法権」を担う議会は国民の代表として、君主の支配から逸脱する要素である。そして君主の国家にとって国民というものが、普遍性に対立する特殊の契機にすぎない以上、政府が普遍性を代表し、議会が国民の特殊的な利害をみかけだけでも代表するものとならざるをえない。「〈議会〉のうちに、現代の国家諸機構のあらゆる矛盾が凝集している。それがあらゆる方向で〈仲介者〉であるのは、それがあらゆる方向で〈ぬえ〉だからである」[11]。このようにプロイセン国家の政治の矛盾は、身分制の議会のうちに集約しているのである。

市民としての国民の二重の分裂

この身分制議会の矛盾は、プロイセンのような専制的な君主国において国民がブルジョワとシトワヤンに分裂していることによって必然的に生まれざるをえないものである。統治機構である官僚制においてブルジョワは、君主の認可と任命によって、みずからがシトワヤンであること、シトワヤンとして行動すべきことを自覚することができる。ただしこの政治的な身分としてのシトワヤンは、国民を代表するものではなく、政府を代表するものであり、君主の召使である。そこでは個人における分裂と、この二つのありかたの矛盾は意識されないのである。これにたいして立法権をもつ議会は、ブルジョワ身分である国民を身分ごとに代表するものであり、この代表の資格においてブルジョワは議会ではシトワヤンとして行動することになる。ここにおいて国民は重要な分裂を意識せざるをえなくなる。この分裂は二重のものである。

第一に国民はここで身分と代表の分裂に悩まされる。身分制の議会では市民は自分がある身分に属する者であると同時に、国民を代表する代議士であることを発見することになる。そもそも貴族の身分、ブルジョワの身分、賤民の身分などは、その身分に属する者をその全体として拘束し、規定するものである。ブルジョワと貴族が向き合うとき、その者は相手の身分の者にたいしては、自分の身分に規定された者としてふるまうしかない。そこではそれぞれの者は、国民の諸身分の一つに属する者として存在し、行動する。これにたいしてほんらいの議会における代表制は、代議制という形をとり、代議士は国民を代表する者である。代議士に選ばれた市民は、もはやその身分の者として存在し、行動するのではなく、代議士という政治的な身分に属する者として存在し、行動する。

このように身分制の議会において身分と代表の分裂に引き裂かれた市民は、市民社会においては市民的な身分であるブルジョワとして存在し行動するとともに、議会の場においては政治的な身分であるシトワヤンとして存在し行動することになる。この分裂は、現実の国家における政治と社会の対立を表現するものとして、避けがたい分裂である。というのも「代議制は一つの大きな進歩である。なぜならそれは現代の国家の状態のあけすけな、嘘いつわりのない筋の通った表現だからである。それは包み隠されてない矛盾である[12]」と言えるからである。

ブルジョワとしての私的な身分は、政治的な身分とはまったく異なったものである。「私的身分は国家に対立する市民社会の立場である。市民社会の立場はいかなる政治的立場でもない[13]」からである。そのためこの分裂に引き裂かれた市民はどのように行動すべきかについて、深刻な葛藤に悩まされることになる。

このように市民社会の私的な身分は、国家における政治的な身分とはまったく異なるものであるために、政治的な立場においてはブルジョワとしての市民は、自己の私的な身分を否定することによってしか、シトワヤンとして行動することができないことになる。

この市民的な身分と政治的な身分の分裂は、代議士として選ばれる人間における分裂であるが、この分裂を根底から支えるさらに根本的な第二の分裂が存在する。それは国家の一員としての市民としての存在と、市民社会の一員として私人としての存在の分裂である。これは代議士になった市民を襲う分裂とは異なり、すべての市民が経験せざるをえない分裂である。

まず市民は、統治権の組織である官僚制に支配される市民である。そこでは市民は「国家の質料[14]」として規定されている。市民は官僚制という国家組織にとって、支配される対象であり、素材である。ここで市民は政治的な身分ではなく、市民的な身分として、政治組織に支配される対象である。

これにたいして市民は同時に、市民社会の組織の一員でもあり、私人、私人のブルジョワとしてふるまう。市民社会では市民は「私人として国家の外にあり、この［市民社会という］組織はほんらいの政治的国家には触れることがない(15)」のである。私人としてのブルジョワは、公民であることができないのである。

このような根本的な分裂のもとで、市民はさらに代議制における分裂を経験するのである。この二重の分裂においては、ブルジョワである市民がシトワヤンとして行動するためには、みずからのブルジョワ性を否定するしかない。みずからが市民社会の市民であり、ブルジョワの身分であることを否定した一人のたんなる「個人」となるしかないのである。マルクスはこれを市民は「ただ個人としてのみ、彼は公民でありうるにすぎない。彼の国民としてのありかたは、彼の共同体的なありかたの外に存するところの、したがって純粋に個人的であるところのありかたである(16)」と表現する。

この君主制の国家においては、ブルジョワはブルジョワであるかぎりシトワヤンになることができない。ブルジョワは市民社会に属する身分の者として、私的な身分を維持したままでシトワヤンになることができない。市民は市民としてではなく、あたかも孤立した原子であるかのように行動することで、シトワヤンとなる。このシトワヤンの「原子論的なありかた[17]」は、そもそも資本主義の社会で国家という政治的な組織と市民社会が分裂することによって生まれる必然的な帰結だったのである。「市民社会がその政治的行為においてとび込むところの原子論的なありかたは、個人の存在の場である共同体、コミュニティ、市民社会が国家から分離されていること、または政治的国家が市民社会を捨象したものであることから、必然的に出てくるのである[18]」ということになる。これはブルジョワがシトワヤンとして行動するときには、そのほんらいのありかたから疎外されざるをえないということである。この疎外は「現実に存在する分離を描きだしたもの[19]」なのである。

第五節　「ヘーゲル法哲学批判」の結論

人間の動物誌

このような市民社会と国家の分裂、市民的な身分と政治的な地位の対立は、近代の資本主義社会にいたって初めて完成されたものである。この対立したありかたは、市民的な身分が政治的な身分と同一だった中世と対比することで、はっきりとみえてくるだろう。

中世では、ある身分に属することによって、そのまま政治的な機能をはたすことが可能であった。マルクスはこうした身分について「身分というものは総じて、区別、分離が個人のありかたであるという意義をもっている」[1]と語っている。市民身分に属する者は、貴族身分に属するものとはまったく違う圏域で生きることを強いられる。それはゲーテの『ヴィルヘルム・マイスター』の物語が、貴族身分にたいする市民身分の劣等感と、その克服を重要なテーマとしていることからも明らかである。ゲーテはこの小説によって初めて、市民として貴族に等しい地位に到達することができたのだった。

この身分のありかたをマルクスは動物で譬えることは、すでに第一節で確認してきたが、この論文でマルクスは改めてこのことを指摘している。ここではヘーゲルの思想に即して、このテーマをもう一度考えてみよう。わたしたちが戸外で散歩させられている犬をみるとき、それはある個体としてのポチであるよりも前に、まず人間とは異なる犬という種の動物として考えられる（もちろん犬に引っ張られて散歩させられている人間にとっては、それは犬という種である以前に、一人のポチであるだろう）。

他人にとっては、犬はまず犬なのである。動物はある動物の種であるという「被規定性と一致する」[2]のである。マルクスは中世の身分は、人間に貴族や平民という

「種」の規定性を与える社会だったと考える。中世では人間は名前をもった一人の個人である前に、まず貴族であり、平民であったのである。「身分というものは、社会の分離を支配的な掟とし、それに基づいて存在するものである。それだけではなく身分は、人間を彼の普遍的な在り方から分離し、彼を一個の動物たらしめる[3]」のである。そのとき、一人の個人は人類という人間の類的なあり方を否定され、一つの身分という種の規定性のもとに立たされる。「中世は人類の動物誌である。人間の動物学である[4]」と言えるのである。そして「貴族の秘密は動物である[5]」。

ヘーゲルの身分制議会の問題点

しかし近代の市民社会の登場によって、こうした身分の違いは意味をもたないものとなった。「中世的な意味での身分はもはや官僚制そのものの内部にしか残らなかった（この内部では市民的な立場と政治的な立場は直接に同一である）。これに対立するのが私的身分としての市民社会である[6]」。この市民社会では、もはや貴族や平民や農民のような中世的な社会的な身分は意味をもたない。「わずかに都市と地方の区別[7]」が残るにすぎない。それも貨幣の流通によってほとんど意味をなくしている。「社会そのものの内部では、そうした区別は個人の自由意志を原理とする動的で、固定的でない諸圏域として、でき上がっていた。この圏域の主な徴表は金と教養である」[8]。何よりも資本主義の社会ですべてのことを実現する力のある貨幣が、かつての身分的な差異を消滅させ、これに代わるものとなったのである。

ヘーゲルはそのような近代の資本主義の社会においてもなお、身分制の議会を構想したのである。身分という社会的な地位と代議制の議会という政治的な地位を結びつけたこの身分制議会という制度は、きわめて矛盾に満ちたものにならざるをえない。国家という政治的な組織において、そのもっとも政治的な機能をはたすべき立法議会に、身分制度という中世の自然的で動物的な要素がもちこまれているからである。「国家はその最高の諸機能のところで、ある動物的な現実性をもたせられることになる。自然はヘーゲルに蔑視された復讐をする」[9]のである。

このように国民の代表を選挙で選ぶ代議制の議会ではなく、中世的な身分制の議会を採用したことによって「ヘーゲルはすっかり中世的な立場へずり落ちて、彼の〈国家としての国家の領域という意味での政治的国家の抽象、即自かつ対自的に普遍的なもの〉をまったく放棄したのである」[10]。

マルクスの代議制議会についての見方

マルクスはこのように批判しながら、ブルジョワである個人がシトワヤンとして、あたかも原子であるかのように政治的な地位につく代表制の代議制こそが、国家と市民社会に分離した近代の資本主義社会にふさわしいありかただと考える。そしてそこに、社会における人間のありかたとして、最高の疎外が表現されていることを指摘する。それは中世的な動物性を否定した近代的なありかたの表現なのである。そしてこの疎外の表現としてマルクスは、ヘーゲルの主張するような身分の差異に基づいた二院制の議会ではなく、代議制に基づいた一院制の議会を提唱するのである。

ヘーゲルが二院制の議会を提唱したのは、代議制にもとづいた一院制の議会においては、議員たちが国民の代表となって君主の決定に抵抗しかねないからであった。そのために市民社会の代表である下院とは別に、「実体的な身分」としての貴族と、世襲財産を土地として保有する農民で構成される上院を必要としたのであった。上院を構成する身分は「君主的要素のうちに含まれている自然規定を、この君主的な要素と共有している(11)」ために、君主の決定を支持することが期待されたからである。

これにたいして下院は、市民社会の代表であるだけに、暴力的な要素を構成することになるだろう。ヘーゲルにとって人民とは「多数の衆としての集まりにすぎない。

これは定型のない塊[12]」である。このため下院における人民の「動きとふるまいはまさにそれゆえに自然力のように暴力的で、無茶苦茶で荒々しく、恐るべきものになるであろう[13]」と思われたのだった。

そしてヘーゲルにとっては市民社会の利益を代表する代議士は、「個別性、私的な立場、特殊的な利益」を重視する者たちであり、「普遍的な利益をだしにして、特殊的利益のためにおのれの活動を利用する傾向がある[14]」のではないかと疑われるのである。彼らの知性は「否定的な知性」であり、その見解は「賤民の見方[15]」である。この見方は、「政府には悪意があるのではないか、かなり善くない意志であるのではないかと前提してかかる賤民の見方、総じて否定的なものの立場[16]」なのである。

このようなヘーゲルの否定的な見解にたいしてマルクスは辛辣である。マルクスはヘーゲルのこうした見方こそが、「奴隷根性[17]」であり、「偏狭なお役人根性で、〈人民の自身についての主観的見解〉の〈自信〉をえらそうに見下すところのプロイセンの役人世界のあわれな高慢さ[18]」にとりつかれていると指摘する。

というのも、人民にはこうした「賤民の見方」があると考えることそのものが「賤民の見方」にほかならないとマルクスは考えるからである。すなわち「人民にはよからぬ意志があるに違いないと前提するのも、それと同程度に、いやそれ以上に、賤民の見方」[19]としか言いようがないからである。ヘーゲルはプロイセンの国家構想において、ほんらいの代表制の代議制を否定し、身分制の議会を提唱することによって、プロイセンの現実の国家に阿《おもね》ったのである。すでに指摘したように、そのときヘーゲルは、「すっかり中世的な立場へずり落ちて、彼の〈国家としての国家の領域という意味での政治的国家の抽象、即自かつ対自的に普遍的なもの〉をまったく放棄した」[20]とマルクスは非難していたのである。

このようにしてマルクスは、ヘーゲルの国家構想がプロイセンの現実の憲法を支えるものへと「ずり落ちて」しまったことを批判する。そしてこの時代のマルクスが目指すのは、ヘーゲルの国家論の本来の意図であった「即自的かつ対自的に普遍的なもの」としての国家の実現である。この国家は、市民社会という特殊な圏域と国家という普遍的な圏域を統一する重要な役割をはたすことを求められていた。

ヘーゲルの国家構想では、ブルジョワとしての市民が公民であるシトワヤンになるのは、君主の恣意と偶然性にみずからをゆだねて官僚になり、あるいは身分制の議会においてそれぞれの身分を代表することによってであった。しかしすでに指摘されたように、「われわれは君主制においては体制の国民をもち、民主制においては国民の体制をもつ。民主制はあらゆる体制の謎の解かれたものである」[21]のだった。「あらゆる国家形態はその真理として民主制を有し、それゆえにこそ、それらが民主制でない限り、非真理であることはおのずから明らかである」[22]とマルクスは指摘する。

結局のところ、君主制においては国民は、体制に付随し、体制の統治の対象となる素材にすぎない。そこでは国民は受動的な質料として存在するだけであって、ブルジョワがシトワヤンとして自覚的に行動する契機はまったく含まれていない。この契機が示されるのは、民主制だけであるとマルクスは考えた。それは「国民の体制」、ブルジョワである市民が同時にシトワヤンとしての公民として自覚的に行動することができる民主制の国家体制である。

この民主制では、国家という「体制はたんに即自的、本質的にだけでなく、現存的、現実的にも、それの現実的な根拠である現実的人間、現実的国民へとつねに連れ戻されている人間自身、国民自身の業《わざ》として定立されている。体制は人間の自由な産物というそれ本来のあり方において現れる」[23]のである。「ヘーゲルは国家から出発して、人間を主体化された国家にする。ところが民主制は人間から出発して、国家を客体化された人間にする」[24]とマルクスは考える。

この君主制と民主制における国家と人間の関係を批判する論理の転倒が、宗教の分野での人間と神の関係の転倒を批判するフォイエルバッハの論理とまったく同じであるのは明らかであろう。しかしフォイエルバッハにとっては宗教は解体すべきもの、人間の幻想にすぎないものであった。ところがこの時点のマルクスにとっては国家は解体すべきもの、幻想にすぎないものではない。民主制の国家において初めて、人間が主体として能動的に形成する国家、「客体化された人間」としての国家が成立するのであり、マルクスはこうした国家の確立を願うのである。ヘーゲル的に表現すれば、こうした民主制の国家において初めて「普遍と特殊との真の一体性」[25]が成立するはずだからである。

民主制の国家の確立

それではこの民主制の国家を樹立するためにはどうすればよいだろうか。どのようにすれば君主の恣意や偶然性なしに、市民が能動的な主体として民主的な国家を確立することができるだろうか。いかにしてブルジョワは自己を喪失せずに、シトワヤンとなることができるだろうか。

この時点のマルクスの課題とその限界は、この民主制の国家の樹立という課題の表現そのものに現れている。国家は君主権、統治権、立法権の三つの要素で構成されているとヘーゲルは考えていた。マルクスは君主権は別として、統治権が国家の政府が市民社会を取り込む契機であり、立法権は市民社会が国家へと進出する契機であることを認めていた。この立法権はたんに市民社会を構成する市民の意見を代表する権利であるだけでなく、市民社会そのものが共同体として形成されるためのメカニズムとされているのである。

マルクスは、立法権こそが「社会結合体を構成するものである。立法権の形成は、市民社会のすべての成員が、たがいに個人とみなしあうことを要求するのであり、彼らは現実に個々人としてたがいに対立しているのである」[26]と主張する。市民社会が欲望の体系であるかぎりでは、万人は自己の欲望の実現を求めて対立しあうだろう。しかし国家への参与を実現する立法権においては、国家という共同体を構成する個々の成員として、他者を承認しあうとマルクスは考えるのである。

そうなると民主的な国家の樹立は、この立法権を通じて遂行されるべきだということになるだろう。それは身分制の議会を解体し、一院制の代表制の議会を確立することによって実現されるだろう。そして真の意味での民意を表現する代表制が確立されるためには、当然ながら普通選挙が求められるだろう。このような真の意味での代表制が実現されることで初めて、ブルジョワ的な私人が国家において、公民としてのみシトワヤンとなることができるだろう。

ルソーの『社会契約論』の構図を超えて

ここではルソーの『社会契約論』と同じ構図が考えられている。社会契約を締結した個人は、自己の私的な自由を放棄することで、社会契約によって構成されたあらたな共同体の一員として、たがいに対等で自由な個人として向き合うことになると、ルソーは考えていた。

社会契約によって設立されたルソーのこの国家においては、代表制の意味がまったく変質する。ルソーは政治の事柄を専門とし、国民を代理する代議士という職業を嫌悪した。すべての人民が、自分の生活を決定する事柄の決定に参加すべきであり、その決定を下す意志を人民から委ねられて、代理する代議士という職業が成立することは、国家の腐敗であり、国民の自由の喪失であると考えたからである。

ただし国民の意志は代理されることはないとしても、代表によって決定されるものであるとルソーは考えていた。それは選挙によって一般意志が表現されるというルソーの構想からも明らかである。一般意志を表現する者は、国民の意志を代理するのではなく、代表するのである。

マルクスもルソーのこの代表の概念をうけついでいる。代理という意味での代表が行われるかぎり、個人が選挙において代議士を選び、その代議士が国民の代理として決定を下すことになるだろう。そのときには政治に参加するのは代議士であり、国民ではないだろう。そのときにはシトワヤンであるのは代議士だけであり、ブルジョワは市民社会で自己の欲望の追求に専念しているだろう。その場合には、相変わらずブルジョワはシトワヤンになることはできず、政治的な疎外はなくならないだろう。

マルクスはこのことを「市民社会が代理を通じて政治的な国家に参与することこそ、市民社会と政治的国家との分離の表現であり、これらのたんなる二元的な一体性の表現にほかならない(27)」と明確に指摘している。この場合には政治的な国家は、市民から選ばれた代理者としての代議士が政治に参加する場であり、市民社会は国家から分断されたままである。しかし社会契約の国家のような真の民主的な国家においては、「皆が個々に立法権に参与する(28)」ことが実現され、もはや市民社会は国家と分離した独自の存在であることをやめるだろう。

その場合には代表ということは代理を意味するのではなくなるだろう。そして代表的権力としての立法権の意義はすっかり消えてしまうだろう。「ここでは立法権は各職能が代表的であるという意味において、たとえば靴屋が一つの社会的必要をみたす点で私の代表であるという意味において、代表なのである(29)」と言えるようになるだろう。それは「それぞれの特定の社会的活動がただ類の活動としてただ類、すなわちわたし自身の本質規定のみを代表するという意味において代表なのである(30)」ということである。

代表の意味がこのように代理という意味を喪失すると、選挙によって代議士を選ぶという意味での立法権はその重要性を喪失することになる。国民の民意は議会でつねに表現されるのであり、だれを選挙で選ぶかは、重要ではなくなるからである。そして重要なのは生活の統治である統治権となるだろう。「ほんとうのところはたとえば統治権のほうが立法的な、形而上学的な国家機能よりもはるかに国民の願望の的《まと》でなければならなかったはずなのである(31)」とマルクスは指摘している。

このようにルソー的な社会契約の国家においては、代議士の選挙はその重要性を失い、国民の生活の統治こそがすべての問題の鍵を握ることになるだろう。この国家では、市民社会と国家の分離という政治的な疎外の表現が解消され、国民は共同体の一員として、統治にかかわるすべての決定に参与するだろう。もはや市民社会はヘーゲル的な欲望の体系だけであることをやめて、同時に国家の重要な決定が下される場となるだろう。そのときブルジョワはブルジョワであることをやめずに、シトワヤンになることができるだろう。

マルクスの構想では、このようなルソー的な民主制の国家を構築することで、ブルジョワはシトワヤンになることができると考えられた。そのためには普通選挙を実現し、憲法をあらたな社会契約のもとで作り直すことが必要とされる。無制限の普通選挙を目指す「選挙制度の改革は、抽象的で政治的な国家の内部にあってはこの国家の解消の要求であるが、しかしまた同様に、市民社会の解消の要求でもある」(32)のである。

ここでマルクスが目指しているのは、国家と市民社会の分裂という現実を、普通選挙の実現、あらたな憲法の制定、そして社会契約の締結によって克服しようとする急進的な民主主義の道である。

しかしマルクスはやがてこのルソー的な急進的な民主主義者の衣を脱ぎ捨てることになる。マルクスはユダヤ人問題について考察しながら、このようなブルジョワをシトワヤンに変身させる道は行き止まりであることを認識するようになる。この政治的な解放の道では、真の意味での人間的な解放は実現できないことを洞察したからである。そのマルクスの変貌を示しているのが、バウアー批判の文書「ユダヤ人問題に寄せて」であり、その後に執筆されたとみられる「ヘーゲル法哲学批判序説」である。そこで章を変えて、マルクスの「ユダヤ人問題に寄せて」について考察してみることにしよう。

第四章　マルクスのユダヤ人問題の考察

第一節　「ユダヤ人問題に寄せて」第一論文

マルクスのユダヤ人問題についての根本姿勢

マルクスは一八四三年の三月末にオランダに旅行していたことは、ルーゲ宛ての最初の書簡からも明らかであり、九月まではルーゲと書簡を交わしながら、『独仏年誌』の企画を練りつづけている。三月一三日に、まだオランダへ出発する前に滞在していたケルンからルーゲに送った書簡において、フォイエルバッハの『哲学改革のための暫定的な命題』では、自然について語られることが多く、政治について語ることが少ないことに不満を述べていたことはすでに紹介した。

この書簡の最後でマルクスは、ユダヤ人問題に取り組もうとする計画があると、次のように語っている。「さきほど当地の［ケルンの］イスラエル人の代表がやってきて、ユダヤ人を擁護する請願を州議会に提出したいので、援助してほしいと言ってきました。わたしは援助するつもりです。イスラエルの「ユダヤ教の」信仰はわたしには厭《いと》わしいものですが、バウアーの見解はあまりに抽象的だと思われます。「プロイセンという」キリスト教の国家には、できる限り多くの風穴をあける必要があるのであり、わたしたちはできるかぎり理性的な要素を持ち込む必要があるのです。少なくともそれを試みるべきです。請願が提出され、それが却下され、抗議の声が強まれば強まるだけ、人々の憤慨も強まるのです[1]」。

マルクスはこの年の夏にはクロイツナハに滞在して、ヘーゲル法哲学の批判を執筆する。そしてまだクロイツナハに滞在していた時期に、バウアーの論文「ユダヤ人問題」を詳細に分析し、「ユダヤ人問題に寄せて」の執筆を開始している。その大部分はクロイツナハで書かれ、完成されたのは一〇月末にパリに到着してからである[2]。これにたいして、ヘーゲル法哲学の批判草稿をまとめて、その序文として「ヘーゲル法哲学批判序説」を執筆したのは、パリ到着後から一八四四年一月にかけてである。

この書簡でマルクスは、ユダヤ人問題について考察することには二つの目的があることを指摘している。第一は、バウアーの見解の抽象的なところを指摘し、ユダヤ人問題についてのプロイセンの対応について具体的に批判することであり、第二はそれによってプロイセンという国家に理性的な要素を認識させ、「風穴」をあけることである。これは請願を提出して、それが却下された後に、人々の憤慨が高まることを期待する姿勢とともに、この時代のマルクスの戦略を明確なものとしている。

この書簡からも明らかなように、マルクスの「ユダヤ人問題に寄せて」の論文は、急進的な民主主義の立場から、宗教問題にたいするプロイセンの国家の非理性的な態度を暴露することを主な目的としているのである。そこにバウアーの論文との大きな違いがみられる。バウアーは宗教批判を展開することで、プロイセンの国家がキリスト教を国教としたことと、プロイセンがキリスト教国家として自己を認識していることに含まれる問題を明らかにしようとしたが、その際にその批判の矛先は、政治的な解放を求めるユダヤ人の要求のもつ「矛盾」に向けられたのであった。

これにたいしてマルクスの戦略は、バウアーと同じようにキリスト教国家としてのプロイセンのあり方に含まれる問題点を明らかにすることを目指しながらも、ユダヤ人の要求のもつ「矛盾」を批判することを目指してはいない。プロイセンの国家にとって受け入れることのできないすべての要求は、プロイセンの国家の問題点を明らかにするために役立つのであり、マルクスは人々がこうした要求を強めること、そしてそれが却下されることにたいする憤激を強めることを、それによってプロイセンという国家に「風穴をあける」ことを望んでいるのである。以下ではこの観点から、マルクスのこの「ユダヤ人問題に寄せて」の論文を検討してみよう。

ユダヤ人の三つのエゴイズム

このマルクスの論文は、バウアーの二つの論文「ユダヤ人問題」と「現代のユダヤ人とキリスト教徒の自由になりうる能力」のそれぞれの批判として、第一論文と第二論文の二つの部分に分かれている。この第一節では、第一論文であるバウアーの「ユダヤ人問題」にたいするマルクスの批判を考察することにしよう。

まずマルクスは、バウアーがユダヤ人の政治的な解放をもとめる要求には、三つのエゴイズムが存在すると主張していることを確認する。バウアーは、プロイセンでは政治的に解放されている国民は一人もいないという事実を指摘した上で、ユダヤ人のこうした要求をたんなるエゴイズムにすぎないと非難する。バウアーからみてキリスト教国家における政治的な解放を求めるユダヤ人は、次の三つの理由で「エゴイスト」であるとされている。

第一に、不自由なユダヤ人が、不自由なキリスト教徒の状態を無視して、自分たちだけに「特別な解放」を要求するのであれば、それはエゴイズムである。ユダヤ人は、自分たちだけではなくキリスト教徒を含めたすべての国民を解放するという「原則」を要求すべきだという。ただしその場合にはこれはユダヤ人だけの要求ではなく、プロイセンの国民としての要求とひとしいものになるだろう。ユダヤ人のこの要求は、個々の国家を超えた人類としての立場からの要求と考えることができる。このエゴイズムは、人間の解放という観点からみたユダヤ人のエゴイズムと呼べるだろう。

第二に、不自由なユダヤ人が、真の意味での政治的な解放を求めるのではなく、また自分たちだけの特別な解放を求めるのでもなく、キリスト教徒と同等な政治的な権利を求めるのであれば、それもエゴイズムであるとバウアーは主張する。このエゴイズムのもとでユダヤ人は、既存のキリスト教国家の「すべての国民が隷従するこの体制」[3]を容認することになるだろう。その場合はユダヤ人は、キリスト教徒の国家であるプロイセンの国民はこの体制に屈従することを望んでいるのに、自分たちだけはこうした体制に屈従したくないと主張することになるのであり、これは別の形のエゴイズムだからである。これは国家における公民の解放という観点からみたユダヤ人のエゴイズムと呼べるだろう。

第三に、ユダヤ人は特別な宗教的な民族として特別な特権を認められている。そしてそうした特権をキリスト教徒に認めることは拒みながら、自分たちに政治的な解放を求めることによって、キリスト教徒だけに認められている特別な権利が自分たちにも与えられることを求めていることになる。これは宗教的な不平等からの解放という観点からみたユダヤ人のエゴイズムと呼べるだろう。

この人間、公民、宗教という観点からみた三つのエゴイズムについてマルクスは、バウアーの論点とは逆に宗教、公民、人間という観点から、次のようにまとめている。「君たちユダヤ人は、いかなる権利のもとで解放を待ち望むのだろうか？　君たちの宗教によってなのだろうか？　しかし君たちの宗教は、ドイツの国家の宗教にとっては仇敵である。それでは国家の公民としてだろうか？　しかしドイツには国家の公民なるものは存在しない。それでは人間としてだろうか？　しかし君たちは人間などではない。そして君たちが訴えかけようとしている人々もまた、人間などではないのだ」[4]。

このマルクスの要約に示されるように、バウアーは三つの立場から、すなわち国家における宗教的な民族に認められた特権という立場から、国家における公民としての平等という立場から、人類の一人としての国家を超越した人間という立場から、ユダヤ人が平等な権利と解放を求めるとしても、それらはすべてユダヤ人のエゴイズムにすぎないものであり、容認することはできないと主張するのである。

マルクスは、このバウアーのユダヤ人批判は、それが「ユダヤ教とキリスト教の宗教的な対立を分析し、キリスト教の国家の本質を明らかにする」[5]という意味では、「大胆に、鋭く、エスプリに満ちた仕方で、根本的」[6]であることを指摘する。「その文体は正確で、核心をつき、力強い」[7]と称賛するのである。

レッシングとメンデルスゾーン

そしてマルクスは、バウアーがこの三つの立場について、それぞれに解決策とその不可能性を示していることに注目する。ここでこの問題について、当時のドイツでユダヤ人解放問題にかかわった歴史的な人物、レッシングとメンデルスゾーンという二人の人物を実例としてとりあげて考察してみよう。

この二人は同い年で、ともにドイツの国籍をもっていて、たがいに友人関係にあった。一人はゴットホルト・エフライム・レッシング（一七二九～八一年）である。レッシングはドイツの都市ザクセン州カーメンツ生まれのドイツ人であり、ドイツ語を話し、ドイツの公民としての権利を認められ、キリスト教を信仰し、生まれたときからキリスト教の洗礼を受けていた。

もう一人は、モーゼス・メンデルスゾーン（一七二九～八六年）である。彼はドイツの都市デッサウに生まれたユダヤ人である。ドイツ語を話すが、ヘブライ語にも詳しい。同化ユダヤ人として、ユダヤ人の特権を認められているが、同時にユダヤ人にかけられる税金を支払う義務を負っている。ユダヤ教を信仰し、割礼を受けている。彼は生涯ユダヤ教の教えに忠実だったが、彼の六人の子供たちはいずれキリスト教に改宗するだろう。

この二人はやがてベルリンに暮らすようになった。二人が書斎で会話をしているとしよう。二人ともドイツ語で話し、会話に困ることはない。文学について、芸術について、哲学について、二人は楽しく話し合うことができる。しかし話題が宗教になるとどうだろうか。キリスト教徒としてのレッシングは、ユダヤ教徒としてのメンデルスゾーンと、信仰や教義の内容については対立するだろう。

周知のようにレッシングはユダヤ人の解放の要求を支持し、ユダヤ人にも高潔な人物が存在することを、思想界に訴えた(8)。そしてその実例としてメンデルスゾーンをあげたのである。当時はプロイセンでユダヤ人の権利が認められ、ユダヤ人がドイツ社会に同化していった時代である。そして第一世代の同化ユダヤ人であるメンデルスゾーンは、ユダヤ人がキリスト教徒にならなくても、ドイツの市民としてドイツ文化に貢献できると主張していたし、みずからがその可能性を証明する手本とみなされていたのである。

当時の啓蒙されたドイツ人たちは、ユダヤ人が差別されていることを人類の恥だと考え、ユダヤ人と平等につきあうことで、自分が開明的なドイツ人であることを示そうとしていた。そしてメンデルスゾーンの書斎を訪れることを、西洋の文明の輝きを示す証拠として重視していたのである。この二人の交遊は、ドイツの啓蒙時代の輝かしい一面として、歴史に記憶されている。

第一の宗教的なエゴイズムをめぐって

それでも宗教の側面では、この二人は対立せざるをえないだろう。レッシングが著書『賢者ナータン』で描いた理想のように、たがいに他者の宗教を尊重するとしてもである。この対立はどのようにして解消することができるだろうか。レッシングの主張したように、他者の宗教を尊重することによってだろうか。

バウアーはそうではないと考える。「宗教を廃棄することによって[9]」しか、この対立は解消できないと主張するのである。そしてそのために必要なことは、「ユダヤ人とキリスト教徒が、彼らが対立しあっているその宗教を、人間の精神のさまざまに異なる発展段階の一つにすぎないものとみなすように[10]」になること、「つまり宗教を、歴史が発展するために脱皮したさまざまに異なる抜け殻にすぎないとみなすように[11]」なることである。もしも「人類を、このようにして脱皮して発展してきた蛇のようなものと認識するように[12]」なれば「もはや宗教的に対立することはなくなる[13]」だろうと、バウアーは考える。

これをレッシングとメンデルスゾーンの関係で考えてみよう。メンデルスゾーンがユダヤ人として政治的な解放を求めたとしよう。ということは、政治的に平等な公民として扱われることを求めるということである。これにたいしてレッシングは、その要求を正当なものと認めるだろう。そしてプロイセンにユダヤ人を政治的に同等に扱うことを求めるだろう。そもそもこの要求が、ドイツにおけるユダヤ人問題の端緒だったわけであり、やがてはプロイセンでもある程度は、こうした同等性が認められるようになる。

しかしバウアーはこのような解決はそもそも不可能であると考える。それはどうしてだろうか。ユダヤ人がユダヤ教を信仰するかぎり、宗教的な戒律にしたがわざるをえず、政治的な平等が実現されることはないからだというのである。バウアーはユダヤ人がユダヤの宗教を信仰しているかぎり、その宗教的な原則が国家における普遍的な原則を凌駕してしまうと考えるのである。

その実例としてバウアーがあげるのが、フランスにおけるユダヤ人解放の現状である。フランスでは日曜日が休日であり、土曜日には議会が開催される。しかしユダヤ人にとっては土曜日が安息日であり、土曜日には働いてはならない。ユダヤ人が議員となるならば、土曜日に働かざるをえなくなる。「安息日にも下院に出かけて、公的な審議に参加するようになったならば、ユダヤ人であることをやめてしまわざるをえないだろう(14)」とバウアーは指摘する。

ユダヤ人であるかぎり、公民としての彼のありかたと宗教者としての彼のありかたは矛盾してしまうだろう。そしてユダヤ人がみずからの宗教であるユダヤ教の戒律に忠実であるかぎり、公民としての義務をはたすために土曜日に働くことはできないだろう。その場合には宗教の義務が、公民としての義務を凌駕することになるだろう。

このバウアーの指摘は、キリスト教の国家がキリスト教の信仰を暗黙の前提としていることを指摘するという意味では鋭いものである。日曜日はキリスト教にとっての安息日であり、それを休日とすることは、その国家がキリスト教の伝統に依拠していることを示すものであろう。

しかしこのことは、バウアーの主張するほどに決定的なものではない。ユダヤ教徒ではなく、キリスト教の宗派の中でも、官職に就任する際や法廷で証言する際に神に誓うことを求められても、それを拒む宗派がある。徴兵の義務を認めない宗派もある。そうした宗派が市民の公的な義務を否定するからといって、アメリカ合衆国のような近代的な国家であれば、その人が自分の信仰を捨てないかぎり国家の公民として認めないと拒否することはない。国家が公民としての義務にある程度の柔軟性を認めるか、宗派の側で宗徒にある程度の妥協を認めるかという方法で解決すればすむことである。これは国家が国民の信仰する宗教を、個別の市民の「私事」として判断するということである。

ところがバウアーはこのような宗教的な義務と公民としての義務の対立に基づいて、一挙に結論にとびつく。宗教的な義務を重視する人は国家の公民としての義務をはたすことができない。だからある宗教を信仰する人間が国家の公民として認められることを望むならば、その人は宗教を廃棄しなければならない、と主張するわけである。

そしてバウアーは、プロイセンの市民が、キリスト教国においてキリスト教徒として生まれたというだけの理由で、国家において公民としての地位を認められているという事実を考慮にいれることなく、ただユダヤ教の信徒にたいしてのみ、もしも国家の公民としての地位を与えられたければ、ユダヤ教の信仰を放棄せよと、一方的に要求するのである。

この論点についてのマルクスの批判

このバウアーの宗教の次元でのエゴイズムの議論にたいして、マルクスはある点では同意しながらも、根本的に批判的な意見を示している。まずマルクスは、フランスのようなキリスト教の国家では、安息日を日曜日としていることからも明らかなように、当時の西洋の国家では、キリスト教という宗教が暗黙の前提となっていることを認める。そしてフランスにおいて議会の運営で、これが問題を引き起こしたことを認めている。

ただしそれは近代的な国家全般の問題ではなく、フランスが国家として宗教の問題の解決を中途半端にしているからだと考える。一七世紀と一八世紀のヨーロッパの歴史は、宗教の問題が中途半端にしか解決されなかったことによって発生した問題の歴史である。フランスにおいて弾圧されたプロテスタントのユグノーたちの叛乱も、イギリスにおける国教徒の優遇に反発した清教徒たちによるピューリタン革命も、いずれもこのような中途半端な解決によって発生した政治と宗教の対立が原因となって起きたのだった。これにたいしてアメリカではこのような個人の信仰する宗教によって生まれる問題は、国民の私事の問題として解決されているのであり、そこで国家と宗教の対立は発生していないことをマルクスは指摘する。

この個人の宗教の問題を、アメリカのように私事として解決できず、それが重要な政治的な問題となるのは、とくにプロイセンのように、キリスト教の信仰を国家の前提であり、土台としている国家においてである。こうした国家では、キリスト教の批判は国家の存在そのものにたいする批判となるのであり、それを許容することができない。そのために厳しい検閲が必要とされるのである。

そしてこれまで『ライン新聞』での活動において厳しい検閲に悩まされてきたマルクスは、プロイセンのようなキリスト教を国家の基盤としている国家では、こうした手段を採用せざるをえなくなることを指摘したバウアーの議論に賛同するのである。「宗教を前提にしている国家は、まだ真の国家ではないし、現実の国家でもない[15]」からである。

バウアーの誤謬

ところがマルクスはバウアーの指摘とは逆に、アメリカのように宗教と政治が完全に分離された国家でも、宗教が死滅していないことに注目する。アメリカ合衆国では宗教がたんにまだ存在するだけではなく、「生気と生命力に満ちた形で存在しているのである。この事実は、宗教が存在することは、国家の完成と矛盾したことではないことを証明する[16]」ものである。

こうした国家では、「国家と宗教の関係の批判が、神学的な批判であることをやめる。というのも、国家が神学的な形で宗教とかかわるのをやめたからであり、国家が国家として、すなわち政治的に、宗教とかかわるようになったからである[17]」。

このようにマルクスは、バウアーの批判の誤りは、「『キリスト教の国家』だけを批判して、『国家そのもの』に批判を向けなかったことにあり、人間的な解放と政治的な解放はどのような関係にあるかということを考察せずに、政治的な解放を、普遍的で人間的な解放と没批判的に混同したことによってしか説明できないような条件を提示していること[18]」にあると指摘するのである。

バウアーが指摘したようなユダヤ人の信仰心と公民の義務の対立の問題は、アメリカ合衆国のように政治と宗教を分離すれば解決されるだろう。プロイセンがキリスト教を国家の宗教とすることをやめ、キリスト教への批判を国家への批判とみなして検閲することをやめるならば、ユダヤ人はユダヤ教を信仰しながら、政治的に解放されることができるだろう。第一の次元の問題、宗教の観点からのユダヤ人問題は、これで解決されることになるだろう。

第二のエゴイズム――公民という観点

このようにバウアーの批判は、宗教と国家の対立の問題を、宗教の解消という方法で解決しようとする。しかしアメリカ合衆国の実例が示すように、国家は宗教を解消することなく、宗教の問題を解決することができるのである。

しかしユダヤ人問題にはもっと深い根がある。それは第一の宗教の観点の問題だけではなく、第二の公民という観点、第三の人間という観点からの問題が残されているからである。マルクスは、「政治的な解放と宗教の関係という問題は、わたしたちにとっては政治的な解放と人間的な解放の関係という問題になる」(19)と、さらに深い問題があることを指摘するのである。

そこで次に公民という観点からみると、政治的な解放がどのような問題を含んでいるかを考えてみよう。ユダヤ人はその宗教を否認せず、その宗教から「解放」されずに、政治的に解放されることができる。それは国家が個人の宗教の問題を私事とみなし、公民の義務とは無関係なものとみなすことで実現されるだろう。アメリカ合衆国ではすでにこれは実現されているとマルクスが考えているのは、すでに指摘したとおりである。

こうした解放された国家では、国民はさまざまな宗教を信仰しながら、政治的には平等な公民として行動することができ、こうした公民とみなされることができるだろう。シトワヤンとしての公民であるための資格は、ブルジョワとしての市民のありかたとは分離されているのである。

それが可能となるための条件は、市民としての国民の側にはない。その権利を認めるのは国家だからである。国家がすべての市民に公民としての資格を認めることができるためには、国家の側が重要な条件を満たす必要がある。すなわち国家はいかなる宗教も、「国家の宗教」として認めてはならないのである。それが政教分離の原則である。ということは、国家は「国家という形式において、その本質に固有の形で宗教から解放される[20]」必要があり、それによって初めて「国家がみずからを国家であると宣言する[21]」ことができるということである。この国家では市民が「私的な事柄として、宗教的である[22]」としても、国家は宗教から解放されていると考えることができる。

これは宗教だけにかぎらない。歴史的にみて宗教と同じように重要な要因だった納税額による公民の資格制限にも同じことがあてはまる。イギリスでは長い間、一定の税金を納税している市民でない限り、選挙権を与えられなかった。しかし国家がこの制限を撤廃したとき、選挙権の資格としての「私有財産は理念的には廃棄された[23]」のである。それは「人間は私有財産を政治的な意味で無効なものと宣言した[24]」ということである。

選挙権の制限に使われていたのは納税額だけではなく、誕生した場所、身分、教育、職業、性別、年齢などのさまざまな要因が、歴史的に選挙権の資格として用いられていた。しかし近代国家は次第に、「出生や身分や教育や職業の違いを廃棄[25]」するようになったのだった。ただし性別の違いが政治的に廃棄されるのは、ずっと遅くなってからのことである。女性参政権が承認されるのは一八九三年のニュージーランド、一九〇二年のオーストラリアからであり、アメリカ合衆国でも一九二〇年まで待たねばならない。

いずれにしても、国家は市民を公民として認める上でのさまざまな制限を撤廃してゆくのが歴史的な趨勢《すうせい》である。このように国家は国民国家の成立とともに、次第に自国で生まれたすべての国民に、公民としての権利を認めるようになっていくのである。これが「政治的な解放」である。マルクスの時代にはこの政治的な解放が次第に実現されていく途上にあった。そしてそれが完全に実現されるまでは、まだ長い闘争の期間が必要とされているのである。だから政治的な解放を求める運動には、重要な歴史的な意義がある。

しかしこの政治的な解放は、国民国家が国家として成熟するために必要な段階であるとしても、それがそのままで「人間的な解放」を意味するものではなかった。そしてそれは「宗教的な解放」とは異なる次元の問題であった。バウアーはユダヤ人に、「君たちは、自分の置かれている立場から判断して、政治的な解放を強く要求する権利があるのか[26]」と問い掛けた。そこでマルクスはバウアーに反論しながら、逆に問い掛ける。「政治的な解放を要求する人々は、その立場から判断して、ユダヤ人にたいしてユダヤ教を廃棄することを要求する権利を、そして人間たち一般にたいして宗教を廃棄する権利をそなえているのか[27]」と。

すでに考察してきたように、政治的な解放は宗教的な解放とは異なる次元の問題である。アメリカ合衆国が示すように、政治的な解放を実現した国家でも、宗教は廃棄されていない。アメリカ合衆国がキリスト教の原理を基盤とした国家であることに変わりはない。紙幣や通貨に「イン・ゴッド・ウィー・トラスト」と銘記する国なのである。

そして政治的な解放が、人間的な解放とは異なるのは明らかである。アメリカ合衆国は政治的に解放された国家であるとしても、黒人差別の問題が示すように、人間的な解放からはほど遠い国家である。黒人の政治的および社会的な権利ですら、二〇世紀に入ってからの公民権運動で、どうにか認められるようになっていくのである。この三つの次元の権利は、あくまでも明確に分離して考える必要がある。

こうした公民としての政治的な解放と宗教的な解放の関係については、マルクスは政治的な解放は、バウアーの主張とは反対に、宗教的な解放を意味するものではないし、それを前提とするものでもないことを指摘する。たしかにアメリカ合衆国では、政治的には宗教的な制限は撤廃された。そして国家が宗教的な制限を撤廃したということは、政治的に宗教的な差異を無効なものとしたということである。しかしそれは宗教を廃棄したことを意味するわけではなく、反対に宗教を前提としているということである。

そのことを明確に示しているのが、財産の額という貧富の差による政治的な差別の撤廃の例だろう。普通選挙では、納税額で選挙権を制限することはなくなった。しかしそのとき、国家はたしかに「私有財産を政治的な措置によって無効にした[28]」のであるが、それで「私有財産は廃棄されたのではなく、むしろ前提にされている[29]」のである。というのは、国家において公民であるためには、独立した生計を営む市民であることが前提とされているからである。これと同じように宗教的な制限が撤廃されることは、宗教を廃棄することではなく、アメリカ合衆国のように、宗教を前提としていても構わないのである。

このように近代的な国家では、公民である資格としての選挙権は、市民であるために必要な財産の所有を前提としているのであり、それは前提であるだけに、選挙権を与えるための条件になることはないのである。国家の公民は、貴族のように世襲の財産で生きる人間でも、貴族に養われる召使や遊民でもなく、自分で働いて、自分の生計を維持する市民であることが前提とされているからである。近代の国家では、市民社会で生きる市民であることが国家の公民であることの当然の前提であり、それは公民であることの条件ではない。

国民の二重の生活

ということは、近代的な国家において国民は、市民社会で生きるブルジョワとしての市民の生活と、国家で生きるシトワヤンとしての公民としての生活の二重の生活を生きることが想定されているということである。そして完成された国家においては、この市民と公民の区別が明確にされている。宗教や私有財産や身分の違いなどは、市民として生きる市民社会の事柄として、国家には直接にかかわりのない私事とみなされているのである。

ある国民が私有財産をどれほど所有しているかは、公民としての資格にかかわりのないことである。しかし市民が公民であるためには、市民として市民社会に所属していること、すなわち私有財産を所有した市民社会の一員であることが前提なのである。国家での公民としての生活は、いわば「天上の生」であり、市民社会での市民としての生活は「地上の生」である。誰もが国家においてはこの二重の生を送らざるをえないのである。

二種類の世俗性の概念について

だからある人がユダヤ教を信奉するユダヤ人であるとしても、その人は市民社会のうちでは特定の宗教を信奉する人間として、地上の生を生きるという意味で、「世俗的な《プロファーン》」人間として、公民としての「天上の生」を生きている人間と対立するのである。この対立は「現世的《ヴェルトリッヒ》」な性格のものであり、宗教界に属する聖職者と平信徒との対立として考えられた宗教的な意味での「世俗性」や「現世性」とは異なる種類のものと考える必要がある。

宗教的な意味では、キリスト教の司祭やユダヤ教のラビと比較すると、市民である一般の信徒は、「世俗的」で「現世的」な存在と考えられてきた。しかし国家と市民社会の関係では、世俗性や現世性は、これとは異なった意味をもち始める。国家は公民が構成する「天上の生」であり、これにたいして市民生活は市民としての私的な個人が送る「地上の生」である。

この概念的な二重の生の対比においては、宗教者もまた一般市民と同じように、国家にたいしては「世俗的で現世的」な生を送っているのである。それは「宗教的な人間と国家の公民の違いは、商人と国家の公民の違い、日雇いと国家の公民の違い、地主と国家の公民の違いにほかならず、生ける個人と国家の公民の違いにほかならない[30]」からである。この対立は、「政治的な国家と市民的な社会のあいだの世俗的な分裂によって生まれる対立関係[31]」なのである。

だから国家との関係では宗教的な人間もまた商人や日雇いと同じように、「世俗的で現世的」な存在様態を示すことになる。これは国家という公的な生にたいする「世俗的な矛盾」であり、マルクスはユダヤ人問題は結局は、この矛盾に帰着することを指摘する。バウアーはこの世俗的な対立が「宗教的に表現されたものを非難しているにすぎない[32]」のである。

キリスト教国家における疎外

マルクスはこのように国家と宗教の関係を明確にすることで、プロイセンのようなキリスト教国家がいかに大きな矛盾に直面しているかを明らかにする。こうした国家は、「キリスト教を国家の基盤として、国家の宗教として公認し、その他の宗教を排除する国家[33]」であり、次のような理由で不完全な国家である。

まずこの国家は、キリスト教の信仰箇条を公式に国家の原理として定める国家であり、自立していない国家、「みずからを国家として宣言することができない国家[34]」、いまだ神学者である国家である。

この国家は、宗教の一つの形態であるキリスト教を国家の宗教として公認している国家であり、「国家をキリスト教によって否定する[35]」国家である。この国家は「宗教にたいしてまだ宗教的にふるまっている[36]」国家なのである。この国家にとってはキリスト教という宗教は、国家を「聖化する役割[37]」をはたすのであり、キリスト教は国家のための一つの必然的な手段である。この国家は「みずからを国家として完成させるために、キリスト教という宗教を必要としている[38]」という意味で不完全で未熟な国家なのである。

そのためにこの国家は、キリスト教という宗教にたいして、矛盾した姿勢をとらざるをえない。宗教と政治を明確に分離するのではなく、「宗教にたいしては政治的にふるまい、政治にたいしては宗教的にふるまう[39]」のである。そのために国家の政治的なさまざまな形式も、宗教そのものも、そのほんらいの意味を失って、仮象となってしまうのである。

このように、プロイセンのようなキリスト教国家を名乗る国家は、不完全な国家なのである。この国家は最初から矛盾しているのである。というのも、「キリスト教」国家を名乗る以上は、キリスト教の信仰箇条を公認の教義として認定しなければならないが、『福音書』に依拠した公認の教義は、国家の成立と存立を否定する要素を含んでいるからである。

イエスが語ったのは、彼岸における神の国への信仰だけであり、現世においては、「カエサルのものはカエサルに返せ」という非政治性の宣言だけが語られているからである。イエスの言葉に依拠して公的な共同体の原理を示すことは、最初から不可能なのである。中世以来のヨーロッパのようにそれを無理に遂行してもそこには自己欺瞞しかありえず、「国家自身にとっても、国家はつねに懐疑の対象であり、信頼することのできない問題含みの対象にとどまる[40]」しかないのである。

ただし唯一の逃げ道がある。それはフランスのようなカトリックの国家となることである。カトリック教会は、「世俗的な権力を自分たちに奉仕する者と宣言しているのであり、国家はこの教会にたいしては無力である」[41]。カトリックの国家は最初から教会の手先であることを自認しているのであり、この場合には国家が自己の根拠について悩む必要はないのである。彼岸と現世の媒介になるのは教会であり、国家はその教会の指導にしたがうだけである。

しかしプロイセンのように、カトリックの教会を否定するプロテスタントの国家がキリスト教国家になろうとするならば、彼岸と現世の媒介を教会に委ねることはできない。その場合に媒介となることができるのは、国王だけである。王権神授説を唱えたのはイギリスの国王であるが、プロイセンの国王は、「他の人間たちとは区別される特別な存在であり、まだ宗教的な存在であり、天や神と直接に結びついている存在[42]」として、その媒介の役割をはたそうとするのである。しかし国王以外の国民にとっては、「キリスト教国家において力をもっているのは人間ではなく、疎外である[43]」と言わざるをえないのである。

完成された国家とその内的な矛盾

これにたいして完成された国家とは、「無神論的な国家、民主的な国家、宗教を市民社会のその他の要素の一つにすぎないものとする国家[44]」である。この民主的な国家は次のような理由で完成された国家である。まず、この国家はみずからの人間的な基盤を、キリスト教的な形式で感情的に誇張して表現する必要はなく、「世俗的で人間的な形式で、国家としてのその現実のありかたにおいて[45]」表現することができる国家である。

完成した民主的な国家は、「現世的な形で展開されているために、むしろ宗教を無視することができる[46]」国家である。そうした国家は、国家として「政治的な完成のために宗教を必要としない[47]」のである。

この国家では、宗教的な精神は、非世俗的な形ではなく、「現世的な形でみずからを表現する[48]」ようになる。この国家ではキリスト教を基盤とするのではなく、ただ「キリスト教の人間的な基盤[49]」に依拠したものとなるだろう。こうした国家でもキリスト教のような宗教は残るかもしれない。こうした宗教的な要素は「国家の成員たちの観念的で非現世的な意識[50]」として残りつづけるかもしれない。というのも、国家として完成されるということは、政治的な解放が実現されることではあっても、人間的な解放が実現されることではないからである。

それはこうした国家においては、「天上の生」としての国家と、「地上の生」としての市民社会の二元的な対立が残りつづけるからである。こうした国家では、「人間の真の生活であるはずの国家における生活が、現実の個人としての生活にとって彼岸となっている」[51]のであり「宗教が、市民社会の精神となっていて、人間と人間の分離と隔たりの表現となっている」[52]だろう。これは政治的に解放された近代国家につきまとう矛盾である。マルクスはこの問題を、次に考察する類としての人間の次元において、さらに深く分析することになる。

第三のエゴイズム——人間的な解放

これまでマルクスはユダヤ人にたいするバウアーの三つのエゴイズムという非難について、宗教的な信徒としての解放と政治的な公民としての解放という観点から、批判してきた。最後に問題となるのは、人類の一員としての人間的な解放の問題である。

マルクスはすでに第二の観点として、政治的な公民としての活動において、すでに「類」の概念を提起していた。この時期のマルクスにとって、人間が類としての活動を展開することができるのは、市民社会における欲望の主体としてのブルジョワとしてではなく、国家における政治的な公民としてのシトワヤンとしてであると考えられた。これはヘーゲルが指摘したように、近代の資本主義社会において、個人は私的な欲望の追求に専念するが、国家においては公民として、類的な活動を展開すると考えられたからである。

しかしここに二つの大きな矛盾が控えていた。第一の矛盾は、公民の政治的な活動において、ほんとうに人間は人類の一員として活動するのかどうかは疑問であるということにある。そのことは、プロイセンのような専制国家においては、公民としての活動の資格が、君主の恣意に委ねられることに象徴的に示されていた。政治的な活動を行うときに、ほんとうに人間は類としての本質を発揮するのだろうか。

この疑問にたいしてはマルクスはすでにルソーに同意する形で、理想とする社会契約の社会では、すなわち完全に政治的な解放が実現された社会では、人々は立法権にそれほど関心をもたず、統治の世界において、自分たちの生活に直接にかかわる問題を重視するようになるだろうと指摘していた。立法という市民たちの政治的な活動は、ひとたび「権力構成的な立法権」が実現された後では、それほど重要な意味をもたなくなるというのである。ということは、解放された国家では、公民としての活動は人間にとって本質的なものではないということである。それでは人類にとって本質的な意味をもつ活動は何か。それはいずれ明らかにされるように、社会における労働であるとされるのであるが、この問いにマルクスはここでは答えていない。

この第一の矛盾と密接な関係がある第二の矛盾は、現実の政治的な世界において、人類の類的な本質が、政治的な国家における公民としての活動のうちには、求められていないことにある。それはフランス革命以後の「人権」という概念を考察することで明らかになるだろう。「人権」、すなわち人間としての基本的な権利は、公的な活動に参加する公民としての自由のうちにではなく、こうした活動に参加しない私的な個人としての自由、自分の時間を好むままに利用する自由のうちに求められているのである。

二つの自由概念

アイザイア・バーリン以来、二つの自由の概念が明確に異なるものとして区別されている。フリーダムを意味する「〜への自由」と、リバティを意味する「〜からの自由」である。

フリーダム、すなわち自由な者としての身分を意味する自由は、古代のギリシア以来の自由の概念であり、これは公的な事柄、すなわちレス・プブリカに関与することのできる自由として規定されている。アテナイでは、ポリスの事柄に関与することができるのは、身分として自由人と認められた市民だけであり、自由とはこうした身分的な規定のもとで、公的な事柄を決定することのできることを意味した。

　これにたいしてリバティ、すなわち解放された者として、身柄を拘束されないことを意味する自由は、とくに近代以降に主流となった自由の概念である。ローマではこれは、公的な事柄に関与せずに、哲学などの思索に専念する閑暇《スコレー》をもつことを意味した。公的な業務はその人の時間を奪うために、こうした業務から免除されることは、自分の自由に使える時間をもてることを意味したのである。

　ヘーゲルは人間の自由が共同性において、国家において実現されると主張したが、そのときには、閑暇としてのリバティの自由ではなく、公的な事柄に参画するフリーダムとしての自由の概念に依拠していたわけである。

　マルクスが国家における公民の活動にシトワヤンとしての人間の本質的なありかたをみいだしたときには、マルクスはヘーゲルにならって、こうした古典古代のギリシアのフリーダムとしての自由の概念を採用していたと言えるだろう。民主主義とは、こうした自由な市民がみずからの所属する政治的な共同体の公的な事柄《レス・プブリカ》を決定する政治的な体制のことであるから、マルクスはこの時点では、民主主義者だったのである。

　ところがマルクスは、近代の「人権」の概念を検討するうちに、近代の人間の類的な本質が、こうした「〜への自由」としての共同体の事柄に関与する公民としてのありかたのうちには見定められていないことを確認するのである。

バウアーの人権論

これが明確にされたのは、マルクスがバウアーの主張を反駁するために、人権という概念を考察したことによってだった。バウアーは、ユダヤ人は解放された後には人権を享受できるかと問い掛けて、それに否定的な答えを示す。この人権とは、西洋のキリスト教世界のうちで、歴史的な闘いによって獲得されてきたものと考えるからである。

まずバウアーは、キリスト教徒とユダヤ教徒がたがいに相手を「人間」とみなすことができるために必要な条件として、次のことを指摘する。「ユダヤ教徒とキリスト教徒は、かれらが自分たちをたがいに相隔て、〈永遠の隔絶〉を義務づける特殊なあり方を止揚し、人間の普遍的あり方を承認して、これを自分たちの真理のあり方とみなすときに初めて、みずからを人間とみなし、相互に人間として扱うことができるのだ[53]」。

そのためにはたがいに同等な基本的な人権をそなえた人格として承認しあうことが前提となるだろう。しかしこの人権とはどのようなものか。バウアーは次のように指摘する。

「人権という思想は、キリスト教世界にかんして前世紀にはじめてみいだされたものである。それは人間にうまれつきそなわったものではない。むしろ、それまで人間が育てられてきた歴史的伝統にたいするたたかいのなかでしか獲得されなかったものだ。……それは陶冶《とうや》の帰結であり、しかもみずからの手で陶冶をえた者のみが所有しうるものなのだ(54)」。

バウアーは、ユダヤ教徒は人間の普遍的な権利である人権に与《あず》かることができるかという問いにたいして、与ることはできないと答える。その理由の一つはこの人権という概念の歴史的な由来によるものである。人権はキリスト教徒たちが確立した権利であり、そのための闘争に参加しなかったユダヤ教徒は、「みずからの手で陶冶をえた者のみが所有しうる」この権利に与ることはできないとバウアーは考えるのである。

さらにバウアーはもう一つ別の理由もあげている。それは人権という概念は、「人間の本質」という概念と密接に結びついているのであり、ユダヤ教の教義がこれを否定しているために、ユダヤ人は人権に与ることができないというのである。「ユダヤ教徒は、自分をユダヤ教徒にしている特殊なありかたこそが、至高の真なるありかたであって、これを前にしては人間の本質も引き下がらざるをえない、と言明するのだ[55]」。

第一の理由はキリスト教の歴史世界の伝統にかかわる歴史的なものであり、第二の理由はユダヤ教の教義が人間の本質という概念を否定するという本質論的なものである。バウアーは、第一の理由を述べる際には、人権という概念が歴史的に作られたものであることを主張し、第二の理由を述べる際には、人権という概念は人間の本質にかかわる概念であると主張する。そこには大きな矛盾が存在する。歴史的に構築された概念は、人間の本質そのものを示す概念ではありえないからである。

マルクスの第一の反論

マルクスはバウアーに反論するためにこの矛盾を突く。まず第一の歴史的な由来についてのバウアーの理論にたいしては、歴史的な考察をもって批判する。バウアーは、人権はキリスト教世界で構築されたものであり、これに与かることができるのは、この権利を構築するために闘ってきたキリスト教徒だけであるとして、人権とキリスト教の密接な結びつきを主張する。

これにたいしてマルクスは、近代のさまざまな憲法では国民がある特定の宗教を信奉する権利が、基本的な人権として認められていることを指摘する。歴史的にみて、こうした憲法では人権を、キリスト教という一つの宗教とも、そうした宗教を信奉する信徒ともかかわりのないものとして定めているのである。

そのことは、フランスの一七八九年の人権宣言の第一〇条において次のように規定されていることからも明らかである。「何人もその意見について、それがたとえ宗教上のものであっても、その表明が法律の確定した公序を乱すものでないかぎり、これについて不安をもたないようにされなければならない[56]」。その他のさまざまな近代的な憲法にも同じような規定がみられるのであり、マルクスが指摘するように、「宗教的である権利、自分の好む方法で宗教的である権利、自分で特定の宗教を礼拝する権利は、明白に人権のうちに含まれるのである。信仰の特権は、普遍的な人権の一つである[57]」ことは、さまざまな憲法が明確に規定しているのである。

マルクスの第二の反論

さらにマルクスは、第二の矛盾について考察を深めてゆく。まずマルクスは、この人権という概念が、さまざまな憲法において、あたかも天賦の自然権のように語られていることに注目する。たとえば一七七六年のアメリカ合衆国の独立宣言では、次のように語られている。「われわれは、自明の真理として、すべての人は平等に造られ、造物主によって、一定の奪いがたい天賦《てんぷ》の権利を付与され、そのなかに生命、自由および幸福の追求の含まれることを信ずる[58]」。

この人権という概念が天賦の権利であるならば、それは国家を超越したもの、人間の「本質」に属するものとして認められるべきであろう。それはこの規定では人権とは、人間を創造した神が認めたものとされているからである。すべての人は自分の生命の保存と自由と幸福を追求するものであり、それは伝統的な自然権として、個々の国家の法律を超越するだけでなく、国際法である万民法を超越した神の法において認められた自然の権利であると考えられているかのようである。しかし近代の歴史において、人権はこのような自然権として、人間であるかぎりすべての人間がもつ権利として、人間の本質にかかわる権利として認められてきただろうか。

もしも人権がこのような国家の枠組みを超越した天賦の権利であるならば、それは国家の違いを問わず、すべての人に適用されるべきものでなければならないだろうし、ユダヤ人も民族や宗教の違いにかかわらず、こうした権利を認められるべきだろう。

しかしマルクスは、個々の憲法を考察しながら、人権がこうした自然権の一つとして認められているのは、たんなる建て前にすぎないことを明らかにしていく。そのマルクスの考察の手続きを詳しく調べてみよう。これによって、政治的な解放と人間的な解放の違いが、そして当時の政治的な状況におけるユダヤ人問題の特異性が、さらに明確に示されるだろう。

政治的な権利としての人権

まず人権という概念から考えてみよう。人権はドロワ・ド・ロム、すなわち人間《オム》の権利《ドロワ》と呼ばれている。これは政治的な国家に所属する公民《シトワヤン》である人々に認められた公民権、すなわちドロワ・ドュ・シトワヤンとは明確に異なる権利として定義されたものである。この人間《オム》とはどのような存在だろうか。この人間《オム》に人権が「普遍的な権利」として認められていることを考えると、この人間《オム》は、政治的な国家の所属を問わない人間のこと、人類の一人の人間のこと、自然法が適用され、国家の枠組みを超越したところに存在する人間のことであると考えたくなる。

しかしマルクスはこの考えが妄想であることをすぐに明らかにする。憲法で規定されているこの人間《オム》とは、類としての人間、すなわち個々の国家を超越した人間のことではない。人権とは、国家のうちに含まれ、しかも国家と対立する二重構造を形成している市民社会の人間、公民《シトワヤン》と対立する市民《ブルジョワ》の権利のことなのである。マルクスは、この人権が、「市民社会の一員のもつ権利であり、利己的な人間の権利、人類や人間の共同体存在から切り離された人間の権利[59]」のことであることを明確に指摘する。というのは、フランス革命においてもっとも急進的だったモンタニャール派の一七九三年の憲法では、人権の具体的な内容について、「自由、安全および所有権」と語っているのであるが、これらのどれも、公民《シトワヤン》としての人間に認められた権利ではなく、市民社会において市民《ブルジョワ》が活動するための根拠として認められた権利なのである。

　この「自由、安全および所有権」がどのように規定されているかを、具体的に調べてみよう。まず「自由」とは何だろうか。自由とは「他人を侵害しないすべてのことをなす権利[60]」である。こうした自由が認められた人間とは、公共の事柄に参加する公民としての人間ではなく、「孤立して自分の中に引きこもっている単子《モナド》としての人間[61]」である。これは「人間を他の人間から分離するものに基礎を置いている[62]」権利なのである。この自由は公共の事柄に参加する「〜への自由」ではなく、公的な事柄に参加しないで、自分の私事に埋没することのできる「〜からの自由」であることは明らかだろう。

次に「安全」とはどのようなものだろうか。安全とは「社会がその一員にたいして、それぞれの人格、権利、所有権を保全するために与える保護のこと[63]」であり、市民社会の成員が他の成員の「人格、権利、所有権」を侵害しないように社会の秩序を維持する「警察の概念[64]」である。

さらに最後に「所有権」とはどのようなものだろうか。所有権とは「他の人間とは関係なく、社会とは独立して、自分の財産を自分の好むままに《ア・ソン・グレ》、享受し、それを処分する権利であり、エゴイズムの権利のこと[65]」である。

そうしてみると人権を構成する自由、安全、所有権という三つの権利とはすなわち、市民社会のうちで、市民社会を構成する人間が、他者を侵害せずに行動する権利として行動の「自由」を認められ、自分の財産を自由に処分する権利として「所有権」を認められ、こうした自由と所有権を自由に行使できるように社会の秩序を維持する警察によって、その「安全」を保障される権利であるということである。

だから「このように、いわゆる人権というものは、どれをとってみても、エゴイスティックな人間、すなわち市民社会の一員である人間、自分の私的な利益と恣意とに引きこもっていて、共同体から分離された個人を越えるものではない。人権においては、人間は類的な存在として把握されることから、はるかに遠いのである[66]」と、マルクスとともに言わざるをえないのである。

マルクスはここに大きな謎をみいだす。フランス革命の思想的な基盤を構築したルソーにとって自由とは、古代のギリシアのポリスにみられたような共同の事柄に関与することの自由であり、人間の共同体のうちで初めて確立できるものであった。人間は個人としては自由な存在ではないことは、ルソーの考えた野生人において明確に示されている。野生人は、孤立した存在であり、善も悪も知らない。自己の生存だけが重要であり、その他のことは意味をもたないのである。そうした野生人にとって自由という概念は、たんに他者に拘束されないという消極的で否定的な概念にすぎない。自由が積極的で肯定的な概念になるのは、社会契約のもとで、人々が共同体を構築してからのことである。

ルソーは、人間は社会契約を締結することで、野生人がもつ素朴な自由を一度否定して、これをさらに高次の道徳的な自由として取り戻すと考えている。「社会状態で新たに獲得されたものとして、道徳的な自由を加えることができよう。人間が真の意味でみずからの主人となるのは、この道徳的な自由によってだけなのである。というのは欲望だけに動かされるのは奴隷の状態であり、みずから定めた法に服従するのが自由だからである(67)」。

ヘーゲルもまた、人間が自由であるのは国家という倫理的な共同体においてであることを主張していた。「自由たるべき諸個人の主体的使命にとっての彼らの権利は、彼らが倫理的な現実世界に所属することによって実現される。なぜなら、彼らの自由の確信はこうした客体性において真実のものとなるからであり、また彼らは倫理的なものにおいておのれ自身の本質、おのれの内的普遍性を現実に所有するからである[68]」。

しかしさまざまな憲法が語っているのはその逆のことなのである。人間は国家という共同体において、倫理的で自由な存在となるのではなく、人間が他者から侵害されず、利己的な利益を追求するための自由を認められるためにこそ、共同体が構築されるのである。フランスの一七九一年の人権宣言は、「あらゆる政治的な結合の目的は、人間に与えられた不壊の自然権を保全することにある[69]」と語り、アメリカ合衆国の一七九三年の憲法の宣言は、「政府は、人間に与えられた不壊の自然権を享受できることを保障するために設立される[70]」と語っているが、この「不壊の自然権」とは、「〜からの自由」であって、人権とは社会において自己の欲望を追求する市民の自由を保護するために定められたものなのである。

自然権としての人権の矛盾

　マルクスはその謎を解く鍵は、近代の資本主義の市民社会が誕生するプロセスのうちにあると考える。資本主義社会は、中世の封建制の社会を破壊して誕生してきた。封建制の社会は、さまざまな身分、職業団体、同業組合、さまざまな特権をもつ組織などで構成されており、諸個人はこうしたものに組み込まれることで、社会の一員となってきた。しかし近代の政治革命はこうした個人のあいだの紐帯を作りだしていた組織を破壊した。そしてこうした身分や職業団体の一員として社会のうちに埋め込まれていた個人は、裸の一人の個人として析出された。「すなわち市民社会は一方では個人に分解され、他方ではこうした個人の生活内容であり、これらの個人を市民という地位に立たせる物質的および精神的な要素に分解された[71]」のだった。

　公民としての個人という観点からみると、その帰結は三重である。第一に、社会と国家が明確に分離され、市民と公民が明確に分離されることになった。それまでは社会のうちに政治的な機能が埋め込まれていた。政治が政治として独立していなかったのである。しかし伝統的な共同体の破壊とともに、国家が社会と明確に異なる組織体として確立され、社会は政治的な機能をはたすことを免除された。「政治的な解放は同時に、市民社会が政治から解放されるということであり、市民社会がある普遍的な内容をもつという見掛けから解放されるということだった」[72]。こうして社会は、もはや政治とは独立した領域となったのであり、国家における公民としての地位と市民社会における市民としての立場が明確に分離されたのである。

第二に、社会を構成する個人は、政治的な機能をはたすことがなくなり、自分自身の私的な利益を追求する利己的な個人であることが明確にされた。個人はもはや政治的な人間ではなくなり、自然の裸の人間となった。「ところで市民社会の一員としての人間は、非政治的な人間となったために、必然的に自然的な人間として現れる」[73]のである。その当然の帰結として、この裸の人間の権利は、それまでの封建制の社会のように、社会のさまざまな身分や団体を構成する個人としての権利ではなく、自己の利益を追求するモナド的な個人としての権利となった。この人間は「感性的で個人的なごく身近な存在」[74]になった。もはや共同体において公共的な課題を追求する公民としての人間ではなくなったのである。

第三に、共同体の個人がモナドとしての裸の欲望的な人間に還元されたために、人間そのものも、二つの分裂した姿に分解される結果となった。人間は市民社会のうちで自己の欲望を追求する利己的な人間、ブルジョワとしての市民であると同時に、政治的で公共的な場においては道徳的な人格、抽象的な国家の公民としてのシトワヤンとみなされるようになった。

このようにして封建社会の崩壊と資本主義的な市民社会の誕生とともに、人間はシトワヤンとブルジョワという二つの姿に分裂した。そしてブルジョワこそが「現実の人間」である一方で、シトワヤンは抽象的な人間、ありうべき「真の人間」となった。この分裂は資本主義の社会の誕生のときに刻印されたものであり、この社会の状態が克服されないかぎり、人間の原初的な分裂として、残りつづけるとマルクスは考える。

このブルジョワとシトワヤンとの分裂が、「ヘーゲル法哲学批判」で考察されてきた近代の人間像の分裂と同じものであるのは明らかである。この二つの論文は、マルクスのうちでヘーゲルの法哲学を批判しながら生まれてきた問題意識を、そのままうけついでいるのである。近代の政治的に解放された国家の憲法が示しているように、人間のこの二つの姿への分裂は、近代の政治的な国家と欲望の体系である市民社会との分裂によって生まれたものであり、近代国家のありかたそのものを変革しないかぎり、克服できないものとなっているのである。

この人権についての考察は、マルクスに重要な認識を迫るものだった。マルクスはバウアーを批判しながら、宗教的な解放も政治的な解放も、真の意味での人間的な解放をもたらすものではないことを指摘してきた。そしてこれまで人間的な解放の可能性を模索していたマルクスは、人権というものが、公民であるシトワヤンとしての人間の権利ではなく、市民社会で私的な欲望を実現することを目指す市民であるブルジョワとしての人間の権利にすぎないことを確認したのである。

ということは、プロイセンにおいて政治的な革命を遂行してもそれによって実現できるのは政治的に解放された国家であり、この国家では、シトワヤンとしての人間を生みだすことはなく、ただブルジョワとしての人間にたいして、私的な欲望の追求を保証する自由な権利を認めることができるだけだということになる。国家の政治的な革命は、「〜への自由」としての公的な活動を確保するシトワヤンとしての公民ではなく、たんに「〜からの自由」という私的な活動を推進するブルジョワとしての市民のための権利を確立するだけなのである。

もちろんプロイセンの抑圧的な国家の現状から判断すると、この革命は重要な成果をもたらすことだろう。しかしそれは真の意味での人間的な解放ではないだろう。このことが確認されたことは、「ユダヤ人問題に寄せて」の重要な成果である。マルクスにとって、政治的な解放によって、ブルジョワからシトワヤンへと変身する道は完全に閉ざされたのである。

分裂の克服への道

そもそも資本主義の社会とともに生まれたこの国家と社会の分裂、シトワヤンとブルジョワの分裂を克服するというマルクスの夢を実現するには、論理的に二つの道が考えられる。国家という共同体の側から、ブルジョワをシトワヤンにする道が一つであり、もう一つは市民社会という日常性の側から、ブルジョワをシトワヤンにする道である。

第一の道は、シトワヤンの共同体が、市民社会とその構成員であるブルジョワを公民に変えてゆく道と考えることができる。これは政治的な解放の道である。第二の道は、市民社会の内部から、このシトワヤンとブルジョワの分裂を解消する道と考えることができる。これは社会的な革命の道である。

第一の道は、すでに指摘したように、マルクスが「ヘーゲル法哲学批判」草稿においていて夢想していた道であった。この草稿を執筆した時点ではまだ急進的な民主主義者であったマルクスは、政治的な過程において民主主義の原理を貫くことで、ブルジョワとシトワヤンの分裂を、シトワヤンがブルジョワに疎外される状態を克服することが可能であると考えていた。

しかしこの「ユダヤ人問題に寄せて」の論文において、もはやその可能性が否定されていることは、すでに確認したとおりである。さらにフランス革命におけるテロルもまた、この無効性を示す上で重要な役割をはたした。革命のさなかでは、政治的な生活だけが人間の生活のすべてを占めるかのように思いこまれることもあった。そして「政治的な生活というものは、その特別な自負心が燃えさかるような瞬間には、みずからの前提である市民社会とそのさまざまな要素を抑圧し、矛盾のない現実的な人間の類的な生となろう(75)」としたのだった。しかしこれは永久革命の夢にほかならない。ヘーゲルが『精神現象学』で示したように、こうした夢とその政治的なドラマは、「必然的に、宗教や私有財産などの市民社会のあらゆる要素を復興させることによって終わらざるをえない(76)」のである。

それでは第二の社会の側からの革命の道はどのようなものだろうか。市民社会のうちでブルジョワたちが、たんにみずからが自己と対立したシトワヤンになるという夢想を実現するのではなく、すなわち政治的な解放ではなく、真の意味での人間的な解放を実現することができるのは、どのようにしてだろうか。それは「現実の個人一人一人が、抽象的な公民を自己のうちにとり戻すときであり、個人としての人間が、その経験的な生活、個人的な労働、個人的な関係のうちで、類的な存在となるとき(77)」であろう。これが実現するためには、「人間がその『固有の力《フォルス・プロープル》』を社会的な力として認識し、組織する」必要があるだろうし、「社会的な力を政治的な力という形で、もはや自己から切り離すことがなくなる」[78]ことが必要となるだろう。しかしそれはどのような方法によって、どのような人々の力で可能となるのだろうか。これは歴史的に前例のない未聞の問いなのである。

そもそもこの分裂は、ブルジョワとしての市民の力では実現することができないほどに、近代的な人間に根源的かつ原初的に刻印されたものだった。それだけにマルクスは、この分裂を克服することができるのは、歴史的に前例のない未聞の特別な特徴をそなえた階級が登場することによってであると考えたのだった。これがどのような人々であるべきか、その具体像は、ヘーゲルの法哲学の批判のうちから析出してくることになるだろう。これを示すのが、この草稿の後に書かれた「ヘーゲル法哲学批判序説」である。しかしこの論文を考察する前に、マルクスの第二論文を検討しておこう。この論文では、マルクスがこの第一の道がいかに不可能であるかを再確認し、第二の道を模索する方向に進むために重要な役割をはたしたのである。

第二節　「ユダヤ人問題に寄せて」第二論文

第二論文の着目点

マルクスは、この分裂を克服するための道がどのように形成されてくると考えていただろうか。それを明らかにするために、バウアーの論文「現代のユダヤ人とキリスト教徒の自由になりうる能力」を中心的に検討した第二論文で、マルクスがどのようにバウアーを批判しているかを調べてみよう。この第二論文でマルクスは、バウアーのこの論文が前の「ユダヤ人問題」の論文の場合と同じように、ユダヤ人の解放の問題を、市民社会における政治的な解放の問題として捉えずに、宗教的な発展史の問題として「哲学的で神学的な行為」の問題として、捉えていることを批判する。

というのも、「バウアーはユダヤ人の解放の問題を、純粋に宗教的な問題として考察している。その上で救済の見込みがあるのはどちらか？　ユダヤ教徒かそれともキリスト教徒か、というバウアーの神学的な疑念が、解放されることができるのはどちらか？　という啓蒙風の装いの問いとして反復されている[1]」からである。

しかしマルクスはすでに、政治的な解放の問題は、宗教の問題とは別の次元の問題であること、そして宗教の問題は人間的な解放にかかわる問題であることを確認しているのであるから、もっと別な問題構成が必要となる。それは政治的な問題において重要な国家の問題ではなく、市民社会の問題として考えるべきだということである。

そこでマルクスは、「ユダヤ教を廃棄するためには、どのような社会的な要因を克服しなければならないか？」[2]という問いを立てる。だからマルクスは、バウアーのように「宗教的な安息日を過ごしているユダヤ人」ではなく、「現実の世俗的な生活を過ごしているユダヤ人[3]」に、「平日のユダヤ人」に注目することになる。

ユダヤ人の「本質」

この日常生活におけるユダヤ人に注目するということは、ユダヤ教という宗教を信奉する民としてのユダヤ人ではなく、ヨーロッパの社会のうちで生活しているユダヤ人について、彼らが社会においてはたしている機能を考察するということである。

この観点からみると、この時期までのヨーロッパにおけるユダヤ人のありかたには、二つの象徴的なありかたが確認できる。西欧での特権的な宮廷ユダヤ人と東欧での貧しいユダヤ人である[4]。西欧では一部の富裕なユダヤ人は特権を認められて、金融の世界で重要な地位を占めていた。それはバウアーが「ユダヤ人問題」において、「その貨幣の力で、帝国全体の運命を決定している。ドイツのもっとも小さな領邦でも、法の保護の外に置かれることのありうるユダヤ人が、ヨーロッパの運命を決定している」[5]と語るとおりである。

そしてシェイクスピアの『ヴェニスの商人』が語るように、ユダヤ人は社会においては「あくどい金貸し」として嫌われながらも、金融活動において必須の役割をはたしていた。マルクスはこの一般的なユダヤ人像を否定しない。「ユダヤ人の世俗的な祭祀は何だろうか？　それはあくどい商売である。ユダヤ人の世俗的な神は何だろうか？　それは貨幣である」[6]と、一般に考えられているからである。ただしそれを認めた上で、マルクスは資本主義の社会においてこのような商売が成立する根拠を問うのである。

このような商売が必要となるのはどうしてだろうか。それは当時のヨーロッパの社会が、貨幣を神としているからである。「ユダヤ人の力で、あるいはユダヤ人とかかわりのないところでも、貨幣が世界を支配する力となったから」[7]である。マルクスはこの状態はたんにユダヤ人が作りだしたものではないと考えている。貨幣が社会の神であるということは、商品経済と資本主義の本質的なありかただからである。

マルクスはやがてこのことを『資本論』において、商品の秘密を暴きながら明らかにする。もともとは交換手段にすぎなかった貨幣が、やがてはすべてのものと交換することのできる魔術的な力をそなえているかのように思い込まれる。貨幣は人間の心を含めたすべてのものを買うことのできる神のようなものとして考えられ、貨幣は物神となる。「卓越した商業民族だったフェニキア人にとって、貨幣はあらゆる物の外化した姿だった[8]」。そして富を自分の手元に蓄えておこうとする人は、それをさまざまな物品で蓄えるよりも、貨幣という形で蓄えるようになる。自分の身体的な快楽を犠牲にしてでも、金を退蔵しようとするのである。「だから貨幣の退蔵者は、金へのフェティシズムのために、みずからの肉体の快楽を犠牲にするのである[9]」。この「貨幣のフェティシズムの謎は、人々の目をくらます商品のフェティシズムの謎が目にみえるように示されたものにすぎないのである[10]」。

キリスト教のユダヤ教化

このように商品交換を媒介とした資本主義的な社会では、貨幣が世界を支配する力となったようにみえる。そしてユダヤ人はたんにその貨幣の力を「目にみえるように」示しているにすぎないのである。資本主義の社会における日常の取引では、キリスト教徒たちも、目に見えない天の神よりも、目に見える貨幣という神を崇めているのである。だとすると、貨幣という物神に体現された「ユダヤ人の実践的な精神が、キリスト教的な国民の実践的な精神になった[11]」と言わざるをえないだろう。キリスト教徒たちにとっては「貨幣の神《マモン》が、彼らの偶像であり、彼らはそれを口先だけでなく、身も心もあげて崇拝している[12]」のである。

そのことは、政治的に解放された完全な国家である北米のアメリカ合衆国では、「ユダヤ的なありかたがキリスト教世界の全体を実際に支配していることは、疑いようのないごく普通の現象となっている[13]」ことからも明らかである。完成された国家で貨幣が神としての姿を純粋な形で示しているのは、いかにも皮肉なことである。「市民社会は、キリスト教的な世界において、初めて完成する[14]」のであり、市民社会が完成したこの国家では、市民社会の原理が貨幣であることを、いかなる躊躇も遠慮もなしに示しているのである。そして何よりも国家と市民社会の分離が完成されたアメリカ合衆国では、「市民社会が政治的な国家を完全に自己の外部に排出してしまう[15]」ために、貨幣が市民社会の原理として「純粋にそのようなものとして姿を現す[16]」のである。

この社会では、「実利的な欲求とエゴイズムの神は貨幣である[17]」ことを隠そうともしていない。すなわち人々は「貨幣人間」と化している。この社会の原理は、自己の利益を最大とすることを目指すエゴイズムの世界である。キリスト教の社会は、ユダヤ教が秘めていた原理を公然のものとして示したのである。

振り返ってみれば、ユダヤ人たちはあくどい商売をする人々として、金貸しとして軽蔑された。しかし資本主義的な商品社会とは、商品が物神として通用する社会であり、それを目に見える形で示しているのが、物神となった貨幣である。資本主義の社会の神は貨幣なのである。「貨幣は、人間の疎外された労働であり、人間の疎外された現実存在の本質である。そしてこの疎外されたものが人間を支配しているのであり、人間はこの貨幣に祈りを捧げている[18]」からである。

このように、キリスト教徒たちはユダヤ人たちの仕事を軽蔑しているが、実はキリスト教の社会の神は、ユダヤ人の神であるはずの貨幣なのである。そうだとすると、「実利的なユダヤ的な精神、つまりユダヤ教そのものが、キリスト教社会そのものの中で維持され、その最高の完成を実現してきた[19]」と言わざるをえないだろう。

するとユダヤ人の本質がキリスト教の社会のなかで実現されたのだということになる。「キリスト教はユダヤ教から生まれた。今やキリスト教はふたたび、ユダヤ教のもとに解消されることになった[20]」のである。ユダヤ人の偏狭さと非難されるものは、実はキリスト教的な社会、市民社会そのものの「ユダヤ的な偏狭さ」と考えるべきであるとマルクスは指摘する。

社会の自己解放の課題

バウアーはユダヤ人が社会的に解放されるためには、すなわち政治的に解放されるためにはどうすればよいかという問いを立て、それにはユダヤ人がユダヤ教を廃棄し、ユダヤ教から解放されるしかないと主張した。しかしユダヤ教の本質が現代社会の本質として実現されているのであれば、問題はたんなる社会の一部を構成するユダヤ人の解放の問題にとどまらず、社会の自己解放の問題になるだろう。そしてすでに確認したように、この課題は、たんなる政治的な解放では実現できない性格のものなのである。政治的な解放は、そしてその解放によって確立される人権は、市民社会の中で自由に自己の私的な欲望を追求する個人を生みだすことを目的としているのである。

ということは、ユダヤ人が真の意味で解放されるためには、バウアーの要求したように、ユダヤ人がユダヤ教を捨てるだけでは不十分だということである。「社会がユダヤ的なありかたから解放される」[21]必要があるのだ。もちろんそれはナチスの第三帝国のように「最終解決」として社会からユダヤ人を廃棄すること、ユダヤ的なものを絶滅することによって実現されるわけではない。社会がユダヤ的なありかたから解放されるということは、社会がそのユダヤ教の本質であり、キリスト教の本質である貨幣の物神化から解放されるということである。それは資本主義の社会が商品という物神から解放されることを意味する。それこそが社会の自己解放である。

この結論によって、マルクスはそれまでの「ヘーゲル法哲学批判」の段階における急進的な民主主義の思想を完全に克服したと言えるだろう。民主主義的な革命は、政治的な革命である。しかし国家を政治的に革命することも、国家が主導して社会を革命することも、もはや人間を解放する革命を実現することになることはないだろう。

というのも、国家の政治的な革命は、それが国家から分離された市民社会をそのままに放置するのであれば、たんなる体制の手直しに終わるしかないからである。それは社会の本質的なありかたを変えることはできないだろう。

さらに国家が主導して社会を革命する方法がどのようなテロリズムに終わるか、永久革命の思想が、いかに「必然的に、宗教や私有財産などの市民社会のあらゆる要素を復興させることによって終わらざるをえない(22)」かは、フランス革命が明確に示したとおりである。

それではどのような道が残されているのか。そのためには市民社会がみずからのうちから自己を解放し、改革する道をみいだすしかないのである。それはどのようにして実現されるだろうか。それを明らかにするのが、マルクスの次の課題である。

第五章　「ヘーゲル法哲学批判序説」

第一節　マルクスの新たな課題

マルクスの展望

この序説は、「ヘーゲル法哲学批判」の草稿を出版する際に、その序文として掲載することを意図して執筆されたものであり、「ユダヤ人問題に寄せて」と同じように『独仏年誌』に掲載された。この論文で初めて、マルクスは民主主義者から共産主義者に脱皮するのである。それも「共産主義」という語の新しい意味においてである。その当時の用語では、共産主義という概念は、民主主義と明確に異なる概念ではなかった。

「民主主義《デモクラティア》」とは、人民《デモス》の支配という伝統的な用語に依拠している。当時のマルクスにおいては、ヘーゲルから「賤民」と罵られた人民による支配という意味で考えられていた。そして当時は「共産主義《コミュニズム》」という語は、急進的な民主主義のことを意味していた。この語を、マルクス主義が確立された後の「共産主義」という語の定義で考えてはならないだろう。

マルクスがこの論文で目指したのは、革命の主体を確認すること、しかもフランス革命のように、近代の政治的に解放された国家を創設するブルジョワ革命の主体としての第三身分、すなわち聖職者でも貴族でもないブルジョワ一般という意味の革命の主体ではなく、後進国ドイツにふさわしい革命の主体を確認することにあった。そしてこの革命の主体は人民《デモス》一般ではなく、市民社会のうちの特定の階級でなければならないと結論されたのである。それはどのような道筋で展開されただろうか。

マルクスがクロイツナハで執筆した「ヘーゲル法哲学批判」の論文では、こうした革命の道を担うのは、市民としてのブルジョワ一般とされていた。この論文では、ブルジョワがシトワヤンに変身する道が模索されていたのだった。民主制の体制における革命の原理は、ルソーの社会契約と同じものであった。民主制の体制において市民の全員が政治に参加することで、代理としての代表制による政治参加ではなく、真の意味での代表制による全国民的な政治参加を実現することが目指されたのだった。

フランスではルソーの社会契約の理論を受け継ぐことで、ブルジョワジーによる革命が成功した。これによってフランスは、建前としては政治的に解放された近代国家となったのであった。しかしマルクスはドイツではもっと別の道が必要だと考えた。フランスではすでに近代国家が成立していたが、ドイツではまだこの段階に到達していなかったからである。

フランス革命の道は、第三身分であるブルジョワジーの主導による政治革命だったが、マルクスはドイツで同じようにまずブルジョワジーが政治的な革命を主導して、フランスのような近代的で政治的に解放された国家を設立するという道が可能であるとも、望ましいとも考えない。それが可能ではないと考えるのは、現実の両国の状況の違いが明確なものだからである。それが望ましくないと考えるのは、フランスの革命がもたらした政治的な革命は、たしかに近代国家を成立させ、人民を政治的に解放したものの、それが人間的な解放をもたらさなかったからである。この論文は、マルクスがみずからのヘーゲルの法哲学批判を総括する形で、この新たな結論をあらためて提起するものとなっている。以下ではそのマルクスの論拠を具体的に考察してみよう。

フランスとドイツの学問的な同盟の不可能性

マルクスは、フランスと比較した場合のドイツの後進性を明確に指摘する。この論文が掲載されたのは、フランスとドイツの「学問的な同盟」を目指した『独仏年誌』であった。すでに紹介したように、マルクスはフォイエルバッハに、シェリングを批判する原稿をこの雑誌に寄稿するように依頼したが、フォイエルバッハはこの求めに応じず、この雑誌にはマルクスの前記の二つの論文やエンゲルスの経済学の論文などが掲載されただけだった。この雑誌は一冊で刊行が終了する。フランスとドイツには大きな事情の違いがあり、両国は異なった課題を抱えていたために、「学問的な同盟」は成立すべくもなかったのである。

ここでこの両国の抱える課題の違いを再確認してみよう。まずブルジョワジーによる政治革命が完了し、ブルジョワジーによる政治的な権力の掌握が完了したフランスの左翼運動で重視されていた課題は、ブルジョワジーによる新たな人民の抑圧にどのように抵抗するか、この抑圧的な体制をどのように変革するかという政治的な課題であった。

すでに一七九六年には革命のほんらいの理念の遂行を目指した平等派の革命運動であるバブーフの陰謀が暴かれて、蹉跌していた。その後にこの課題を担った革命的な左翼勢力は、民主主義ではなく共産主義の理念を抱き始めていた。もちろん無政府主義的な革命活動も活発であり、ブランキの「季節社」による陰謀が失敗に終わったのは、一八三九年のことだった。

このような状況にあって、マルクスたちはフランスの左翼勢力とドイツの左翼勢力は「学問的な同盟」を実現できると考えたのだったが、そこには大きな思想的なずれがあった。この両国の思想的なずれは、宗教、政治、学問という三つの局面で考えることができる。

そのもっとも重要なずれは宗教的なものだった。というのは、フランスとドイツでは宗教にたいする左翼の思想的な位相が大きく異なっていたからである。フランスでは、革命思想は啓蒙思想を克服して誕生した。そして当時の左翼は、かつての啓蒙思想の無神論を時代遅れのものとして批判して、キリスト教思想を重視する傾向があった。「『新キリスト教』を説くサン・シモン派は別格としても、牧師ラムネーのカトリック社会主義、〝共産主義こそが真のキリスト教である〟と説くカベー派等々[1]」、当時のフランスの左翼は、革命思想とキリスト教の結びつきを模索していたのである。

そしてフランスの左翼からは、ドイツのヘーゲル左派はバウアー、マルクス、ルーゲを含めて、かつての啓蒙主義の反宗教思想である無神論に依拠しているようにみえていた。というのもドイツの左翼思想にとっては、プロイセンなどの君主国の専制主義を批判するには、国家の宗教とされたキリスト教を批判するしかなかったのであり、それがフランスからは無神論のようにみえたのである。

だからフランスからみると、ドイツは革命前の啓蒙主義の反宗教思想である無神論に逆戻りしているようにみえた。それにたいしてドイツからみると、キリスト教を重視するフランスの左翼思想は、無神論が確立された啓蒙主義とフランス革命以前のアンシャン・レジームの宗教思想に逆戻りしているようにみえたのである。たがいに相手を、一世紀近くも前の思想状況にあると考えていたのだから、「学問的な同盟」が成立するはずもなかったのである。

マルクスの宗教批判

だからこそ、マルクスはこの「ヘーゲル法哲学批判序説」の冒頭で、宗教批判という形を借りて、フランスの思想状況を批判せざるをえなかったのである。宗教問題ではドイツはフランスよりも一世紀も進んでいるとマルクスは考えていた。マルクスはこの論文をこう書き始めている。

「ドイツにとっては、宗教の批判は本質的に終わっている。宗教の批判は、あらゆる批判の前提なのである」[2]。これはフォイエルバッハによるキリスト教の批判以来、ドイツの哲学にとって欠かすことのできない前提であった。そしてマルクスが「ユダヤ人問題に寄せて」で批判したバウアーによるキリスト教批判もまた、この宗教批判の重要な一環を担うものであった。

この論文でのマルクスの宗教批判はしかし、「ユダヤ人問題に寄せて」と比較すると重要な点で違いがみられる。それは何よりも、現実の世界において宗教のはたす役割がさらに明確に規定され、宗教のもつイデオロギー的な役割が考察されるようになったことである。「ユダヤ人問題に寄せて」の論文でもたしかに、「人間は宗教にとらわれているかぎり、自分の本質を自分の外部にある幻想的な本質とすることによってしか、自己の本質を対象化することができない[3]」ことが指摘されていた。宗教は、人間が自己の本質を疎外して、「自分の外部にある幻想的な本質」とする営みであることは、明確に指摘されていたのである。

しかしこの「ヘーゲル法哲学批判序説」の論文では、「ユダヤ人問題に寄せて」のように、宗教の役割がたんに類としての人間の、抽象的な人間の自己疎外のありかたとして捉えられるのではなく、現実の社会において苦悩する民衆の具体的なありかたにおいて見定められている。マルクスは宗教に頼らざるをえない民衆の具体的な姿に注目する必要があると考えるのである。「この人間というものは、世界の外にうずくまっている抽象的な存在ではない。人間とは、人間の世界のことであり、国家のこと、社会的なありかたのことである。この国家が、社会的なありかたが、顚倒した世界であるために、顚倒した世界意識である宗教を生みだすのである」[4]。宗教は民衆の住む世界が、社会が転倒しているために生まれるものである。だから宗教批判は、この転倒した世界の批判であらざるをえない。

逆に、この現実の社会の批判は、たんに社会的な不平等や不合理の批判だけではなく、そのイデオロギー的な表現である宗教批判にまで到達せざるをえないのである。だからフランスの左翼のように、社会批判がキリスト教と共存しうるということは、その社会批判に根本的な欠陥があることを示すものと考えざるをえないのである。「宗教との闘いは間接的には、宗教という精神的な香りを放っているあの世界との闘い」[5]でもあり、宗教はその精神的な香りの力で、現実の社会の息苦しさをごまかそうとするからである。

だから有名になったマルクスの表現によると、「宗教は民衆の阿片」[6]なのである。この阿片をなくすということは、民衆から阿片を取りあげることを意味しない。民衆がこの宗教という阿片を必要とする原因となっているこの社会の転倒をなくすことを意味するのである。「民衆に幻想のうちだけの幸福感を与える宗教を廃棄するということは、民衆に現実の幸福を与えることを要求するということである(7)」からである。

ドイツの法哲学の利点

このようにドイツの左翼は、宗教批判を完遂していること、そして宗教の意味を明確に認識しているということにおいて、フランスの左翼と比較して、一世紀も進んでいることになる。フランスの左翼はまだ革命とキリスト教の共存の可能性を信じていたが、それは宗教が「人間の自己疎外」にほかならず、革命はその自己疎外を廃棄するものでなければならないことを認識していないことを意味するのである。

ドイツは宗教批判以外にも、別の側面でもフランスよりも進んでいるとマルクスは考える。それはヘーゲルの哲学においてであり、このヘーゲルの哲学を批判することで生まれたヘーゲル左派の思想においてである。というのもヘーゲルの哲学は、「現代の公的な側面と同じ水準にある(8)」哲学だからであり、この哲学は現代の国家と社会の問題に正面から取り組んでいるという意味で、「現代の焦眉の問題に触れ(9)」ていることによって現代的な学なのである。

フランスの優位とドイツの遅れ

ただしこの哲学的な優位には、いくつかの留保がつけられる。というのも、宗教批判での優位とはうらはらにドイツは政治と思想の側面でフランスと比較して明確に遅れをとっているからだ。

第一の遅れは政治的なものである。フランスは一七八九年の革命で、近代国家として誕生した。これは共和制の国家であり、ブルジョワジーが支配する国家ではあるが、政治的に解放された国家であることは、マルクスが「ユダヤ人問題に寄せて」で繰り返し指摘してきたことである。

このフランスと比較すると、いまだに君主制のキリスト教国家であるドイツの遅れは顕著なものである。こうしたドイツの現状を否定し、これを改革したとしても、「フランスの暦で言えば、「フランス革命の」一七八九年にすら到達しないだろうし、現代の焦眉の問題に触れることもできない[10]」としか言いようがないのである。ドイツの遅れは、「近代の国民が行った革命をまったく経験せずに、ただ革命からの復古体制だけを「近代の国民と」共にした[11]」ことにあるのである。ドイツで自由がただ一度経験されたが、それは「自由の葬式の日においてのことだった[12]」のだった。

フランスでは革命によってアンシャン・レジームが打倒された。この体制が打倒されたのは、世界的な必然性によるものだった。それはこの体制が個人的な誤謬によって存在しているものではなく、「世界の既成の暴力的な権力[13]」によって存続するという「世界史的な誤謬」によるものだったからである。それだけに、この体制の打倒は「悲劇的」な経験であった。しかしその「悲劇」をドイツで真似てみても、それは悲劇としてではなく、「喜劇」[14]として演じられることになるだけだろう。悲劇は二度目には喜劇として演じられるからだ。

ドイツの第二の遅れは、この政治的な遅れにみあった学問的な遅れである。この遅れはさまざまな分野で確認される。まず法学の分野では「歴史法学派」がいる。「この学派は現在の下劣さを昨日の下劣さで正当化している。この学派は、鞭に打たれて反抗する農奴のいかなる叫びも、反逆的な行為であると宣言する[15]」という情けない学派である。

この学派と対立する学派として、国粋主義的で自由主義的な法学派がある。これは「ドイツの自由の歴史を、歴史の外にあるチュートンの森の奥深くに求めようとする[16]」学派である。しかしこの学派はチュートンの森の奥にある自由の歴史を、今どのようにして生かそうとするのだろうか。それではドイツの自由の歴史は「森に住む猪の歴史とどこが違うのだろうか[17]」。

このようにドイツが政治的に遅れているだけでなく、ドイツでは哲学を除くすべての分野でフランスから遅れていることが確認できるのである。「ドイツのあらゆる領域が、ドイツ社会の恥部である[18]」ことを確認せざるをえないのである。

　この学問的な遅れを顕著に示しているのが経済学における遅れである。イギリスとフランスでは、アダム・スミスの自由貿易論とケネーの重農主義によって、古典経済学の豊富な土壌が築かれた。そして「社会による富の支配」が政治経済学によって問題とされるようになった。この富の支配は独占という「最後の帰結」にまで到達しようとしているのだった。

　ところがドイツで問題になっているのは、「私有財産による国民の支配」を国民経済学が問題としているにすぎない。ドイツでは独占のもたらす問題は、これから登場しようとしているのである。イギリスやフランスと比較すると、「これまでのドイツの歴史は、すでに語りふるされた歴史物語を、未熟な新参者に向かって語りなおすことだけを課題としてきた[19]」と言わざるをえないのである。ドイツでは自由貿易ではなく、フリードリヒ・リストの経済学が語るように、「保護関税、輸入禁止措置、国民経済[20]」が重要な課題になっているのである。

　このようにドイツは政治的にも、歴史学や法学、経済学などの学問的にも、フランスに大きな遅れをとっている。ところがこの遅れにもかかわらず、あるいはこの遅れの逆説的な効果として、ドイツがフランスと同等な地位にまで進んでいる側面が、宗教批判のほかに一つだけである。それがすでに述べたように、宗教批判を終えてきた哲学の世界なのである。

ただしこの哲学は、ドイツが政治的にも学問的にも経済的にもフランスに遅れをとっているだけに、ドイツの理論的な党派が目指しているように、ヘーゲルのような観念論的な体系を構築する営みであることはできない。ひたすらドイツの現状とその遅れを攻撃し、その根本的な革新をめざす批判という営みでなければならない。それは「ドイツの現実の一つである」哲学の営みそのものではなく、哲学の批判でなければならない。「哲学を実現する」ためには「哲学を廃棄する」ことが必要なのである。理論的なドイツの政治党派は、「哲学を廃棄しなくても、哲学を実現できると考えている」[21]が、それは不可能な夢なのである。

ドイツの実践的な党派の欠陥

しかしだからといって、たんに哲学を捨てて、現実の政治活動に従事すればよいということにはならない。それがドイツの思想状況と、政治と学問の水準が現代の最高の水準にありながらも、哲学的な水準が一世紀遅れているフランスの思想状況との違いである。フランスでは、哲学の改革は政治的な課題の水準にいたっていない。そのようなフランスでは実践活動こそが、哲学の新たな問題を切り開いていくだろう。しかしドイツでは反対に、現実の政治的な水準は哲学的な水準よりも一世紀も遅れているのである。この現実の政治の世界で実践に専念するならば、それは思想的には古い課題に取りくむことにならざるをえない。

それが実践的な党派による活動のもつ難点である。そうした党派の実践はすでに確認されたように、ドイツの政治的な水準をせいぜいフランス並みに引き上げることにしかならないだろう。そしてドイツのアンシャン・レジームを倒壊させることができたとしても、それはもはや悲劇ではなく、二度目の喜劇にすぎないだろう。現在ではアンシャン・レジームが倒壊した後の国家と社会をどうするかというフランスの問題が、政治的な課題として問われているからである。

こうした実践的な党派は、ドイツでは哲学が現代の最高の水準にあるという事実を、そして哲学もまたドイツの現実の一つであるという事実を忘却しているのである。こうした党派は、哲学に背を向けて、「現実の生命の萌芽に依拠しなければならないと主張する」[22]ものの、そうしたものは現実の世界においてではなく、「彼らの頭蓋骨のなかでしか育っていない[23]」ことを忘却しているのである。

マルクスの理論的な闘い

それでは哲学は哲学の内部から、しかも哲学を廃棄するものとして、いかにして現実の世界と実践的に闘うことができるだろうか。その道筋としてマルクスは理論的な闘いと実践的な闘いの二つの側面を結びつける方途を考えている。すでに確認したドイツの現実の二つの党派、実践的な党派と理論的な党派のもつ固有の欠陥を克服することで、この両面的な闘いが可能になると考えるのである。

この理論と実践を結びつける闘いは、ヘーゲルの法哲学の批判という道筋をとる。まず理論的には、ヘーゲルの法哲学を批判することで、フランスに劣らぬ水準の高さを示しているドイツの哲学を内側から食い破ることができると考えるのである。というのもヘーゲルの法哲学は、「ドイツの政治意識と法意識のもっとも高尚で普遍的な表現、学にまで高められた表現[24]」だからである。

マルクスは、ドイツにおける宗教批判の伝統こそが、この理論的な闘いの道をすでに切り開いていると考えた。「ドイツの理論がラディカルなものであること、そして実践的なエネルギーに満ちていることを証明しているのは、それが宗教を断固として、積極的に廃棄しているという事実である」[25]からである。フランスでは宗教改革は未熟なままに終了した。フランスのプロテスタントたちはナントの勅令でカトリックと和解できたかと信じたが、やがてルイ一四世の時代にこの勅令が廃止され、プロテスタントたちはオランダなど、外国に亡命するしかなかったのである。

それにたいしてドイツではルターに始まる宗教改革が実現された。ドイツは宗教改革の闘いの最前線だったのである。そして宗教の批判が教えたことは、「人間の最高の本質が人間であること」[26]だった。この宗教改革の実践が教えたのは、理論と実践が結びつくということ、この理論によって「ドイツは原理の高みにいたるまで実践を実現することができる」[27]ということだった。

理論のもつ力

マルクスは、かつてのルターの宗教改革の理論に匹敵する理論が、この時代のドイツに存在しうると考えた。それこそが「ドイツの国家哲学と法哲学のもっとも首尾一貫し豊かな最終的な形態として示している」[28]ヘーゲルの法哲学の批判である。ヘーゲルの法哲学の批判は、このルターの遺産をうけつぐことで、理論的な闘いを進めることが同時に実践的な闘いになると、マルクスは考えたのである。というのもマルクスは、こうした批判には次の三つの意味で、ふつうの概念による理論とは明確に異なる独特な力があると考えるからである。

第一にヘーゲル批判は、すでに実践的な力をもつ理論という意味をもつ。というのも、ヘーゲルの法哲学を批判するということは、「ドイツの政治意識のこれまでのありかたに断固として対抗するということであり、もはや自分自身のうちに迷い込むことなく、さまざまな課題に直面する」[29]ということである。これは現代の国民が直面している具体的な課題に立ち向かうことを目指す実践的な理論なのである。

第二に批判は、人間のもっとも深く、本質的なものを把握しようとするラディカルな理論である。「ラディカルであるということは、ものごとをその根《ラディクス》で捉えるということである。そして人間にとっての〈根〉とは、人間自身にほかならない[30]」のである。この批判は人間にとってもっとも重要で本質的な問いを、「人間に向けて展開」し、人間に問い掛けるのである。

第三に批判は、物質的な力をそなえている理論である。というのも批判は、ラディカルな理論であることによって、民衆の心をとらえる力があるからである。かつての宗教改革が民衆の心をとらえて、民衆のうちに根をはることで成功したように、法哲学の批判も、「理論であっても、それが大衆を捉えるならば、物質的な力となる。理論はそれが人間に向けて《アド・ホミネム》展開されるならば、大衆を捉えることができる[31]」のである。大衆の心をとらえる理論は、「物理的な力」となって、国家権力という別の「物質的な力を転覆する[32]」ことができるものとなり、「武器の批判」となるだろう。この理論によって「哲学者の頭のなかで、革命が始まろうとしている[33]」のである。

ここまでマルクスは、ドイツでルターの宗教改革の思想をうけつぐことで、思想的であると同時に実践的でもある革命が可能であることを理論的に展開してきた。それでは実践として、ドイツでそのような革命は可能だろうか。思考による批判は、現実を変えうるだろうか。マルクスは変えうると考える。しかしそのためにはある条件が必要である。それは、革命には批判と理論を実践にうつす主体が必要だということである。その主体はどのようなものか、それがマルクスにとって残された最大の問題である。

革命の第一の否定的な条件――ルターの負の遺産

というのも、この主体が登場するためには、ドイツの歴史において蓄積された幾重にも重なる否定的な前提条件を克服する必要があるからである。まず第一の否定的な条件は、ルターの宗教改革のもたらした負の遺産である。ルターはカトリックの伝統のうちで築かれた隷属を打破したのであったが、それとは別の種類の隷属を作りだしたのだった。カトリックは、中世の長い期間を通じて、教会の序列とローマ教皇への「敬虔の念」に基づいて、信徒たちのうちに隷属を作りだしていた。この隷属の鎖を断つために、ルターは万人司祭論を展開し、すべての人が神の前で司祭にひとしい存在であることを訴えた。

この訴えはたしかに、聖職者の地位と意義を喪失させた。そして今では万人が、神の前に、聖職者にひとしい信仰の念をもって跪《ひざまず》き、神への従順を誓うようになった。ということは、今では誰もが聖職者という媒介なしに、神の面前で神に直接に服従しているということである。ルターの理論は「人間を外面的な宗教生活から解放したが、それは宗教生活を人間の内面的な生とすることによってだった(34)」のである。たしかにルターは身体の鎖を断って、信徒をカトリックの教会への隷属から解放しただろう。しかしそれは「心を鎖でつなぐことによってだった(35)」。

この新たな隷属は、それが既存の体制への隷属ではないだけに、それまでにない巨大な力を発揮することになった。こうして新たな闘いが必要になったのである。この闘いは聖職者の腐敗との闘いのように、他者の行いにかかわるものではなく、「自分の内部にいる坊主との闘い(36)」である。すべての俗人は、「自分の坊主的な本性との闘い[37]」をつづけることを求められるようになったのである。

しかしマルクスは、この第一の否定的な条件は、批判が人間の根本的な本質にかかわるものであること、すなわちラディカルなものであることによって、克服可能であると判断する。批判は、ドイツ人の「坊主的な本性」を変革することができるだろう。そしてドイツ人を人間に変えることができるだろう。そうなれば民衆も解放されるだろう。

革命の第二の否定的な条件——国家と社会の乖離

第二の否定的な条件は、ドイツでは「市民社会と国家のあいだにも、市民社会とそれ自身のあいだにも、巨大な乖離が存在している[38]」ことである。ドイツではフランスのように近代的な国家が建設されておらず、そのための物質的な条件が欠如しているように思えるのである。

さらにドイツは二重の欠陥に悩まされている。「現代国家の世界の文明的な欠陥[39]」と、「アンシャン・レジームのもつ野蛮な欠陥[40]」の両方に苦しめられているのである。その具体的な現れは、ドイツが「立憲国家の制度を現実に所有していないにもかかわらず、そのすべての幻想をこれほどまでに素朴に共有している[41]」という現状である。

このような状況で革命は可能だろうか。その革命の主体はどのようなものでありうるだろうか。この否定的な条件を克服することができるのは、どのような主体だろうか。この問いは、第一の否定的な条件によって生まれた問いよりもはるかに根源的で困難な問いである。第一の否定の条件は思想的なものだった。それは思想のラディカル性によって克服できると考えられた。しかし第二のこの条件は現実の政治的で物質的な事柄にかかわるものである。「革命が起こるためには、ある受動的な要素が必要[42]」なのであり、「物質的基盤[43]」が必要である。ドイツにはそのような物質的な基盤はあるだろうか。

すでに考察してきた「賤民」あるいは「民衆」という概念が、その物質性を担うはずである。すでに確認されたように思想は民衆をとらえるとき、物質的な力となるはずだからである。しかしたんに民衆と語っただけでは、物質的な基盤と呼ぶことはできないだろう。というのも、民衆には批判によって訴えかけることになるが、「ドイツの思考が要求するものとドイツの現実が示す答えとのあいだには、巨大なまでの乖離が存在している[44]」からである。思想が示すものと現実との乖離がこれほどに大きなものであるとき、その思想は民衆の心をとらえることができるだろうか。

フランス革命の経緯と現状

この問題を考えるためにマルクスは、ドイツの「手本」となりうるフランスでの革命の経緯を考察した。この革命は二段階で遂行された（あるいは遂行されつつある）と考えられる。第一段階は、一七八九年からのフランス革命である。この革命では、第三身分という一つの身分が、聖職者の第一身分と貴族の第二身分という他の二つの身分を否定して、みずからが国民そのものであると自称した。この身分は、社会の一部でありながら、社会のすべてであると自称し、それを第一身分や第二身分からさえ、認められたのである。

フランスで第三身分がそのような特別な地位を認められるためには、二つの条件が必要だった。第一の条件は、第一身分と第二身分という「特定の社会的な階層が、社会全体の悪名の高い犯罪性の根拠とみなされて[45]」いることである。この二つの階層に、「社会全体のすべての欠陥が[46]」集中しているとみなされたために、第三身分の主張の正当性が認められたのである。そしてこの条件は、「フランスでは、貴族と聖職者の身分には、全般的に否定的な意味がそなわっていた[47]」ために満たされた。

第二の条件は、そのような社会の根源的な悪を体現する身分が存在すると同時に、それとは異なる身分に、この悪を打破する革命を遂行する能力がそなわっていることである。その階級は、第一の条件のおかげで自己を解放するだけでなく、社会全体の解放を実現できるような革命を遂行することができるのである。しかしそのためには、この階級にとって、こうした客体的な条件だけではなく、主体的な条件も必要であった。

そのためにこの階級に必要とされた第一の主体的な条件は、「革命的なエネルギーや精神的な自負がある[48]」ことである。しかしそれだけでは不十分であり、もっと重要な主体的な条件が必要である。それは革命の理論が大衆を捉えて物質的なものとなるために、「大衆のうちに、ある種の情熱的な根拠を呼び起こすことができなければならない。すなわちその階級は、社会の全体と同胞愛で結びついて一体となっていなければならず、社会の全体と同一視されていて、その普遍的な代弁者と感じられ、認められていなければならない[49]」ということである。

そしてフランスでは第三身分に、この二つの主体的な条件がそなわっていたために、フランス革命の第一段階は実現され、政治的な解放が達成されたのだった。しかしこの革命は真の意味での人間性の解放を実現することはできなかった。革命は第二段階へとさしかかっており、まだ途上にあるのである。第一段階の革命は、「諸侯は王権と闘い、官僚は貴族と闘い、ブルジョワたちがそれらのすべてと闘[50]」うことで実現された。しかしブルジョワたちの革命とその思想は、やがて「古臭いものとされ、少なくとも疑問のあるもの[51]」とされたのだった。というのも、「社会的な発展の状況と政治理論の進歩[52]」が、フランス革命の成果の不完全さを白日のもとに露呈したからである。

そして革命を次の第二段階に推進する役割は、かつての第三身分のうちのプロレタリアたちが担うことになった。それが現在のフランスの状況である。フランスでは解放は段階的に行われている。そしてすでに部分的にでも第三身分の解放が実現されたという成果が、「全般的な解放のための根拠となる[53]」のだった。部分的な自由の実現が「すべての自由を生みだす[54]」のである。

このようにしてフランス革命の新たな担い手が登場する。「フランス国民のさまざまな階級に、解放者の役割が劇的な形で順番に回ってきて、最後になって一つの階級にこの役割が委《ゆだ》ねられたのである。この最後の階級とは、人間の外部にあるが、人間社会が作った条件を前提にして社会的な自由を実現するのではなく、人間の生活のすべての条件を、社会的な自由という前提のもとに組織する階級である[55]」。それがプロレタリアートである。

ドイツでの革命の主体

それではドイツでも、このような二段階の革命の道筋を構想することができるだろうか。マルクスはそれは不可能だと考える。ドイツではフランスの第三身分に該当するような中産階級が存在しないからである。「ドイツでは、実際生活にいかなる精神も欠如しており、精神的な生活にはいかなる実際性も欠けているために、市民社会のいかなる階級も、その階級が占める直接的な位置によって、すなわち物質的な必然性や、彼らに加えられる拘束そのものによって強制されるまでは、全般的な解放の欲求もそのための能力も、そなえることがない[56]」からである。

プロレタリアートの特徴

それではどうすればよいか。マルクスはブルジョワジーに革命の希望を託することはできないために、フランスのように二段階に分けた革命は実現できず、むしろ新たに登場し始めたプロレタリアートこそが、直接に革命を遂行する使命を担うだろうと考えた。この階級の特徴は、すでに指摘されてきたことをまとめると次の三点に要約できるだろう。

第一の特徴は、プロレタリアートは、根源的に抑圧された階級であることである。

プロレタリアートは、「ラディカルな鎖につながれた階級[57]」である。この鎖は、社会のうちで抑圧されていることを象徴するしるしである。ただし中世的な身分制度による抑圧ではない。近代の資本主義社会のうちで、工業化の動きの後に新たに生みだされた貧困のうちに、しかも人為的に作りだされた貧困のうちに作りだされた抑圧によって苦しめられている階級である。

ブルジョワである第三身分もまた、中世の身分的な制度が、新たな産業化によって解体された後に生まれた身分であるが、プロレタリアートは「社会の切迫した解体によって、特に中産階級の解体によって生まれた人間集団である[58]」という独特な特徴がある。これは「すべての身分を解体するような身分[59]」なのである。このために農村から都市に放逐された貧困層や、キリスト教的・ゲルマン的な農奴は、次第にプロレタリアートとして登場するのである。

第二の特徴は、プロレタリアートは市民社会を構築する階級ではなく、その原理を否定する階級であるということである。プロレタリアートは市民社会のうちの一つの階級でありながら、しかも市民社会の階級であることを否定する階級である。フランス革命の第三身分は、市民社会を構成する新たな階級だった。しかしプロレタリアートは市民社会の原理である私有財産制度を否定する階級である。こうした私有財産が、自分たちの貧困の原因となっているからである。

「プロレタリアートは私有財産の否定を要求する。しかしそれは社会がプロレタリアートの原理とみなしたこと［すなわち私有財産の欠如］を、プロレタリアートが「私有財産の否定として」社会の原理にまで高めたということである。プロレタリアートは何もしないのに、この原理は社会の否定的な帰結として、プロレタリアートのうちに体現されている[60]」のである。

第三の特徴は、プロレタリアートは否定的な意味での普遍性をそなえた階級であることである。フランス革命の時点において第三身分は、実際には社会のすべての機能を担っているという意味で肯定的な普遍性をそなえていたが、いかなる権力も与えられていなかった。実際にはすべてでありながら、すべてを失っている階級だった。しかしプロレタリアートは、そのような肯定的な意味での普遍性をそなえていない。これは「普遍的な苦痛のために普遍的な性格をそなえた階層であり、みずからの身体にうけた不正が、特殊な不正ではなく、不正そのものであるために、いかなる特殊な権力も請求できない階層[61]」なのである。

「人間の解放」を実現する闘い

　このようなプロレタリアートは、もっとも抑圧されているために、市民社会の原理を否定せざるをえない階級であり、「歴史的な資格に訴えることができず、もはや人間としての資格に訴えるしかない階層である。ドイツの国家制度の個々の諸帰結との一面的な対決ではなく、この国家制度のさまざまな前提と全面的に対決している階層である。すなわち社会の自分以外のすべての階層から自己を解放し、それによってこれらのすべての階層を解放しなければ、みずからを解放することのできない階層である。要するに、人間性を完全に喪失しているために、自己を獲得するためには、人間性を完全に再獲得しなければならない[62]」ような階級である。

　この階級にとっては、自己を解放する闘いは、ただ自分たちの階級を解放するための闘いであるだけではない。この階級は既存の国家体制と全面的に対決している階級であるために、「人間の解放」を実現するための闘いになるだろう。そしてその理論的な武器は哲学である。しかも伝統的な哲学を廃棄することによって、哲学そのものを実践において実現するような哲学である。マルクスは、理論と実践の関係について、実践を重視して理論を軽視する党派と、理論を重視して実践を軽視する党派の両方を批判してきた。なぜなら「プロレタリアートは哲学を現実のものとすることなしに、その身分を廃棄することはできない[63]」と考えるからである。

マルクスはすでに学位論文において、哲学と実践の緊密な結びつきを確認してきた。当時のヘーゲル左派の二つの潮流のいずれにも、理論と実践の関係で不足するところをみいだしていた。そしてヘーゲル哲学の批判の結論もまた、こうした理論と実践の緊密な関係を再確認するものとなる。哲学は廃棄されなければならない。しかしそれは理論を否定することによってではなく、理論を実践において実現することによってである。

やがてマルクスは、『ドイツ・イデオロギー』で、「哲学者たちは世界をただきまざまに解釈してきたにすぎない。重要なのは、世界を変革することである[64]」と語るようになる。これは理論としての哲学を否定し、世界の変革を主張する実践の言葉ではない。この言葉は伝統的なドイツ哲学の流派が「哲学を廃棄しないでも、哲学を実現できると考えている」ことは間違いであると否定したのと同じ観点から語られている。世界は変革されるべきであり、哲学は廃棄されるべきである。しかしそれは哲学を実現することによってでしか可能ではないのである。

このようにしてマルクスは、哲学を実現する階級としてのプロレタリアートを「発見した」。これからのマルクスは、『聖家族』と『ドイツ・イデオロギー』などに残された著作と文章で、バウアーやシュティルナーを初めとするドイツの左翼のイデオローグたちを批判する一方で、プロレタリアートが置かれたこの資本主義の社会の分析に力を注ぐようになる。資本主義社会を分析する経済学の研究こそが、市民社会と国家の分裂を解消し、プロレタリアートが革命を実現するために必要な理論的な基盤を提供してくれると考えたのである。この視点は『資本論』を通じてマルクスの一生を貫く重要なポイントとなる。マルクスの今後の苦闘は本書の考察の範囲を超えているので、以下では最後に、『聖家族』において示されたマルクスのバウアー批判の結論を確認しておくことにしよう。

第二節　『聖家族』におけるマルクスのユダヤ人問題批判

マルクスの『聖家族』と『ドイツ・イデオロギー』

マルクスはこのようにして、「ヘーゲル法哲学批判序説」において、プロレタリアートによる革命を目指す共産主義者へと変身を遂げたのだった。そしてこの変身を遂げるにあたっては、ヘーゲルの法哲学の批判と、それによる革命の主体の構築が決定的な意味をもったのだった。

やがてマルクスは、市民社会のうちから生まれてきたこのプロレタリアートという革命の主体のありかたを解明するためには、国家という政治的な制度ではなく、市民社会とその資本主義的なメカニズムそのものを解明する必要があることを認識し、経済学の研究に力を注ぎ始めるのである。その成果が結実したのが『経済学・哲学草稿』である。

ただしこの経済学批判に進む前に、マルクスはエンゲルスとの共著として二冊の著書を執筆して、当時のドイツを支配していたイデオロギーを批判することを試みた。それが一八四四年には執筆を終えていた『聖家族』と、一八四五年から翌年にかけて執筆された『ドイツ・イデオロギー』である。これらの二冊の著書では、ブルーノとエドガーのバウアー兄弟と、フォイエルバッハの影響のもとで『唯一者とその所有』を執筆して一躍有名になったマックス・シュティルナーが主要な批判の対象とされている。この節では、一八四五年二月に刊行された『聖家族』に含まれるマルクスのバウアー批判を検討してみよう。

ユダヤ人問題に関するマルクスの考察は、「ユダヤ人問題に寄せて」だけではなく、このバウアー批判をもって一応の結論が出されるのである。

『聖家族』におけるマルクスの三回にわたるバウアー批判

この書物は「批判的批判の批判、ブルーノ・バウアーとのその伴侶を駁す」というサブタイトルをつけて刊行された。「聖家族」とはイエスの両親と兄弟たちを指す言葉であるが、マルクスたちはこれをバウアー兄弟と『一般文芸雑誌』に集まる彼らの信奉者を嘲笑する言葉として使っている。この書物はマルクスとエンゲルスの共著であるが、バウアーの「ユダヤ人問題」についての批判は、マルクスの筆によるものである。ここでマルクスは三回にわたって、バウアーの「ユダヤ人問題」の再批判を展開している。

バウアーは『ドイツ年誌』の一八四二年一一月号に掲載された「ユダヤ人問題」の論文にいくらか手を加えて、一八四三年に『ユダヤ人問題』という著作として刊行した。そしてその後にこの論文や書物にたいする批判がつづいたために、バウアーは三回に分けてこれらの批判への反論を展開したのだった。

バウアーの三回の反論とマルクスの三回の批判

バウアーの第一の反論は、一八四二年一二月に発行された『一般文学雑誌』第一冊に掲載された「ユダヤ人問題に関する最新刊」というタイトルの論文である。第二の反論は、一八四四年三月に発行された同誌の第四冊に掲載された同名の論文である。第三の反論は一八四四年七月に発行された同誌の第八冊に掲載された「今や何が批判の対象であるか」という論文である。

マルクスは『聖家族』の第六章で、かつて『独仏年誌』に発表した「ユダヤ人問題に寄せて」の論文を再確認する形で、バウアーのこれらの三回の反論（マルクスはこれらを第一号の弁明とか第一次征伐と呼んでいる）を新たに批判する三つの節を執筆して、これらに「絶対的批判による第一次征伐」「絶対的批判による第二次征伐」「絶対的批判による第三次征伐」というタイトルをつけた。

マルクスの「ユダヤ人問題に寄せて」には、それまでの僚友だったバウアーにたいするある程度の共感と遠慮のようなものがみられたが、バウアーとバウアー派の批判を主要な目的とする『聖家族』では、こうした遠慮はすっかり姿を消し、嘲笑的な口調が支配的になっている。

というのも、バウアーはとくに「第三号の弁明」において、マルクスの「ユダヤ人問題に寄せて」の文章を明確な「批判の対象」としたためであり、マルクスはこの批判に答えざるをえなかったからである。『聖家族』は、マルクスとエンゲルスの初めての共著であり、マルクスの意気込みも強かったが、主要な批判のターゲットであるバウアーを正面から批判したのはこの六章だけであり、しかもこの六章でのバウアー批判は、三回の「征伐」、すなわちバウアーの反論への再批判にあてられているのである。「『聖家族』は、ほかでもない〈ユダヤ人問題〉論争に投じられた著作なのである[1]」と言うことができるだろう。マルクスのバウアー批判は、ユダヤ人問題にたいする姿勢は、「ユダヤ人問題に寄せて」だけではなく、この書物を読まなければ、その全貌を見通すことはできないのである。以下ではこのマルクスの新たな再批判の内容を簡単に追跡してみよう。

「第一次征伐」への批判

マルクスの三回の反批判のうちでは、「第三次征伐」への反論がもっとも詳細なものである。最初の二回の反論について以下で簡単にまとめてみよう。

「第一次征伐」への反論の論点は、バウアーの「大衆」論への批判と、ユダヤ人の「政治的な解放」の可能性にかかわる問題の二つに要約できる。まずマルクスは、バウアーの「第一号の弁明」を考察しながら、バウアー派の「批判的な批判」が、「大衆」と精神を対立したものとみなして、「大衆」に批判の矛先を向け始めたことを確認する。

この「大衆」がどのようなものであるかは、バウアーの文章からは明白ではないことをマルクスは指摘する。バウアーの言う「大衆」とは「〈精神の対立物〉、進歩なるもの、〈批判〉なるものの対立物にほかならないのだから、［大衆の想いは］この仮想の対立物によってしか規定されない[2]」のである。これは大衆とは精神と批判の反対物と規定しておいて、大衆を精神の「敵」と呼ぶ同義反復にほかならないのである。バウアーが自己を精神と規定して、それに反対するものを大衆と呼ぶとき、そして「大衆の『存在』そのものが、絶対的な批判との対決によって制約されると同時に証明されている[3]」ときには、こうした「大衆」論はエリート主義的な妄想に陥っていると言わざるをえないだろう。

第二の「政治的な解放」の可能性に関する論点については、この論文でマルクスはバウアーの「ユダヤ人問題」の論文の欠陥が、「国家を人類と取り違え、人権を人類と取り違え、さらに政治的な解放を人間的な解放と取り違えている[4]」ことにあることを再確認する。そしてバウアーは「キリスト教だけを国の宗教として排他的に認め、諸身分の存在を認める国家は未完成な国家であり、未完成なキリスト教国家であること[5]」を認識できなかったと指摘している。しかしこの「第一号の弁明」ではバウアーは「国家の本質についても、また自分の著作の『見落とし』についても、新たな洞察はまだ示していない(6)」ので、こうした批判にたいしてバウアーは「この問題についての非難は無意味である(7)」と答えることしかできないのである。

マルクスはバウアーの「批判」というものの役割が、マルクスの考えるほんらいの批判とはまったく異なるものであり、「現実の問いに答えることではなく、その問いをまったく別の問いにすり換える(8)」ものでしかないことを批判する。そして「ユダヤ人問題」について考察すべき問題点を思考することができず、それを「歪曲して、その中心問題である政治的な解放を考察するのではなく、ユダヤ教を批判し、キリスト教的でゲルマン的な国家を記述することで満足(9)」するにすぎないと指摘するのである。バウアーがこの弁明では新たな姿勢を示さなかったために、マルクスの論点も、以前とほとんど変わっていない。

「第二次征伐」への批判

マルクスのバウアー批判が発表された後になってから発表されたバウアーの「第二号の弁明」にたいしてマルクスは、バウアーが自分の論文への批判にたいして、ドグマ的な方法で反論していることを指摘する。バウアーの主張する「批判」なるものは全能であり、疑うことを許されないドグマであり、大衆の批判を考慮する必要のないものとされているからである。というのもバウアーはこの「第二号の弁明」において、かつて執筆した「ユダヤ人問題」の論文の「考察の範囲は一見したところ狭いものであるが、それは大衆の解釈能力にふさわしく調子を合わせる必要があったからにほかならない(10)」と弁明しているのである。

マルクスは、バウアーが大衆の批判に対処するためには、「国家」と異なる「社会」の概念を必要としたことを指摘する。これはマルクスの批判から学んで、政治的な国家ではなく、市民社会が問題であることをバウアーが認識したことを意味している。そしてマルクスは、バウアーが「今日の市民社会にたいしてユダヤ教がどのような現実的な関係をもっているかなどということは、決して考察しなかった(11)」こと、さらにバウアーの考える「社会」の概念は、マルクスが考えているように、近代の市民社会のことではなく、たんなるドグマにすぎないことを指摘するのである。

「第三次征伐」への批判

バウアーが、『独仏年誌』のマルクスの論文を読んで明確な反批判を試みようとしたのは「第三号の弁明」になってからであるため、マルクスの批判が、すでに発表された「ユダヤ人問題に寄せて」の論文を補足する形で詳細に展開されるのは、この

「第三号の弁明」を批判した「絶対的批判の第三次征伐」の文章においてである。

すでに「第一次征伐」の批判で、バウアーが国家と人類を混同していること、政治的な解放と人間的な解放を混同していることが再確認されている。この「第三次征伐」の批判では、その後に発表されたバウアーの『国家・宗教および党』という著作においてバウアーの保守主義的な傾向がさらに顕著になったことを踏まえて、マルクスの批判はさらに鋭いものとならざるをえない。

バウアーへの問い

マルクスはこの著者におけるバウアーの奇妙な主張について、いくつかの問いを提起しているが、それらは宗教的な問い、政治的な問い、哲学的な問いの三つに分類することができるだろう。まず宗教的な問いは次のようなものである。「ブルーノ・バウアー氏はなぜ、処女マリアが聖霊によって受胎したことを証明しなければならなかったのか?」、「バウアー氏はなぜ、アブラハムに姿をみせた天使が、神が現実に流出したものであることを証明しなければならなかったのか?」、「バウアー氏はなぜ、奇蹟についての〈説明〉を、自分にも他人にも要求しなければならなかったのか、そしてバウアー氏はなぜ、奇蹟についての説明で誤謬を犯さざるをえなかったのか?」[12]

などの問いである。

次に政治的な問いは、「バウアー氏はなぜ、プロイセンの王室を弁護する論文を発表し、プロイセン国家を絶対的な国家として称揚しなければならなかったのか？」[13]という問いである。

最後の哲学的な問いは、バウアーにおけるヘーゲル哲学の残滓にかかわるものであり、「バウアー氏はなぜ、その著書『共観福音史家の福音史の批判』において、人間の代わりに〈無限の自己意識〉を考察しなければならなかったのか？」、「バウアー氏はなぜ、その著書『暴露されたキリスト教』において、ヘーゲル的な形でキリスト教の創造説を反復しなければならなかったのか？」[14]という問いである。この哲学的な問いの第二の問いは同時に、宗教的な意味もそなえていることに留意しよう。

マルクスはこの著作では、第二の政治的な問いを別とすると、これらの問いについてはとくに回答を示していない。それでもこれらの問いをみるだけで、バウアーの著作の〈いかがわしさ〉と、その反ユダヤ主義的な傾向は明らかになるだろう。

バウアーのユダヤ人論の宗教的な偏向

マルクスがこの「第三次征伐」への批判で検討するのは、バウアーのこうした奇妙な主張を背景として、バウアーのユダヤ人問題の取り扱い方に、重要な偏向がみられるという事実である。このユダヤ人論における偏向は、宗教的な偏向と政治的な偏向に分けて考えることができる。まず宗教的な偏向について検討してみよう。

マルクスは、バウアーはキリスト教の神学者であるために、ユダヤ教についてはキリスト教の神学者らしい視点を維持していることを指摘する。キリスト教の神学者にとってユダヤ教というものはすでに克服された宗教であり、歴史的にみてキリスト教よりも古く、遅れた宗教である。そのためにバウアーは「ユダヤ人問題」においては、ユダヤ人が政治的に解放されるためには、まずユダヤ教を克服し、次にキリスト教を克服するという二段階の手続きを踏む必要があることを主張したのだった。

これにたいしてマルクスは、ユダヤ教という宗教を、キリスト教にすでに克服された歴史的な宗教とみるのは間違いであることを主張する。マルクスはユダヤ教はむしろ克服された宗教ではなく、「完成されたキリスト教的な世界のうちにおいて」、「実践的なユダヤ教が初めてその完成した姿を示した[15]」ものであることを指摘する。そしてマルクスは、この完成されたユダヤ教というものは、「キリスト教的な世界の完成された実践そのものである[16]」と考えるのである。そしてマルクスは「ユダヤ人問題に寄せて」の論文においてすでに、この「ユダヤ教のねばり強い生命力を、ユダヤ教のうちに空想的に反映されている市民社会の実践的な要素によって説明した⑰」ことを確認している。

この観点からみると、「現代の世界はその心の内奥にいたるまで、ユダヤ的なものとなっている⑱」と言わざるをえない。マルクスは「ユダヤ人問題に寄せて」の第二論文では、現代社会の本質はユダヤ人の生き方であると指摘していた。そしてこの論文ではさらに「ユダヤ的な本質を廃棄するという課題は、実際には市民社会のユダヤ的な精神を廃棄することであり、貨幣制度をその頂点とした現在の生活実践の非人間性を廃棄することである⑲」と指摘するのである。

マルクスは「反ユダヤ主義的」か?

この「第三次征伐」批判の論文ではこれらの点を確認しながら、前のマルクスの「ユダヤ人問題に寄せて」の第二論文でみられた「反ユダヤ主義」と誤解されかねない論調が、明確に払拭《ふっしょく》されていることを確認しよう。もはやユダヤ人は一般的には「貨幣人間⑳」であると断定することはなく、ユダヤ人の「本質」を「あくどい商売」にみいだすことも避けられている。この論文ではただ現代社会の本質が、「貨幣制度をその頂点とした現在の生活実践の非人間性㉑」にあることが強調されているだけである。

ここでたんなるユダヤ人にたいする憎悪と、近代になって登場した「反ユダヤ主義」の違いを確認しておこう。古代から現代にいたるまで、キリスト教の見地からユダヤ人とユダヤ教を批判し、否定する多くの議論が展開されてきた。キリスト教はユダヤ教から生まれただけに、そしてイエスが後にユダヤ教の中心的な軸となるファリサイ派から弾圧されたため、またイエスの刑死の主な原因が、ユダヤ教徒たちによる告発にあったために、キリスト教の布教の段階から、ユダヤ教への批判や憎悪が語られるのは、不思議ではなかったのである。

しかしこうしたユダヤ人とユダヤ教への憎悪は、「反ユダヤ主義《アンチセミティスム》」と同じものとみなすべきではない。この言葉は、「一八七〇年代以前には知られていなかった(22)」のであり、この反ユダヤ主義が発生するための必須条件は、「ユダヤ人と非ユダヤ人という在来の二分法は、〈本来、教義の上での対立から来たものというよりも人種的なものらしい〉と考え始めた(23)」ことだったのである。そもそも反ユダヤ主義とは、「〈神〉にもとづく解釈に、〈人種〉にもとづく解釈がとってかわる(24)」ことによって生まれたのであり、「その〈人種〉的解釈が、一九世紀、広く大衆の手にするところとなり、続く二十世紀、死体焼却炉にイデオロギー上の正当化を許す結果となった(25)」のだった。

このように「反ユダヤ主義」という概念そのものが、ヨーロッパの社会におけるユダヤ人差別の風習が顕著になってから誕生したものなのである。まだドイツの啓蒙の余波が残っているマルクスのこの時代には、ユダヤ人憎悪という古来からの伝統はあるとしても、その後に生まれた歴史的な刻印をおびた概念である「反ユダヤ主義」は、まだ存在していないのである。マルクスの言葉を「反ユダヤ主義」として非難するのは「時代錯誤的な論点先取を犯している」[26]ものであり、「概念の不当な拡大解釈」[27]と言わざるをえないのである。

すでに確認したように反ユダヤ主義とは、ユダヤ人でない人々とユダヤ人との対立、キリスト教徒とユダヤ教徒の対立が、神学的な教義の違いによるものではなく、人種的な違いによるものだと主張されるときに生まれるのである。そしてバウアーの主張は、キリスト教とユダヤ教の違いを、その聖書から読みとることのできる教義上の違いとしてではなく、歴史におけるユダヤ教徒とキリスト教徒の行動の違いに読み取るものだった。その行動の違いはたしかにユダヤ教の戒律にしたがうかどうかに依拠するものであり、宗教的な違いではあるが、それがユダヤ教の戒律から必然的に生まれ、その戒律がユダヤ教の信徒たちの行動を絶対に律するものとみなされているのである。そのときにはユダヤ教徒であれば、必然的にこのように行動するというパターンが提示されるのであり、そうした行動様式はユダヤ人にとって「本質的なもの」とみなされているのである。ユダヤ人がキリスト教の世界で確立された人権に与かることができないとバウアーが主張するときは、こうしたユダヤ人の行動様式の「本質」に依拠して判断されているのである。この「本質」は、宗教的な教義の違いによるものではなく、ユダヤ人という人種にそなわるものとされているために、明確に反ユダヤ主義的な議論と考えることができるだろう。

ところでマルクスは「ユダヤ人問題に寄せて」の第二論文において、たしかに「反ユダヤ主義的な」ものとみえかねない言葉を語っている。それはユダヤ人の商売を「あくどい」と形容することにおいてである。ユダヤ人の商人はその本質から「あくどい」ものであると語るとき、マルクスはユダヤ人の金貸しの商売を、ユダヤ教の教義の側面からではなく、現実の社会におけるユダヤ人の商人の行動パターンの必然性とその「本質」から語っているからである。

ただし同時にマルクスは、キリスト教の社会がこのユダヤ人の「あくどさ」をみずからのものとしたこと、ユダヤ教はキリスト教においてその本質を実現したことを指摘していた。マルクスはこの表現で西洋のキリスト教の社会がユダヤ的なものとなっていることを指摘していたのであり、その意味ではマルクスのこの文章は「反ユダヤ主義」であるよりもむしろ「反キリスト主義」であると考えることができるだろう。

マルクスは反ユダヤ主義的な表現を、この反キリスト主義的な表現で相殺していたのである。それにたいしてこの「絶対的批判の第三次征伐」の論文ではすでに考察したように、こうした反ユダヤ主義的な表現も反キリスト主義的な表現も避けられているのである。

貨幣はたしかに物神であるかもしれないが、それはユダヤ教の本質としてではなく、資本主義に固有のありかたとして提示されているのである。

またマルクスは、バウアーが神学者としてしか世界に向き合っていないことを明確に批判する。神学者は世界のすべてを「宗教と神学」に解消するのであり、ユダヤ人の問題についても、それを資本主義的な社会における貨幣経済の問題として把握することはできず、キリスト教と対比したユダヤ教の遅れの問題としてしか把握できない。「彼が闘うことのできる唯一の闘いは、自己意識の宗教的な偏狭さとの闘いである。ところがこうした自己意識の批判的な『純粋性』と『無限性』の問題もまた、それに劣らずに神学的な偏狭さを示すものなのである」[28]。

だから神学者バウアーは、資本主義社会においてユダヤ人がはたしている役割も、キリスト教社会においてユダヤ教が真の意味で成熟したという事実も、把握できないのである。バウアーではすべてが、宗教的な自己意識の問題に還元されるからである。

現実のキリスト教社会においてユダヤ人がはたしている役割は、ユダヤ教という宗教的な側面からではなく、資本主義的な社会においてある集団が担っている役割という観点から考察すべきなのであり、その宗教的な背景は重要ではないのである。このように、マルクスは『聖家族』のこれらの論文においては、反ユダヤ主義的な言論を避けるように努めているのである。

バウアーのユダヤ人論の政治的な偏向

次に、バウアーのユダヤ人論における政治的な偏向についてのマルクスの批判を検討してみよう。

ここでもマルクスは、政治的な解放と人間的な解放の違いを明確に区別する。というのも、ユダヤ人はさまざまな諸国で政治的には解放されているが、人間的に解放されているとはいえないからである。ドイツを含むヨーロッパの多くの諸国で、キリスト教徒は政治的に解放されているが、ユダヤ教徒は政治的に解放されていない。そしてヨーロッパのどの国でも、ユダヤ教徒もキリスト教徒も人間的には解放されていない。このことを考えると、政治的な解放が人間的な解放とは異なるものであるのは明らかである。

それでは政治的な解放は何を意味するのだろうか。この問題を考えるには、「近代国家の本質」について考える必要があると、マルクスは指摘する。そしてユダヤ人を政治的に解放していない国家は、政治的な解放を実現している国家と比較すると、発展の遅れた国家であることを指摘するのである。

これにたいしてこの時期のバウアーは、発展が遅れたプロイセンの国家、ユダヤ人にまだ特権を認めている国家、そしてユダヤ人を政治的に解放していない国家を、「絶対的なキリスト教国家であるかのように語った[29]」のだった。これは政治的にみて、バウアーがプロイセン国家を擁護するという保守的な姿勢を示していることと結びついている。

このバウアーの姿勢と比較すると、マルクスの主張は明確である。マルクスはプロイセンがこのように政治的な解放を実現していない「発展の遅れた国家」であることを指摘しながら、政治的な解放と人間的な解放を区別した上で、ユダヤ人を政治的に解放することは可能であり、それを遂行すべきことを明確に示している。かつてマルクスはルーゲ宛ての書簡において、プロイセンの国家に「風穴を開ける」必要があると主張していたが、ここでも明確に、ユダヤ人の解放を実現することで、遅れたプロイセンの国家に「風穴を開ける」ことを求めているのである。このことは、以前の

「ユダヤ人問題に寄せて」ではそれほど明確に指摘されていなかったことであり、この『聖家族』の論文では「マルクスのスタンスはユダヤ教徒解放運動の側へと近づいた[30]」と考えることができるだろう。

この論文を執筆した頃のバウアーは、プロイセンをキリスト教国家として擁護するようになっているために、こうした宗教的な国家でユダヤ人が自由を求めるのはそうした状況についての「ユダヤ人が幻想を抱いている[31]」ためだと考えざるをえないのである。

しかしマルクスがすでに指摘しように、市民社会における自由とは、他者の自由な行為を妨げないかぎりでの行動の自由にすぎない。この論文で指摘しているように、「この『自由な人間性』を『承認』するということは、利己的で市民的な個人を承認するということであり、その個人の生活環境の内容、すなわち今日の市民生活の内容をなす精神的かつ物質的な諸要素が妨げられずに働くことを承認するということである[32]」。

人権の概念の制約

ここでマルクスは、「ユダヤ人問題に寄せて」の論文と同じように、国民に自由を認めている基本的な人権という概念のもつ重要な制約を指摘する。この人権にかんするマルクスの議論が、この「絶対的批判の第三次征伐」でどのように総括されているかを、確認しておこう。第一に、基本的な人権として尊重されているものは、社会や国家から独立した裸の個人に与えられる基本的な権利のようなものではない。ホッブズは、自然状態においてはすべての人は他の人にたいして狼としてふるまうのであり、このような狼どうしの対立を防ぐために市民社会が構築されたことを指摘した。そして人権で認められた自由とは、こうした市民社会において、たがいに狼としてふるまわない限りでの行動の自由にすぎないのである。

第二に、この人権は市民社会において独立した人間にたいして保障されるものであるが、この市民社会の人間に認められた人権というものは、古代国家における奴隷制と同じ意味をもつにすぎないのである。古代国家は奴隷制が存在することで、社会を維持することができた。近代の市民社会は、独立した人間にたいして自由を認めることで、存立することができるのである。というのも、この近代の「市民社会の人間とは、私的な利害と無意識的な自然の必然性という絆によって、他の人間たちと結ばれているにすぎない独立した人間のことである。この独立した人間とは、営利活動と自分の私的な利害ならびに他人の利己的な利害にまつわる欲望の奴隷となっている人間のこと」[33]だからである。

ここでふたたび確認しておけば、古代の国家では、ポリスの市民たちは自由な身分の市民として、公的な事柄に参加することが認められていた。古代のポリスの市民の自由とは、ポリスの政治に参加して、公的な事柄について共同で決定する権利を認められているということである。市民たちは自分の欲望の充足は、公的な領域とは異質な私的な領域で、私的な事柄として追求したのである。

古代のポリスの市民たちの私的な利害にまつわる欲望は、市民たちが国家の公的な領域とは別の閉ざされたオイコス（家）の領域で主人となり、奴隷を酷使することで確保された。しかし近代の市民社会では、もはやそのような奴隷制を維持することはできない。その代わりに、個々の市民がみずからの欲望の奴隷として、みずからの欲望を充足しなければならないのであり、そのために市民にたいして「自由」が認められているのである。

しかし近代の市民社会ではこのように公的な領域と私的な領域が明確に分離されておらず、市民は社会という半ば公的で、半ば私的な領域において、みずからの欲望を充足するための活動を遂行しなければならない。この社会という領域での自由とは、古代のポリスのように、公的な事柄にたいする参加と決定の権利を意味するものではない。自分の生存の確保と欲望の追求という「私的な事柄」における行動の自由を意味するだけである。

そしてこの近代社会において市民に認められた「自由な人間性」とは、「利己的で、市民的な個人を承認するということであり、その個人の生活環境の内容、すなわち今日の市民生活の内容をなす精神的かつ物質的な諸要素が妨げられずに働くことを承認するということ[34]」である。

この社会において市民に自由と人権が認められているのはたしかである。しかしこの自由とは、自分の好む宗教を崇拝する自由であり、人権とはその崇拝を公的な場所で実行することを禁じられない権利である。この自由とは、人間をそのわずかな私有財産から解放して、公的な所有のもとで共同の生活を送ることを認めるものではなく、人間に「財産の自由を認める[35]」ものである。この自由とは、人間を「営利活動の卑しさ[36]」から解放し、公的な場で活動する自由を認めるものではなく、人間に「営業の自由を与えるもの[37]」にすぎないのである。

民主主義国家の逆説

この近代の市民社会では、その上部の構造として民主主義的な代議制の国家が、「すなわち完成された近代国家[38]」が構築されていることがある。プロイセンのような専制国家ではなく、フランスのような民主主義的な国家では、このような私的な欲望を実現することを許容する私的な自由ではなく、民主主義の原則のもとで市民に公的な活動を認める自由が認められていると考えたくなるだろう。

しかしすでに確認されたことは、こうした民主主義の国家において容認されているのは、共同的な場での政治的な活動の自由ではなく、他者を害しないかぎりでの個人の行動の自由にすぎないということである。民主主義の国家は、人類の共同性を実現する国家ではなく、古代の奴隷制を近代の社会にふさわしいものにしたものにすぎないのである。「民主主義的な代議制国家と市民社会の対立は、公的な共同体と奴隷制の対立という古典的な対立が完成した姿である。近代世界ではそれぞれの個人は、奴隷制の一員であると同時に、共同体の一員でもある。市民社会の奴隷制こそ、その外見からみると最大の自由である。というのも、外見からみるかぎりでは、それは個人の完全な独立性を示すものだからである[39]」と言わざるをえないからである。

この自由は、共同的な自由ではなく、個人的な自由であり、「たとえば財産、産業、宗教など、彼自身から疎外された生活要素が拘束されていないことであり、他の人間によっても自分たちの共通の絆によっても拘束されずに動けること[40]」なのである。この近代的な自由の概念には大きな欠落があるのは明らかである。この私的な自由は、自己の欲望を実現するために財産や宗教や営利活動に没頭する「～からの自由」であるにすぎず、古代のギリシアで重視された公的な世界での活動に参与する「～への自由」を喪失する自由にすぎないのである。この自由のはてに誕生するのは、公民としての市民ではなく、近代の社会と自己の欲望の奴隷となった人間である。「これは自由ではなく、彼の隷属と非人間性が完成された状態なのである[41]」とマルクスの言うとおりである。

マルクスの二つの道

このように、バウアーにたいするマルクスの批判で改めて確認されたことは、人権と自由というものは、市民社会において市民《ブルジョワ》が自分の私的な事柄を追求する自由にすぎないということである。すでに考察してきたように、マルクスがこのことを確認したことには二つの意味があった。

第一に、この私的な自由は市民社会を支えるものでありながらも、古代のような公的な自由という意味をもたず、人間をその私有財産に閉じ込め、その「営業活動の卑しさ」におとしめるものだということである。その意味ではこの自由には大きな制約がある。マルクスは、古代のポリスにおけるような公的な自由と比較して、現代の市民社会における自由の重要な限界に直面せざるをえないのである。

それは『ライン新聞』でのジャーナリズムとしての議論からも確認されたように、市民であるブルジョワが、公民としてのシトワヤンとして活動することを妨げられているということである。マルクスはかつては急進的な民主主義者として、ブルジョワとしての市民がシトワヤンとしての公民として活動できるような道を模索していた。

この「ブルジョワからシトワヤンへの道」を進むための道筋は、まず国家において公的な領域での言論活動を展開して、民主主義的な革命への道を進むというジャーナリズムの活動によって実現されることが期待できたかもしれない。しかしプロイセンのような専制的な国家においては、検閲のためにこうした自由な言論による市民の公民化の道はほとんど期待できないものとなるだろう。そしてこれを実現したところで、せいぜいフランス革命によって実現された完成された近代国家が樹立できるだけであり、「自由」のもつ制約はまったく改善されないだろう。

この第一の道で確認されたのは、近代の市民社会における自由はこのように制約されたものであること、すなわちブルジョワである市民には、公的な活動に参加して「〜への自由」を実現することを目指す動機が存在しないということである。ブルジョワは、市民社会における私的な欲望を追求すべきものだからだ。

たしかに市民社会では市民は自由を保障されているが、その自由は資本主義的な社会において自己の私的な欲望を追求する自由にすぎず、公的な空間において、社会を変革していくことを認める自由ではない。この観点で自由と人権を主張しても、それは資本主義的な社会を富ませるだけにすぎない。だとするとこのような私的な自由と公的な自由の対立に基づいた上で、ブルジョワをシトワヤンに変える改革は、無意味なものだということになる。重要なのは、この分裂そのものをなくすことではないだろうか。それがマルクスが目指した第二の道である。そしてこの道を進むために考え出されたのが、ブルジョワとシトワヤンの対立を克服するためのプロレタリアートという概念であったことは、第五章の第一節で詳しく考察してきたとおりである。

マルクスはプロレタリアートによる革命の道によって、国家と社会の分裂、ブルジョワとシトワヤンの分裂という事態を解消させることを目指すようになる。それが共産主義者となったマルクスの今後の行く先を決定することになるだろう。その行く先が明確になるのが、『経済学・哲学草稿』においてである。すでに指摘したように、この時期からマルクスは、フランスを中心とした社会主義者たちや共産主義者たちとの提携を模索しながら、イギリスの先進的な資本主義の研究に没頭するようになるのである。

注

第一章第一節

（1）マルクス「デモクリトスの自然哲学とエピクロスの自然哲学の差異」。邦訳は『マルクス・コレンション I』中山元訳、筑摩書房、二三ページ。

（2）ヘーゲル『哲学史講義』。邦訳は『ヘーゲル哲学史講義』長谷川宏訳、河出書房新社、上巻、二八ページ。なお、今後の邦訳の引用では、邦訳のページ数を挙げた場合も、邦訳の訳文そのままではなく、訳文に手を加えていることが多い。

（3）同。

（4）同。邦訳は前掲の『ヘーゲル哲学史講義』中巻、二五九ページ。

（5）同、二七九ページ。

（6）同。

（7）同。

（8）同、二五〇ページ。

（9）マルクス『エピクロスの哲学』第二ノート。邦訳は『マルクス＝エンゲルス全集』四〇巻、岩崎允胤訳、大月書店、六三ページ。

（10）同。

（11）マルクス『資本論』第二版のあとがき。邦訳は中山元訳『資本論』、第一分冊、日経BP社、四〇八ページ。

（12）同、四〇九ページ。

（13）マルクス「デモクリトスの自然哲学とエピクロスの自然哲学の差異」。邦訳は前掲書、一八ページ。

（14）同。

(15)同。
(16)同。
(17)同。邦訳は同、一三七ページ。
(18)同。
(19)同。
(20)同。
(21)同。邦訳は同、一三八ページ。

第一章第二節

(1)マルクスの一八三七年一一月一〇日付けの父親宛ての書簡。邦訳は『マルクス＝エンゲルス全集』大月書店（以下では大月書店版全集と略称する）、四〇巻、一〇ページ。
(2)D・マクレラン『マルクス思想の形成』宮本十蔵訳、ミネルヴァ書房、八ページ。
(3)同。
(4)同、九ページ。
(5)同、二六ページ。
(6)シドニー・フック『ヘーゲルからマルクスへ』小野八十吉訳、御茶の水書房、九九ページ。
(7)同書、九八〜九九ページから引用。
(8)同、一〇〇ページ。
(9)同、一一〇ページ。
(10)同。
(11)同。
(12)同、一一一ページ。
(13)同。
(14)同、一一三ページ。
(15)同。
(16)ブルーノ・バウアーの一八四一年三月二八日付けのマルクス宛て書簡。Marx/Engels Gesamtausgabe (MEGA), Dietz verlag（以下で新メガと略称する)、Ⅲ／1、三五三ページ。
(17) バウアーの一八四一年四月一二日付け書簡。同、三五八ページ。
(18) マルクス「デモクリトスの自然哲学とエピクロスの自然哲学の差異」。邦訳は前掲書、一〇ページ。本書一九八ページ。
(19) バウアーの一八四一年四月一二日付けのマルクス宛て書簡。新メガ、三五七ページ。
(20) 世界歴史体系『ドイツ史2』、山川出版社、一三〇ページ。
(21) ヘーゲル『宗教哲学』序論。邦訳は『ヘーゲル全集』第一五巻、木場深定訳、岩波書店、二三ページ。
(22) 同。
(23) 同。邦訳は同、三四ページ。
(24) バウアー『ヘーゲルを裁く最後の審判ラッパ』。邦訳は大庭健訳、御茶の水書房、六七ページ。
(25) 同。邦訳は同、七二ページ。
(26) 同。
(27) 同。邦訳は同、七四ページ。
(28) 同。邦訳は同、九五ページ。
(29) 同。邦訳は同、九六ページ。
(30) 同。邦訳は同、一一七ページ。
(31) 同。邦訳は同、一七四ページ。
(32) フォイエルバッハ『キリスト教の本質』。邦訳は船山信一訳、岩波文庫、上巻、八四ページ。
(33) 同、九八ページ。
(34) 同、一〇〇ページ。
(35) バウアー『ヘーゲルを裁く最後の審判ラッパ』。邦訳は前掲書、一八八ページ。
(36) 同。邦訳は同、一八九ページ。

(37) マルクス学位論文序。邦訳は前掲書、一〇ページ。本書二〇〇ページ。
(38) バウアー前掲書。邦訳は前掲書、九ページ。
(39) 同。邦訳は同、一〇ページ。
(40) 同。
(41) 同。邦訳は同、一一ページ。
(42) 同。
(43) 同。
(44) マルクスは学位論文の序でこの書物のタイトルを引用している。邦訳は前掲書八ページ。本書一九六ページ。
(45) バウアー前掲書。邦訳は前掲書、一〇六ページ。
(46) 同。邦訳は同、一九八ページ。
(47) 同。邦訳は同、一〇六ページ。
(48) 同。邦訳は同、一一一ページ。
(49) 同。
(50) 同。邦訳は同、一四三ページ。
(51) 同。
(52) 同。

第一章第三節

(1) マルクスの前掲の学位論文。邦訳は前掲書、五三ページ。
(2) 同。本書二〇三ページ。
(3) 同。邦訳は同、五四ページ。本書二〇五ページ。
(4) 同。本書二〇四ページ。
(5) 同。
(6) 同。本書二〇五ページ。
(7) 同。
(8) 同。邦訳は同、五五ページ。本書二〇六ページ。
(9)同。本書二〇七ページ。
(10)同。
(11)マルクス「ヘーゲル法哲学批判序説」。本書一七六ページ。
(12)マルクスの学位論文の四章注(2)。邦訳は前掲書、五五～五六ページ。本書二〇七ページ。
(13)同。邦訳は同、五六ページ。本書二〇八ページ。
(14)同。本書二〇八～二〇九ページ。
(15)同。本書二〇八ページ。
(16)同。本書二〇九ページ。
(17)同。邦訳は同、五七ページ。
(18)同。本書二一〇～二一一ページ。
(19)エンゲルス「シェリングのヘーゲル論」。邦訳は大月版全集四一巻、『エンゲルス初期著作』一七六ページ。
(20)エンゲルス「シェリングと啓示」。邦訳は同、一八九ページ。
(21)同。邦訳は同、一八七ページ。
(22)同。
(23)同。
(24)同。邦訳は同、一八九ページ。「歴史的＝肯定的分派」という訳語は全集によるものであり、「肯定的」の原語positivは「実証的な」と同じ語である。
(25)同。邦訳は同、一八七ページ。
(26)同。邦訳は同、一八八ページ。
(27)同。邦訳は同、一八九ページ。
(28)同。
(29)同。邦訳は同、二一二ページ。
(30)同。邦訳は同、二一三ページ。

(31)同。邦訳は同、二二四ページ。
(32)同。邦訳は同、二二五ページ。
(33)同。邦訳は同、二二一ページ。
(34)同。
(35)同。邦訳は同、二二三ページ。
(36)マルクスの学位論文の補遺原注(9)。本書二一一ページ。
(37)同、序文。本書二〇二ページ。
(38)同。本書二一二ページ。
(39)ヘーゲル『宗教哲学』。邦訳は前掲書、三四ページ。
(40)マルクスの学位論文の補遺原注(2)。本文二一二ページ。
(41)カント『純粋理性批判』段落710、邦訳は『純粋理性批判』第六分冊、中山元訳、光文社古典新訳文庫、八一ページ。
(42)同、段落710n。邦訳は同、八二ページ。
(43)ヘーゲル『エンチュクロペディ』第一部五〇節。邦訳は樫山欽四郎ほか訳、河出書房新社、七四ページ。
(44)同。邦訳は同、七四~七五ページ。
(45)マルクス脚注。本書二一三ページ。
(46)同。
(47)カント『純粋理性批判』段落732。邦訳は前掲書、一一〇ページ。
(48)ヘーゲル『エンチュクロペディ』第一部五〇節。邦訳は前掲書、七四ページ。
(49)カント『純粋理性批判』段落697。邦訳は前掲書、六三ページ。
(50)同、段落703、邦訳は同、七一ページ。
(51)同。邦訳は同、七二ページ。
(52)ヘーゲル『大論理学』。邦訳は武市健人訳、岩波書店、上巻の一、八八ページ。
(53) 同。邦訳は同、八九ページ。
(54) ヘーゲル『宗教哲学講義』。邦訳は前掲の岩波版全集一七巻、五三一ページ。

第二章第一節

(1) 山中隆次『初期マルクスの思想形成』新評論、四八ページ。
(2) 同、四九ページ。
(3) マルクス「プロイセンの最新の検閲勅令にたいする見解」。邦訳は大月書店版全集第一巻、一〇ページ。
(4) 同。
(5) 同。
(6) 同。邦訳は同、一一ページ。
(7) 同。邦訳は同、一二ページ。
(8) 同。
(9) 同。
(10) 同。邦訳は同、一三ページ。
(11) 同。
(12) 同。邦訳は同、一四ページ。
(13) 同。
(14) 同。
(15) 同。
(16) 同。邦訳は同、二一ページ。
(17) 同。
(18) 同。邦訳は同、二四ページ。
(19) 同。
(20) 同。邦訳は同、二六ページ。
(21) 同。邦訳は同、二七ページ。
(22) 同。
(23) マルクス「出版の自由と州議会議事の公

表についての討論」。邦訳は前掲書、三八ページ。
(24) 同。邦訳は同、四七ページ。
(25) 同。邦訳は同、五二ページ。
(26) 同。邦訳は同、六六ページ。
(27) 同。邦訳は同、六五ページ。
(28) 同。
(29) ヘーゲル『法の哲学』二五八節追加。邦訳は藤野渉・赤沢正敏訳、中央公論社、四八〇ページ。
(30) 同、二五九節。邦訳は同、四八四ページ。
(31) マルクス「出版の自由と州議会議事の公表についての討論」。邦訳は前掲書、六六ページ。
(32) 同。邦訳は同、七三ページ。
(33) 同。
(34) 同、邦訳は同、七九ページ。
(35) マルクス「共産主義とアウグスブルク『アルゲマイネ・ツァイトゥング』」。邦訳前掲書、一二四〜一二五ページ。
(36) 同。邦訳は同、一二二ページ。
(37) 同。邦訳は同、一二三ページ。
(38) 山中隆次『初期マルクスの思想形成』前掲書、六九ページ。
(39) 同、六八ページ。
(40) マルクス『資本論』第一巻二四章。邦訳は中山元訳『資本論』第四分冊、日経BP社、三六六ページ。
(41) マルクス「第六回ライン州議会の議事」(第三論文)「木材窃盗取締法にかんする討論」。邦訳は前掲書の全集第一巻、一三八ページ。
(42) 同。
(43) 同。邦訳は同、一四〇〜一四一ページ。
(44) 同。邦訳は同、一三九ページ。

(45) 同。邦訳は同、一四〇ページ。
(46) 同。邦訳は同、一五一ページ。
(47) マルクス「第六回ライン州議会の議事(第一論文)」。邦訳は前掲の全集第一巻、八一ページ。
(48) マルクス「第六回ライン州議会の議事」(第三論文)「木材窃盗取締法にかんする討論」。邦訳は同、一四六ページ。
(49) 同。邦訳は同、一三三ページ。
(50) 同。
(51) 同。
(52) 同。
(53) 同。
(54) 同。
(55) 同。邦訳は同、一三五ページ。
(56) 同。邦訳は同、一三四ページ。
(57) 同。邦訳は同、一三五ページ。
(58) 山中隆次『初期マルクスの思想形成』前掲書、七二ページ。
(59) 同。
(60) マルクス「第六回ライン州議会の議事」(第三論文)「木材窃盗取締法にかんする討論」。邦訳は前掲の大月版全集第一巻、一四一ページ。
(61) 同。邦訳は同、一七二ページ。
(62) マルクス「モーゼル通信員の弁護」。邦訳は同、二一八〜二一九ページ。
(63) 同。邦訳は同、二一九ページ。

第二章第二節

(1) マルクスの一八四三年三月のルーゲ宛ての第一書簡。邦訳は前掲の全集第一巻、三七三ページ。本書二二〇〜二二一ページ。
(2) 同。邦訳は同。本書二二〇ページ。

（3）同。邦訳は同。本書二二一ページ。
（4）ルーゲの一八四三年三月のマルクス宛て書簡。新メガ第Ⅲ-Ⅰ巻、四〇二ページ。
（5）同。
（6）同、四〇二～四〇三ページ。
（7）同、四〇三ページ。
（8）同。
（9）同。
（10）同、四〇五ページ。
（11）マルクスの一八四三年五月のルーゲ宛て第二書簡。邦訳は前掲の全集第一巻、三七四ページ。本書二二二ページ。
（12）同。邦訳は同、三七五ページ。本書二二四ページ。
（13）同。邦訳は同、三七四ページ。本書二二四ページ。
（14）同。
（15）同。邦訳は同、三七五ページ。本書二二五ページ。
（16）同。本書二二六ページ。
（17）同。本書二二五ページ。
（18）同。本書二二六ページ。
（19）同。邦訳は同、三七六ページ。本書二二八ページ。
（20）マルクスの一八四三年九月のルーゲ宛て第三書簡。邦訳は前掲の全集第一巻、三八〇ページ。本書二三七ページ。
（21）同。
（22）同。本書二三八ページ。
（23）同。邦訳は同、三八二ページ。本書二四三～二四四ページ。
（24）同。邦訳は同、三八二～三八三ページ。

本書二四四ページ。
(25) 同。邦訳は同、三八三ページ。本書二四四ページ。
(26) 同。邦訳は同、三八二ページ。本書二四三ページ。
(27) 同。本書二四三～二四四ページ。

第二章第三節

(1) マルクスの一八四三年三月一三日付けのルーゲ宛て書簡。新メガⅢ-1巻、四五ページ。
(2) フォイエルバッハ『哲学改革のための暫定的な命題』。邦訳はフォイエルバッハ『将来の哲学の根本命題　他二篇』松村一人・和田楽訳、岩波文庫、九七ページ。
(3) フォイエルバッハ『将来の哲学の根本命題』。邦訳は同、八ページ。
(4) フォイエルバッハ『キリスト教の本質』第一版の序文。邦訳は船山信一訳、岩波文庫、上巻、一一ページ。
(5) 同、第二章。邦訳は同、六七ページ。
(6) 同。邦訳は同、六九ページ。
(7) フォイエルバッハ『キリスト教の本質』第二版の序文。邦訳は前掲書三八ページ。
(8) 同。
(9) 同。
(10) 同。邦訳は同、三九ページ。
(11) 同、第二章。邦訳は同、六七ページ。
(12) フォイエルバッハ『哲学改革のための暫定的な命題』。邦訳は前掲書、一一九～一二〇ページ。
(13) マルクスの一八四三年一〇月三日付けのフォイエルバッハ宛ての書簡。邦訳は前掲の大月版全集の第二七巻、三六三ページ。

(14) 同。邦訳は同、三六四ページ。
(15) 同。
(16) 同。
(17) 同。邦訳は同、三六五ページ。
(18) 同。
(19) 同。
(20) マルクス「フォイエルバッハのテーゼ」。邦訳は『マルクス・コレクション Ⅱ』。筑摩書房、一五七ページ。
(21) 同。
(22) 同。邦訳は同、一五九ページ。
(23) 同。
(24) 同。
(25) 同。邦訳は同、一六〇ページ。
(26) 同。邦訳は同、一五九ページ。
(27) この問題については、中山元『ハンナ・アレント〈世界への愛〉』(新曜社) を参照されたい。
(28) マルクス「フォイエルバッハのテーゼ」。邦訳は前掲書、一六〇〜一六一ページ。

第三章第一節

(1) フォイエルバッハ『キリスト教の本質』第二章。邦訳は前掲の岩波文庫、上巻、七九ページ。

第三章第二節

(1) 同、六七ページ。
(2) 同。邦訳は同、六六ページ。
(3) 同。邦訳は同、八八ページ。
(4) 同。邦訳は同、六九ページ。
(5) マルクス「ヘーゲル法哲学批判」。邦訳は前掲の大月書店版の全集第一巻、二三六ページ。
（6）同。邦訳は同、二四八ページ。
（7）同。
（8）同。邦訳は同、二四七ページ。
（9）同。邦訳は同、二七四ページ。
（10）同。
（11）同。邦訳は同、二六二ページ。
（12）同。邦訳は同、二四八ページ。
（13）同。
（14）同。
（15）ヘーゲル『法哲学』第二七六節の追加。邦訳は前掲書、五二八ページ。
（16）同、二七九節。邦訳は同、五三一ページ。
（17）同。邦訳は同、五三三ページ。
（18）マルクス「ヘーゲル法哲学批判」。邦訳は前掲の全集第一巻、二六一ページ。
（19）同。邦訳は同、二六三ページ。
（20）同。

第三章第三節

（1）ヘーゲル『法哲学』第二八九節。邦訳は前掲書、五四五ページ。
（2）マルクス「ヘーゲル法哲学批判」。邦訳は前掲の全集第一巻、二八一ページ。
（3）同。
（4）同。邦訳は同、二八六ページ。
（5）同。
（6）同。邦訳は同、二八〇ページ。
（7）ヘーゲル『法哲学』第二九一節。邦訳は前掲書、五四八ページ。
（8）同、第二九二節。邦訳は同、五四九ページ。
（9）マルクス「ヘーゲル法哲学批判」。邦訳は前掲の全集第一巻、二八六ページ。

第三章第四節

（1）マルクス「ヘーゲル法哲学批判」。前掲書、二九四ページ。
（2）同。
（3）同。
（4）同。邦訳は同、二九五ページ。
（5）シイエス『第三身分とは何か』稲本洋之助ほか訳、岩波文庫、一〇六ページ。
（6）マルクス「ヘーゲル法哲学批判」。邦訳は前掲の全集第一巻、二九七ページ。
（7）同。邦訳は同、三〇二ページ。
（8）同。
（9）同。邦訳は同、三〇三ページ。
（10）同。邦訳は同、三〇四ページ。
（11）同。邦訳は同、三〇七ページ。
（12）同。邦訳は同、三一五ページ。
（13）同。
（14）同。邦訳は同、三一七ページ。
（15）同。
（16）同。
（17）同。邦訳は同、三一九ページ。
（18）同。
（19）同。

第三章第五節

（1）マルクス「ヘーゲル法哲学批判」。邦訳は前掲の全集第一巻、三二一ページ。
（2）同。
（3）同。
（4）同。

（5）同。邦訳は同、三四八ページ。
（6）同。邦訳は同、三二〇ページ。
（7）同。
（8）同。
（9）同。邦訳は同、三四八ページ。
（10）同。邦訳は同、三五七ページ。
（11）ヘーゲル『法哲学』第三〇五節。邦訳は前掲書、五六四ページ。
（12）同、第三〇三節。邦訳は同、五六二ページ。
（13）同。
（14）同、第三〇一節。邦訳は同、五五九ページ。
（15）同、第二七二節。邦訳は同、五一八ページ。
（16）同、第三〇一節。邦訳は同、五五九ページ。
（17）マルクス「ヘーゲル法哲学批判」。邦訳は前掲の全集第一巻、三六九ページ。
（18）同。
（19）同。
（20）同。邦訳は同、三五七ページ。
（21）同。邦訳は同、二六三ページ。
（22）同。邦訳は同、二六五ページ。
（23）同。邦訳は同、二六三ページ。
（24）同。
（25）同。邦訳は同、二六四ページ。
（26）同。邦訳は同、三六二ページ。
（27）同。
（28）同。
（29）同。邦訳は同、三六三ページ。
（30）同。
（31）同。
（32）同。邦訳は同、三六四ページ。

第四章第一節

（1）マルクスの一八四三年三月一三日付けのルーゲ宛て書簡。原文は前掲の新メガⅢ‐1巻、四五〜四六ページ。

（2）コルニュは、「ユダヤ人問題に寄せて」の大部分がクロイツナハに滞在していた頃、しかも「ヘーゲル法哲学批判」を執筆した直後に書かれたことについて、七月と八月のマルクスの抜粋帳に、バウアーの著作の抜き書きがあるところから推測している（August Cornu, *Karl Marx und Friedrich Engels*, Erster Band, Aufbau-Verlag, p.562.）。彼によると、この論文は「ヘーゲルの法哲学の批判のつづきであり、これを深化させたものであって、この批判と密接で深い関係にある」（同）ものだという。この二つの問題が同じ問題構成のもとで考えられていることは、以下でも明らかにする。

（3）マルクス「ユダヤ人問題に寄せて」第一論文。本書一〇ページ。

（4）同。本書一二ページ。

（5）同。本書一三ページ。

（6）同。

（7）同。

（8）この二人の交遊と第一世代の同化ユダヤ人の問題については、中山元『ハンナ・アレント〈世界への愛〉』前掲書を参照されたい。

（9）マルクス「ユダヤ人問題に寄せて」第一論文。本書一四ページ。

（10）同。

（11）同。

（12）同。

（13）同。

(14) 同。本書一八ページ。
(15) 同。本書一九ページ。
(16) 同。本書二四ページ。
(17) 同。本書二三ページ。
(18) 同。本書二一ページ。
(19) 同。本書二五ページ。
(20) 同。本書二六ページ。
(21) 同。
(22) 同。本書二七ページ。
(23) 同。本書二九ページ。
(24) 同。
(25) 同。本書二九〜三〇ページ。
(26) 同。本書二一ページ。
(27) 同。
(28) 同。本書二九ページ。
(29) 同。
(30) 同。本書三三ページ。
(31) 同。本書三二ページ。
(32) 同。本書三四ページ。
(33) 同。本書三八ページ。
(34) 同。
(35) 同。
(36) 同。本書三九ページ。
(37) 同。
(38) 同。本書四〇ページ。
(39) 同。
(40) 同。本書四四ページ。
(41) 同。
(42) 同。本書四五ページ。
(43) 同。
(44) 同。本書三八ページ。
(45) 同。

(46) 同。本書四〇ページ。
(47) 同。
(48) 同。本書四五ページ。
(49) 同。
(50) 同。
(51) 同。本書四六ページ。
(52) 同。
(53) ブルーノ・バウアー「ユダヤ人問題」第一章。邦訳は前掲書、二六ページ。
(54) 同。邦訳は同、二七ページ。
(55) 同。
(56) 『人権宣言集』岩波文庫、一三二ページ。
(57) マルクス「ユダヤ人問題に寄せて」第一論文。本書五三〜五四ページ。
(58) 前掲の『人権宣言集』前掲書、一一四ページ。
(59) マルクス「ユダヤ人問題に寄せて」第一論文。本書五四ページ。
(60) 同。本書五五ページ。
(61) 同。
(62) 同。本書五六ページ。
(63) 同。本書五八ページ。
(64) 同。
(65) 同。本書五七ページ。
(66) 同。本書五九ページ。
(67) ルソー『社会契約論』第八章。邦訳は中山元訳、光文社古典新訳文庫、五〇〜五一ページ。
(68) ヘーゲル『法哲学』第一五三節。邦訳は前掲書、三八三ページ。
(69) マルクス「ユダヤ人問題に寄せて」第一論文。本書六〇〜六一ページ。
(70) 同。本書六一ページ。
(71) 同。本書六四ページ。

(72) 同。本書六五ページ。
(73) 同。本書六六〜六七ページ。
(74) 同。本書六七ページ。
(75) 同。本書三七ページ。
(76) 同。
(77) 同。本書六九ページ。
(78) 同。

第四章第二節

(1) マルクス「ユダヤ人問題に寄せて」第二論文。本書七一ページ。
(2) 同。本書七四ページ。
(3) 同。
(4) ヨーロッパにおけるユダヤ人のありかたについては、ハンナ・アーレント『全体主義の起原』第一巻を参照されたい。また中山元『ハンナ・アレント〈世界への愛〉』前掲書も参照されたい。
(5) マルクス「ユダヤ人問題に寄せて」第二論文。本書七六ページ。
(6) 同。本書七五ページ。
(7) 同。本書七七ページ。
(8) マルクス『資本論』第一巻。邦訳は中山元訳『資本論』第一分冊、日経BP社、二九二ページ。
(9) 同。邦訳は同、二七六ページ。
(10) 同。邦訳は同、一七二ページ。
(11) マルクス「ユダヤ人問題に寄せて」第二論文。本書七七ページ。
(12) 同。
(13) 同。本書七八ページ。
(14) 同。本書八五ページ。
(15) 同。本書八一ページ。

（16）同。
（17）同。
（18）同。
（19）同。本書八〇ページ。
（20）同。本書八五～八六ページ。
（21）同。本書八八ページ。
（22）同。マルクス「ユダヤ人問題に寄せて」第一論文。本書三七ページ。

第五章第一節

（1）廣松渉『青年マルクス論』平凡社、一七八ページ。
（2）マルクス「ヘーゲル法哲学批判序説」。本書一六〇ページ。
（3）マルクス「ユダヤ人問題に寄せて」。本書八七ページ。
（4）マルクス「ヘーゲル法哲学批判序説」。本書一六一ページ。
（5）同。
（6）同。本書一六二ページ。
（7）同。
（8）同。本書一七五ページ。
（9）同。本書一六四ページ。
（10）同。
（11）同。
（12）同。本書一六五ページ。
（13）同。本書一七〇ページ。
（14）同。
（15）同。本書一六五ページ。
（16）同。本書一六六ページ。
（17）同。
（18）同。本書一六八～一六九ページ。

(19)同。本書一七三ページ。
(20)同。本書一七二ページ。
(21)同。本書一七七～一七八ページ。
(22)同。本書一七六ページ。
(23)同。
(24)同。本書一七八ページ。
(25)同。本書一八〇ページ。
(26)同。
(27)同。本書一七九～一八〇ページ。
(28)同。本書一七八ページ。
(29)同。本書一七九ページ。
(30)同。本書一八〇ページ。
(31)同。
(32)同。
(33)同。本書一八一ページ。
(34)同。本書一八一～一八二ページ。
(35)同。本書一八二ページ。
(36)同。
(37)同。
(38)同。本書一八三ページ。
(39)同。本書一八五ページ。
(40)同。
(41)同。
(42)同。本書一八三ページ。
(43)同。
(44)同。
(45)同。本書一八八ページ。
(46)同。
(47)同。本書一八九ページ。
(48)同。本書一八八ページ。
(49)同。本書一八七～一八八ページ。
(50)同。本書一九〇ページ。

(51)同。本書一九一ページ。
(52)同。
(53)同。
(54)同。
(55)同。本書一九一～一九二ページ。
(56)同。本書一九二ページ。
(57)同。
(58)同。本書一九三～一九四ページ。
(59)同。本書一九二ページ。
(60)同。本書一九四ページ。
(61)同。本書一九二～一九三ページ。
(62)同。本書一九三ページ。
(63)同。本書一九五ページ。
(64)マルクス「フォイエルバッハのテーゼ」。『マルクス・コレクション Ⅱ』筑摩書房、一六一ページ。

第五章第二節

(1)植村邦彦『同化と解放』平凡社、二六四ページ。
(2)マルクス「絶対的批判の第一次征伐」。大月版全集第二巻八五ページ。
(3)同。本書九五ページ。
(4)同。本書九七ページ。
(5)同。本書九八ページ。
(6)同。本書一〇〇ページ。
(7)同。本書九八ページ。
(8)同。本書一〇三ページ。
(9)同。
(10)マルクス「絶対的批判の第二次征伐」。本書一〇八～一〇九ページ。
(11)同。本書一〇九ページ。
(12)マルクス「絶対的批判の第三次征伐」。本書一二一～一二二ページ。
(13)同。本書一二一ページ。
(14)同。
(15)同。本書一二七ページ。
(16)同。本書一二八ページ。
(17)同。
(18)同。
(19)同。
(20)マルクス「ユダヤ人問題に寄せて」第二論文。本書八二ページ。
(21)マルクス「絶対的批判の第三次征伐」。本書一二八ページ。
(22)ハンナ・アーレント『全体主義の起原』第一巻『反ユダヤ主義』大久保和郎訳、みすず書房、iiiページ。
(23)同、ivページ。
(24)レオン・ポリアコフ『反ユダヤ主義の歴史』第一巻、菅野賢治訳、筑摩書房、七ページ。
(25)同。
(26)植村邦彦『同化と解放』前掲書、一二五ページ。
(27)同、二二六ページ。
(28)マルクス「絶対的批判の第三次征伐」。本書一三〇ページ。
(29)同。本書一三二ページ。
(30)植村邦彦『同化と解放』前掲書、一七三ページ。
(31)マルクス「絶対的批判の第三次征伐」。本書一三二ページ。
(32)同。本書一三八ページ。
(33)同。本書一三八～一三九ページ。
(34)同。本書一三八ページ。

(35) 同。
(36) 同。
(37) 同。
(38) 同。本書一四二ページ。
(39) 同。本書一四七〜一四八ページ。
(40) 同。本書一四八ページ。
(41) 同。

マルクス年譜

一八一八年
五月五日、プロイセン王国治下のトリーアで、弁護士の父ハインリヒ・マルクスと母アンリエットとの間に生まれる。

一八三〇年　一二歳
トリーアのギムナジウムに入学。

一八三五年　一七歳
一〇月、法律学研究のためボン大学に入学、一年後にベルリン大学に移る。

一八三六年　一八歳
姉の友人で検事総長の娘だった四歳年上のイェニー・フォン・ヴェストファーレンと婚約。

一八三七年　一九歳
ベルリン大学のヘーゲル学派の文筆サークル「ドクトル・クラブ」に入り、ブルーノ・バウアーらと知り合う。

一八三八年　二〇歳
五月、父ハインリヒ死去。

一八四一年　二三歳
イエナ大学で学位をうける。学位論文は「デモクリトスの自然哲学とエピクロスの自然哲学の差異」。

一八四二年　二四歳
前年の創刊に携わった「ライン新聞」の主筆を務める。
一一月下旬、生涯の友、フリードリヒ・エンゲルスと知り合う。

一八四三年　二五歳
三月、「ライン新聞」主筆を辞任。六月、イェニーと結婚。
一〇月、パリ移住。「ヘーゲル法哲学批判」を執筆。

一八四四年　二六歳
二月に刊行された「独仏年報」誌第一号に「ヘーゲル法哲学批判序説」「ユダヤ人問題に寄せて」を掲載。
五月、長女ジェニー誕生。『経済学・哲学草稿』第一稿を執筆。

一八四五年　二七歳
九月、次女ラウラ誕生。翌年にかけてエンゲルスと共同で『ドイツ・イデオロギー』を執筆。

一八四七年　二九歳
一月、長男エドガー誕生。
六月、「共産主義者同盟」第一回大会がロンドンで開催。
七月、プルードンの『貧困の哲学』を批判した『哲学の貧困』を刊行。
一一月、「共産主義者同盟」第二回大会に出席、エンゲルスとともに作成した綱領と戦術の原則が採択され、「共産党宣言」の起草を委嘱される。

一八四八年　三〇歳
二月、フランスで二月革命起こる。エ

ンゲルスとの共著『共産党宣言』をロンドンで刊行。

三月から四月、ウィーンでの三月革命勃発を機にパリよりケルンに赴く。

六月、「新ライン新聞」を発刊するが、その急進性により政府による弾圧、株主たちの出資拒否による財政難に苦しむ。

一八四九年　三一歳
五月、ケルン追放令が出され「新ライン新聞」の最終号が赤刷りで発行された。

八月、ロンドンに永久的に居を定める。

九月、マルクスの指導下に共産主義者同盟中央委員会が再建される。

一八五〇年　三二歳
経済学の研究の仕事を再開し、大英博物館に通い始める。

一一月、エンゲルスがエルメン・エンゲルス商会に再就職、以降約二〇年間勤務し、窮乏にあえぐマルクス一家を経済的に援助する。

一八五一年　三三歳
三月、三女フランチェスカ誕生。

一八五二年　三四歳
四月、三女フランチェスカ死去。葬式代を借りるなどその後の数年間、一家は極貧生活を送る。

五月、『ルイ・ボナパルトのブリュメール一八日』がニューヨークで出版される。

一八五五年　三七歳

一月、四女エレナ誕生。

四月、長男エドガー死去。

一八五九年　四一歳

六月、経済学の研究に没頭していたマルクスが、初めての体系的著作『経済学批判』を刊行する。

一八六四年　四六歳

九月、ロンドンで第一インターナショナル創設、委員に選出される。

一八六五年　四七歳

第一インターナショナル中央委員会で「価値、価格および利潤」について講演（のちに『賃金、価格および利潤』として刊行）。

一八六七年　四九歳

九月、『資本論』第一巻刊行。

一八六九年　五一歳

第一インターナショナルをめぐり、バクーニンらと対立。

一八七一年　五三歳

三月から五月、民衆蜂起による世界初の労働者階級の自治による政権、パリ・コンミューン成立。マルクスはパリ・コンミューンあてに「檄文」を書きあげるが、ブルジョア新聞側からの激しい非難を引き起こす。

一八七五年　五七歳

五月、ドイツ社会民主労働者党と一般ドイツ労働者協会が合同し、ドイツ社会主義労働党成立。その「合同綱領草案」を批判した「ドイツ労働者党綱領評注」（通称「ゴーダ綱領批判」）を発表。

一八八一年　　　　　　　　　　　六三歳
一二月、妻イェニー、肝臓ガンで死去。
享年六七。

一八八三年
一月、長女ジェニー死去。
三月一四日、マルクス、肘掛け椅子に座ったまま逝去。享年六四。一七日、ハイゲート墓地の夫人のかたわらに埋葬された。

一八八五年
マルクス没後、遺された膨大な草稿にもとづき、彼の遺志を継いだエンゲルスが『資本論』第二巻を、さらに九四年には第三巻を編集・刊行する。

訳者あとがき

本書は、マルクスが大学の教職につくべく、学位論文を執筆していた一九四一年の頃から、プロイセンの専制的な君主政治を批判するジャーナリストとしての活動を展開する急進的な民主主義者の時期を経て、やがて共産主義者へと変貌するにいたる一八四四年ごろまでの時期におけるマルクスの思想的な変遷を追跡できる文章を集めている。底本としたのは*Karl Marx-Friedrich Engels Werke*, Band 1, Band 2, Dietz Verlag 1968である。

マルクスはこのようにわずか数年というごく短い期間に、こうした重要な思想的な変遷を遂げたのであり、その変貌は目覚ましいものだった。この変貌は思想的にみて大きく三つの時期に分けられる。第一の時期は学位論文を執筆していたヘーゲル左派の哲学者の時代から、プロイセンの検閲令などの抑圧的な体制を批判しながら、ラディカルな民主主義的な革命を希求していた時代である。第二の時期はこうした民主主義的な政治革命では人間的な解放を実現することはできないことを見定めて、市民社会の内側からのプロレタリアートによる革命の必要性を明らかにした時代である。第三の時期は、共産主義者としてドイツのイデオロギー批判を集中的に展開する時代である。

このマルクスの思想的な変貌においてとくに重要な意味をもっているのが、ラディカルな民主主義者の段階から急進的な共産主義者への変貌の段階である。この時期のマルクスの変貌の重要なきっかけとなったのが、プロイセン国家を支える理論的な支柱として使われていたヘーゲルの『法哲学』の批判と、それをまとめた「ヘーゲル法哲学批判序説」の執筆であり、政治的な変革ではなく人間的な解放の重要性を確信させた「ユダヤ人問題に寄せて」の文章である。そのため本書ではこの二つの文章を軸に据えて、その前の第一の時期のマルクスの思想的な課題を示している学位論文の序論と二つの脚注、ならびに一八四三年のルーゲ宛ての書簡を収録し、さらに第三の時期のマルクスの思想的な境地をうかがうことのできる『聖家族』のうちから、ユダヤ人問題に関するマルクスの考察を抜粋して収録した。

マルクスの「ユダヤ人問題に寄せて」は反ユダヤ主義的な傾向のある文章とされて

批判されることも多いが、ユダヤ人問題にたいするマルクスの戦略は、「ユダヤ人問題に寄せて」の論文だけではなく、この『聖家族』に示されたブルーノ・バウアー批判を含めて考察しなければ、正しく理解することができない。

本書には紙面の都合もあって、「ライン新聞」時代のマルクスのジャーナリストとしての活動を物語る文章や、「ヘーゲル法哲学批判」の本文を収録することはできなかった。これらについては大月書店版の『マルクス・エンゲルス全集』の第一巻を参照されたい。また学位論文「デモクリトスの自然哲学とエピクロスの自然哲学の差異」は、筑摩書房の『マルクス・コレクション』シリーズの第一巻に収録されている。解説では、できるかぎりこれらの文章の内容についても触れるようにしている。

日本では主として一九六〇年代から一九七〇年代にかけて、世界的にみても高い水準のマルクス思想の紹介と批判が行われた。書名をあげることはしなかったものの、解説を執筆する際には当時の多くの研究書を参考にしている。最近ではこうした豊かな遺産がすっかり忘却されているようにみえるのは、残念なことである。

＊　＊　＊

本書はいつものように、光文社の出版局の駒井稔局長と編集者の今野哲男さんの励ましをきっかけとし、翻訳編集部の中町俊伸さんのこまやかなご配慮と、編集者の中村鐵太郎さんの細かな原文チェックを支えとして誕生したものである。いつもながらのご支援に、心から感謝の言葉を申しあげたい。

中山　元

kobunsha classics
光文社古典新訳文庫

ユダヤ人問題《じんもんだい》に寄《よ》せて／ヘーゲル法哲学《ほうてつがく》批《ひ》判序説《はんじょせつ》

著者　マルクス
訳者　中山《なかやま》元《げん》

2014年９月20日　初版第１刷発行
2025年５月20日　　　第４刷発行

発行者　三宅貴久
印刷　大日本印刷
製本　大日本印刷

発行所　株式会社光文社
〒112-8011東京都文京区音羽1-16-6
電話　03（5395）8162（編集部）
03（5395）8116（書籍販売部）
03（5395）8125（制作部）
www.kobunsha.com

落丁本・乱丁本は制作部へご連絡くだされば、お取り替えいたします。
ISBN978-4-334-75298-9 Printed in Japan

組版　新藤慶昌堂

いま、息をしている言葉で、もういちど古典を

長い年月をかけて世界中で読み継がれてきたのが古典です。奥の深い味わいある作品ばかりがそろっており、この「古典の森」に分け入ることは人生のもっとも大きな喜びであることに異論のある人はいないはずです。しかしながら、こんなに豊饒で魅力に満ちた古典を、なぜわたしたちはこれほどまで疎んじてきたのでしょうか。

ひとつには古臭い教養主義からの逃走だったのかもしれません。真面目に文学や思想を論じることは、ある種の権威化であるという思いから、その呪縛から逃れるために、教養そのものを否定しすぎてしまったのではないでしょうか。

いま、時代は大きな転換期を迎えています。まれに見るスピードで歴史が動いていくのを多くの人々が実感していると思います。

こんな時わたしたちを支え、導いてくれるものが古典なのです。「いま、息をしている言葉で」——光文社の古典新訳文庫は、さまよえる現代人の心の奥底まで届くような言葉で、古典を現代に蘇らせることを意図して創刊されました。気取らず、自由に、心の赴くままに、気軽に手に取って楽しめる古典作品を、新訳という光のもとに読者に届けていくこと。それがこの文庫の使命だとわたしたちは考えています。

このシリーズについてのご意見、ご感想、ご要望をハガキ、手紙、メール等で翻訳編集部までお寄せください。今後の企画の参考にさせていただきます。
メール　info@kotensinyaku.jp

光文社古典新訳文庫　好評既刊

純粋理性批判（全7巻）
カント／中山《なかやま》元《げん》◉訳

西洋哲学における最高かつ最重要の哲学書。難解とされる多くの用語をごく一般的な用語に置き換え、分かりやすさを徹底した画期的新訳。初心者にも理解できる詳細な解説つき。

実践理性批判（全2巻）
カント／中山《なかやま》元《げん》◉訳

人間の心にある欲求能力を批判し、理性の実践的使用のアプリオリな原理を考察したカントの第二批判。人間の意志の自由と倫理から道徳原理を確立させた近代道徳哲学の原典。

判断力批判（上・下）
カント／中山《なかやま》元《げん》◉訳

美と崇高さを判断し、世界を目的論的に理解する力。自然の認識と道徳哲学の二つの領域をつなぐ判断力を分析した、カント批判哲学の集大成。「三批判書」個人全訳、完結！

道徳形而上学の基礎づけ
カント／中山《なかやま》元《げん》◉訳

なぜ嘘をついてはいけないのか？　なぜ自殺をしてはいけないのか？　多くの実例をあげて道徳の原理を考察する本書は、きわめて現代的であり、いまこそ読まれるべき書である。

永遠平和のために／啓蒙とは何か　他3編
カント／中山《なかやま》元《げん》◉訳

「啓蒙とは何か」で説くのは、自分の頭で考えることの困難と重要性。「永遠平和のために」では、常備軍の廃止と国家の連合を説く。現実的な問題意識に貫かれた論文集。

経済学・哲学草稿
マルクス／長谷川《はせがわ》宏《ひろし》◉訳

経済学と哲学の交叉点に身を置き、社会の現実に鋭くせまろうとした青年マルクス。のちの『資本論』に結実する新しい思想を打ち立て、思想家マルクスの誕生となった記念碑的著作。

光文社古典新訳文庫　好評既刊

共産党宣言

マルクス、エンゲルス／森田《もりた》成也《せいや》◉訳

マルクスとエンゲルスが共同執筆し、その後の世界を大きく変えた歴史的文書。エンゲルスによる「共産主義の原理」、各国語版序文、「宣言」に関する二人の手紙（抜粋）付き。

賃労働と資本／賃金・価格・利潤

マルクス／森田《もりた》成也《せいや》◉訳

ぼくらの〝賃金〟は、どうやって決まるのか？マルクスの経済思想の出発点と成熟期の二大基本文献を収録。詳細な〝解説〟を加えた『資本論』を読み解くための最良の入門書。

資本論第一部草稿　直接的生産過程の諸結果

マルクス／森田《もりた》成也《せいや》◉訳

マルクスが、『資本論』の〝もう一つの結末〟を構想して書いた幻の草稿の完全訳。『資本論』を理解するうえで、最も重要な論考をわかりやすく、充実した解説付きで。

善悪の彼岸

ニーチェ／中山《なかやま》元《げん》◉訳

西洋の近代哲学の限界を示し、新しい哲学の営みの道を拓こうとした、ニーチェ渾身の書。アフォリズムで書かれたその思想を、ニーチェの肉声が響いてくる画期的新訳で！

道徳の系譜学

ニーチェ／中山《なかやま》元《げん》◉訳

『善悪の彼岸』の結論を引き継ぎながら、新しい道徳と新しい価値の可能性を探る本書によって、ニーチェの思想は現代と共鳴する。ニーチェがはじめて理解できる決定訳！

ツァラトゥストラ（上・下）

ニーチェ／丘沢《おかざわ》静也《しずや》◉訳

「人類への最大の贈り物」「ドイツ語で書かれた最も深い作品」とニーチェが自負する永遠の問題作。これまでのイメージをまったく覆す、軽やかでカジュアルな衝撃の新訳。

光文社古典新訳文庫　好評既刊

自由論

ミル／斉藤《さいとう》 悦則《よしのり》◉訳

個人の自由、言論の自由とは何か。本当の「自由」とは。二十一世紀の今こそ読まれるべき、もっともアクチュアルな書。徹底的にわかりやすい訳文の決定版。（解説・仲正昌樹）

市民政府論

ロック／角田《つのだ》 安正《やすまさ》◉訳

「私たちの生命・自由・財産はいま、守られているだろうか？」。近代市民社会の成立の礎となった本書は、自由、民主主義を根源的に考えるうえで今こそ必読の書である。

社会契約論／ジュネーヴ草稿

ルソー／中山《なかやま》 元《げん》◉訳

「ぼくたちは、選挙のあいだだけ自由になり、そのあとは奴隷のような国民なのだろうか」。世界史を動かした歴史的著作の画期的新訳。本邦初訳の「ジュネーヴ草稿」を収録。

存在と時間（全8巻）

ハイデガー／中山《なかやま》 元《げん》◉訳

〝存在（ある）〟とは何を意味するのか？　刊行以来、哲学の領域を超えてさまざまな分野に影響を与え続ける20世紀最大の書物。定評ある訳文と詳細な解説で攻略する！

人間不平等起源論

ルソー／中山《なかやま》 元《げん》◉訳

人間はどのようにして自由と平等を失ったのか？　国民がほんとうの意味で自由で平等であるとはどういうことなのか？　格差社会に生きる現代人に贈るルソーの代表作。

リヴァイアサン（全2巻）

ホッブズ／角田《つのだ》 安正《やすまさ》◉訳

「万人の万人に対する闘争状態」とはいったい何なのか。この逆説をどう解消すれば平和が実現するのか。近代国家論の原点であり、西洋政治思想における最重要古典の代表的存在。